시험
인간

시험 인간

불신과 불공정, 불평등이
낳은 슬픈 자화상

김기헌 · 장근영 지음

생각정원

차례

1장 대한민국은 어떻게 시험공화국이 되었나

1장

대한민국은 어떻게 시험공화국이 되었나

1

‘영유 캐슬’부터 ‘장시생’까지, 한국인의 생애별 시험 준비

초등학교 5학년인 새롬이[1]는 영재교육원 대비반에 다니고 있다. 그런데 요즘 스트레스와 불안감에 밤잠을 설치는 날이 많다. 명문대에서 운영하는 과학영재교육원 입학시험이 얼마 남지 않았기 때문이다. 영재성 평가에 대한 기출문제를 풀며 열심히 준비하고 있지만, 모의고사 점수가 좀처럼 오르지 않아 고민이다. 하지만 더 큰 걱정은 따로 있다. 바로 면접이다. 내성적이라 낯을 많이 가리는 새롬이는 질문에 자연스럽게 답할 수 있을지, 긴장한 나머지 제대로 말하지 못하는 건 아닐지 걱정이 이만저만이 아니다.

여기까지 오는 동안 새롬이 부모도 고민이 많았다. 원래 계획은 새롬이를 국제중학교에 진학시키는 것이었다. 그런데 입시비리 사건이 언론에 대서특필되면서 학생 선발방식이 100퍼센트 전산 추첨으로 바뀌었다. 당일, 추첨이라는 확률에 아이의 진로를 맡길 수는 없는 일이라 다른 입시 전략이 필요했다. 잘나가는 자율형 사립고등학교나 특수목적 고등학교도 생각해보았으나, 교육청이 이들 학교의 지정 취소를 예고하는 바람에 이마저도 포기할 수밖에 없었다. 그러다 발견한 것이 영재학교였다. 귀족학교라며 여론의 공격 대상이 될 위험성이 상대적으로 적으면서, 명문대 진학에도 유리하다는 판단이 들었다. 새롬이 부모는 올해 새롬이를 영재교육원에 보내 꾸준히 준비하게 해 최근 문을 연 과학예술영재학교에 진학시키는 것으로 계획을 수정했다. 이미 영어유치원을 보내며 대학등록금보다 많은 비용을 지출했고 초등학교 입학 전부터 고액과외를 시켜왔기에, 지금까지의 투자를 포기한다는 건 생각할 수도 없는 일이다. 걱정이 가득한 새롬이와 달리, 새롬이 부모는 계획대로만 되면 명문대 진학 가능성을 높일 수 있으리라 기대하고 있다.

진욱이[2]는 누구나 알 만한 외국어고등학교 3학년에 다니고 있다. 부모님과 담임 선생님은 명문대 진학 실적이 점점 떨어지는 외고보다는 과학고나 영재고로 가는 게 좋겠다고 조언했지만, 진욱이는 외고 진학을 고집했다. 부모님에게는 말하지 않았지만 수학에 자신이 없었기 때문이다. 물론 중학교 시절 수학 성적은 좋았다. 하지만 학원에서 고등학교 수학 선행학습을 하면서 넘기 어려운 벽을 느꼈다. 반면 영어는 자신 있었다. 초등학교 때 출장을 떠나는 아버지를 따라 스페인에서 1년 정도 생활한 덕인지 제2외국어도 부담스럽지 않았다. 예전만 못하다고 해도 외고는 여전히 외고라고 자신을 안심시켰다.

대학입시를 앞둔 요즘, 진욱이가 다니는 학교에서는 모의면접을 실시하고 있다. 명문대에 진학한 선배들이 와서 생생한 경험담을 들려주고 직접 면접도 진행해 큰 도움을 받고 있다. 잘해야 한두 명이 명문대에 합격하는 일반고에 다녔다면 쉽지 않은 일이었다. 골치 아픈 자기소개서는 다니고 있는 국어학원에서 원생 특가로 10만 원에 초안을 써주기로 했다. 여기에 진욱이가 내용을 덧붙이면 학원에서 최종적으로 첨삭해줄 예정이라 걱정 없다. 수시전형을 목표로 하고 있지만, 지원하려는 대학 대부분이 요구하는 수능점수 최저기준선을 충족하기 위해서는 수능도 준비해야 한다. 요즘 진욱이는 아침 8시까지 학교에 가서 오후 3~4시까지 자습을 하거나 모의면접에 참여한다. 하교 후에는 학원에서 밤 10시까지 강의를 듣는다. 그리고 바로 독서실로 가 새벽 2~3시까지 공부한다. 잘 수 있는 시간은 4~5시간 정도. 지금은 그나마 방학이라 여유가 있어서 이 정도다. 점심식사 후 30분 쪽잠을 자는 것과 토요일 오전엔 무슨 일이 있어도 늦잠을 자는 것이 진욱이의 유일한 휴식이자 낙이다.

3년차 공시생(공무원시험 준비생)인 진경 씨[3]는 요즘 시험을 포기해야 할지 고민에 빠져 있다. 매번 합격선에 약간 부족한 점수로 떨어졌기 때문이다. 명문대에 들어가 남들의 부러움을 사던 시절도 있었건만, 지금은 집안의 천덕꾸러기일 뿐이다. 대학 재학 중 공무원시험 준비를 시작할 때만 해도 상황이 이렇게 되리라고는 상상도 못 했다. 당시에는 호기롭게 5급 공무원을 목표로 했다. 하지만 졸업 후 목표는 7급이 되었고, 이제는 9급까지 내려갔다. 그런데도 여전히 합격은 멀게만 보인다. 설상가상, 9급 시험과목으로 행정이나 법 대신 고등학교 과목 중 하나를 선택할 수 있게 되면서 고등학교 졸업 후 바로 공무원시험에 뛰어드는 응시생이 크게 늘었다. 경쟁이 더욱 치열해진 것이다. 게다가 비정규직의 정규직 전환이 쟁점화되면서, 그가 지원하려던 분야의 정규직 공무원은 특정 자격증 취득이 필수가 되었다. 공무원시험만 준비하기에도 벅찬데 자격증까지 따야 한다니 막막할 따름이다. 경찰공무원이나 소방공무원 모집 인원이 늘어나면서, 지원 분야를 바꿔볼까도 싶었다. 하지만 체력시험을 통과하려면 운동이 필수인 데다 기숙학원에 다녀야 합격할 수 있다는 이야기를 듣고 포기했다.

대학에 입학했을 때만 해도 고3 수험생 시절처럼 살아갈 일은 없으리라 생각했는데, 요즘 진경 씨의 삶은 그때보다 더욱 힘들기만 하다. 특히 그를 비참하게 만드는 건 부모님이나 주변의 시선이다. 응원과 기대가 듬뿍 담긴 눈빛은 어느새 질책과 힐난으로 가득 차 있다. 그나마 현재를 버틸 수 있는 힘은 '합격'이라는 단어가 내 것이 되리라는 희망이다. 진경 씨는 조금만 더 참아보자고 자신을 다독이며 다시 1년을 준비하기로 했다.

시험으로 시작해 시험으로 끝나다

지금 한국 사회에서 시험이 개인에게 어떤 부담과 압박을 주고 있는지, 세 명의 가상인물을 통해 살펴보았다. 이들은 단순히 상상만으로 그려낸 인물이 아니다. 그동안 필자가 아동과 청년을 대상으로 실시한 다양한 실태조사와 심층면접 결과를 종합해 만들어낸 전형적인 인물들이다.

경제협력개발기구(OECD)의 국제학업성취도평가(PISA) 결과만 봐도, 우리나라 아동과 청소년이 얼마나 시험에 시달리고 있는지 알 수 있다. 최근 실시된 PISA 결과를 살펴보면[4] 학교에서 이루어지는 주당 교과 수업시간은 30.3시간으로, OECD 가입국가 평균보다 3.4시간이나 많았다. 한국은 72개 국가 가운데 대만, 칠레 등을 제외하고 교과 수업시간이 네 번째로 많은 나라다. 사교육을 포함해 교과 준비를 위한 방과 후 학습시간의 경우, 수학 과목의 주당 학습시간은 6.5시간으로 나타났다. 이는 OECD 평균 3.8시간의 두 배에 이르는 수치이며, 72개 국가 가운데 우리나라를 앞서는 곳은 중국이 유일했다. 외국어 과목의 주당 학습 시간은 5.1시간으로 한국보다 더 많은 나라는 찾을 수 없었다.

우리는 왜 이렇게 시험에 매달리고, 또 시달리는 걸까. 어릴 때부터 성인이 된 이후까지 시험에서 벗어날 수 없는 이유는 대체 뭘까. 문제는 그 상황이 갈수록 심해지고 있다는 것이다. 중학교 때부터 이루어지던 시험 준비는 이제 초등학교 입학 전부터 시작되고 있다. 입시 경쟁의 정점에 있는 엘리트 진학 코스는 무수히 많은 정책적 개입과 노력에도 여전히 살아남았다. 대학입시는 계속 모양만 달리했을 뿐, 입시지옥이라고 불릴 만큼 치열하고 힘든 현실은 변함이 없다. 취업 경쟁은 입시 경쟁을 넘어 가장 크고 험난한 통과의례가 되었다. 그야말로 시험으로 시작해 시험으로 끝나는 사회라고 해도 지나친 말이 아니다. 대한민국은 '시험공화국'이 되어버렸다. 그리고 이러한 시험만능주의 사회를 살아가는 우리는 자의든 타의든 '시험인간'이 되고 말았다. 본격적인 이야기에 앞서 이 책에서 이야기하는 시험이란 무엇인지, 시험인간이란 어떤 사람을 일컫는지에 대해 간략히 살펴보자.

최근 유네스코는 '시험문화(The culture of testing)'에 대한 흥미로운 연구를 진행했다.[5] 이 연구는 진학이나 채용같이 중요한 결정이 이루어지는 과정에서 시험이 얼마나 많이 활용되는지에 주목했다. 그리고 이런 영역에서 활용되는 비중이 높은 시험을 '고부담 시험(high-stakes exam)'이라고 정의했다. 예를 들어 학교에서 치르는 같은 내용의 시험이라도, 단순히 수업 과정을 얼마나 이해했는지를 알아보기 위한 시험은 상대적으로 부담감이 적지만, 시험성적에 따라 상급학교 진학이 결정된다면 엄청난 부담감을 느끼기 마련이다. 게다가 그 시험이 절대평가가 아닌 상대평가로 이루어진다면 압박감은 최고조에 이를 것이다. 연구 결과, 유네스코는 한국을 고부담 시험문화를 가진 대표적인 나라로 지목했다. 이 연구는 한국의 학생들이 어째서 매우 긴 시간 동안 공부하고 시험 준비에 시달리고 있는지에 대한 국제적인 분석 결과라 할 수 있다.

이 연구에서 한국에 대한 실태조사와 심층면접을 담당한 한국교육개발원은 시험에 대한 정의가 연령대에 따라 다르다는 사실을 발견했다.[6] 시험 빈도에 대한 통계 결과가 이 차이를 잘 보여준다. 초등학생이 중학생이나 고등학생보다 더 자주 시험을 본다고 대답했다. 실제로 초등학교에서 시험을 더 많이 보기 때문이 아니라, 초등학생이 생각하는 시험의 범위가 훨씬 넓기 때문이다. 초등학생들은 객관식의 지필고사뿐 아니라 다양한 방식으로 이루어지는 수행평가나 수업시간에 치르는 쪽지시험도 시험으로 간주했다. 반면 중고등학생 대부분은 내신에 큰 영향을 미치는 중간고사나 기말고사만을 시험이라고 생각했다.

우리도 비슷한 혼란을 겪을 수 있다. 개인에 따라 생각하는 시험의 정의가 모두 다를 것이다. 따라서 이 책에서 다루는 시험이 무엇인지를 명확히 밝히는 작업이 선행되어야 한다. 시험은 개인이 가지고 있는 지식이나 능력, 역량, 자질, 기술, 정보의 수준을 파악하기 위한 절차라고 정의한다. 이 책에서 다루는 시험은 일반적인 정의에 교육적 기능 두 가지, 즉 '선발'과 '경쟁'을 더했다. 시험은 어떤 사람을 선발할지에 관한 정보를 제공하는 기능을 하며, 또한 경쟁을 통해 성과를 높이는 기능도 한다. 이는 시험방식이 절대평가가 아닌 상대평가로 이루어지면서 실현된다. 여기서 눈여겨볼 점은 두 가지 기능 모두 교육 주체인 학습자나 교수자를 위한 것이 아니라는 사실이다. 선발과 경쟁은 진학 여부를 판단하고 입학을 허용하거나 채용을 결정하는 사람들에게 필요한 기능이다. 입시와 취업을 위한 시험은 학습자의 부담이 매우 클 수밖에 없으므로, 유네스코에서 정의한 고부담 시험에 해당한다. 즉 이 책에서 다루는 시험은, 선발과 경쟁의 기능을 전제로 한 고부담 시험을 의미한다.[7]

그렇다면 '시험인간'이란 무엇일까? 시험에 대한 정의에서 쉽게 유추할 수 있듯이, 선발과 경쟁이라는 목적을 위해 이루어지는 시험에 적응한 인간형을 뜻한다. 시험성적에 있어서는 고성과자와 중간성과자, 저성과자로 차이를 보이겠지만, 이러한 시험방식에 적응해 살아간다면 누구나 시험인간이라고 할 수 있다. 달리 말하자면 입시와 취업의 굴레에서 살아가는 대한민국의 거의 대부분은 시험인간이다. 시험공화국에 살아가는 한 누구도 시험인간의 굴레에서 자유로울 수 없다. 실제로 우리 사회의 무수한 젊은이는 엄청난 시험 부담에 시달리며, 시험인간으로 살아간다. 앞으로 이를 뒷받침하는 다양한 실태조사 자료와 인터뷰를 하나씩 살펴볼 것이다.

대체 30년간 무슨 일이 일어난 걸까

〈서울경제〉는 영유아 사교육의 실태를 보도한 바 있다.[8] 기사에 따르면, 영어유치원이라 불리는 영유아 대상 영어학원은 '레벨 테스트'를 통해 원생을 선발한다. 테스트 결과는 대개 원생의 수준에 맞는 반을 배정하는 데 이용되지만, 경쟁률이 높은 강남의 영어유치원에서는 점수가 낮으면 입학이 불허되기도 한다. 따라서 서울 강남구에 사는 어떤 아이들은 유치원에 들어갈 때부터 선발과 경쟁이라는 고부담 시험의 핵심을 경험하는 셈이다.

이것이 비단 조기교육 열풍이 강한 특정 지역만의 이야기일까? 안타깝게도 유아기부터 시작되는 시험 부담은 영어유치원만의 문제가 아니다. 생후 13개월의 유아를 대상으로 하는 학습지는 동영상과 각종 교구를 제공하는데, 정서 발달을 돕는다는 주장과는 달리 대부분 셈하기나 단어 익히기로 구성되어 있다. 1년 구독료가 47만8천 원인 어느 학습지는 선택사항으로 1~2세용 영어 과정을 추가할 수 있다고 광고한다. 5~6세를 대상으로 하는 학습지는 아예 한글의 자모음이나 사칙연산 등을 반복적으로 익히고 문제 풀이를 하도록 구성되어 있다. 요컨대 우리나라의 선행학습은 유아기까지 침범하고 있다.

불과 30년 전까지만 해도 한국은 유아교육이 이루어지지 않는 나라였다.[9] 1990년도 유치원 취원률은 31.6퍼센트로 또래 아이들 10명 중 7명은 유치원에 다니지 않았다. 이러한 상황은 2000년대 초반까지 이어졌다. 2007년 3~5세의 유치원 취원률은 36퍼센트에 불과해 OECD 국가 중 가장 낮다는 지적을 받을 정도였다. 어린이집 이용률은 더 낮아 2001년에도 5퍼센트 이하에 불과했다. 아이들이 초등학교 입학 전부터 입시 경쟁이라는 숨 막히는 경주에 참여할 여건 자체가 조성되지 않았다. 물론 그 시절에도 중학생들이 고등학교 수업을 준비하는 선행학습이 사회문제가 되곤 했지만, 적어도 미취학아동은 경쟁에서 자유로울 수 있었다. 그러다 선행학습이 중학교에서 초등학교로, 초등학교에서 유치원으로 조금씩 앞당겨지더니 마침내 유아기까지 도달했다. 대체 30년간 무슨 일이 일어난 걸까?

이 지경에 이르기까지 정부가 손놓고 있었던 것은 아니다. 지금까지 거의 모든 정부는 학생들의 시험 부담을 완화하고 사교육을 억제하기 위해 노력해왔다. 과도한 고등학교 입시 경쟁을 없애고 의무교육 도입을 준비하기 위해 중학교 입시제도가 폐지된 것은 1969년이다. 1974년부터는 고등학교 진학 경쟁을 완화하기 위해 고등학교 평준화정책이 추진되었다. 1981년에는 학생들이 지원 대학마다 별도로 공부하게 만들었던 본고사를 폐지했다. 이후 1994년 본고사가 부활했지만 결국 1997년 다시 폐지된다. 2015년부터는 중학교 단계에서 시험 부담을 낮추고, 교과 수업보다는 다양한 체험활동 위주로 교육과정을 편성하는 자유학기제를 시범 운영하기 시작했다. 현재는 모든 중학교에서 자유학년제로 확대해 시행하고 있다. 부산을 시작으로 초등학교 전 학년에 걸쳐 객관식 시험을 폐지하고 주관식 시험이나 수행평가 위주로 바꾸는 실험을 진행하고 있다. 이처럼 시험 부담을 완화하기 위한 정책은 끊임없이 만들어지고, 국가정책의 최우선 순위에 올라 강력하게 추진되어왔다. 그러나 현실은 정책의 의도나 방향과는 정반대로 흘러왔다.

우선 중학교부터 고등학교에 이르는 중등교육 단계에서의 시험 부담을 살펴보자. 최근 자율형 사립고의 재지정 여부가 사회적 관심을 끌지만, 눈여겨볼 대목은 따로 있다. 그동안 정부가 고등학교 평준화를 목표로 수많은 노력을 기울여왔지만, 이른바 '엘리트학교'는 이름을 바꿔가며 늘 존재해왔다. 특목고나 자사고가 사라져도 그 자리는 영재학교가 차지하게 될 것이다. 고등학교 시기의 입시 경쟁이 계속 치열하리라고 전망하는 이유다. 실제로 영재학교는 최고 수준의 자사고나 특목고를 대신하는 새로운 대안으로 떠오르고 있다. 영재학교는 〈초중등교육법〉에 따르는 고등학교가 아니라 〈영재교육진흥법〉을 따르는 학교로, 2003년 이후 등장했다. 참고로 서울과학고, 경기과학고는 특목고 가운데 과학고라고 생각할 수 있으나, 이름과는 달리 영재학교다. 이름에서 정체성을 드러내는 곳은 2015년 이후 문을 연 세종과학예술영재학교와 인천과학예술영재학교 정도다.

영재학교 입시는 교육청이나 대학에서 운영하는 영재교육원에서 출발한다. 영재교육원은 초등학생을 대상으로 영재성 평가라는 필기시험과 면접을 진행해 학생을 선발한다. 즉 영재학교 이전에 영재교육원에 들어가기 위한 사교육이 초등학생 때부터 이루어진다. 이를 뒷받침해주는 연구 결과도 있다.[10] 한 교육대학교의 영재교육원에 다니는 초등학생 128명 가운데 97퍼센트가 사교육에 참여한 경험이 있으며, 24퍼센트는 무려 4개 이상의 사교육을 받은 것으로 나타났다. 중등교육 단계의 시험 부담이 더 아래로 내려오는 것으로, 달리 말하자면 아주 어릴 때부터 시험인간으로 훈련되고 있음을 의미한다.

다음으로 우리나라에서 시험과 관련해 정점에 있는 대학입시를 살펴보자. 대입제도 개편 방안은 가장 많은 관심을 받는 정부 정책 중 하나다. 1994년 이후 도입된 대학수학능력시험만 해도 연 2회 복수시행 폐지, 총점제 폐지, 등급제 도입, 한국사 필수과목화, 영어 절대평가 도입 등 열 차례에 걸쳐 개정되었다.[11] 그런데 여러 번 개편되었음에도, 대입제도가 개선됐다고 느끼는 사람은 드물다. 누구나 동의하는 점은 대입제도가 너무 많이 바뀌어왔다는 사실뿐이다.

최근 대입제도 개편과 관련해 가장 큰 목소리는 정시모집을 확대하라는 것이다. 정시모집은 대학수학능력시험 결과로 학생을 뽑는 방식이며, 이에 대비되는 수시모집은 내신을 비롯해 교과 활동, 자원봉사 같은 비교과 활동을 중심으로 학교생활기록부 등을 이용해 학생을 뽑는 방식이다. 수시모집에 대한 비판은 촛불시위를 촉발한 원인 가운데 하나였던 대학교 부정 입학 사건과 숙명여고 시험문제 유출 사건 등으로 일파만파로 커졌다. 드라마 〈SKY 캐슬〉을 통해 고액의 컨설팅과 사교육 문제가 사회적 반향을 불러일으킨 것도 수시에 대한 부정적 여론을 형성하는 데 영향을 미쳤다. 이는 역대 정부가 한 번의 시험으로 대학입학 여부가 결정되는 정시보다는 다양한 활동을 통해 능력과 자질을 종합적으로 고려하는 수시 확대를 추진해온 것과는 배치되는 결과였다. 문재인 정부 출범 이후에도 초기에는 이전 정부와 마찬가지로 정시보다는 수시를 권장했다. 하지만 정시 확대에 대한 요구가 워낙 컸기 때문에 공론화위원회를 구성해 폭넓게 여론을 수렴한 결과, 정시 비중을 30퍼센트 이상으로 확대하는 대입 개편안을 발표했다.

정부 발표 이후 10년 넘게 감소해오던 대입 정시전형 비율은 2021학년도부터 23퍼센트로 증가한다. 학생부 축소 대신 수시 중 실기전형과 논술전형 등을 정시로 전환해 비율을 맞추는 방식을 취하고 있다. 물론 4차 산업혁명 같은 새로운 변화에 능동적으로 대응하는 역량과 융합적이고 창의적인 사고가 점차 중요해지는 시점에, 답이 주어진 객관식 시험을 확대하라는 요구는 바람직한 방향이라고 볼 수 없다. 다만 입시 과정에서 교사와 대학에 대한 신뢰가 낮은 상황이 지속된다면 가장 공정한 시험 방식이라 여겨지는 정시 비율을 확대하라는 목소리는 계속 커질 것이다.

마지막으로 살펴볼 것은 취업시험이다. 안타깝게도 오늘날 시험 부담은 대학입시에서 멈추지 않는다. 시험성적으로 채용 여부가 결정되는 공무원시험에 취업준비생들이 대거 몰리면서, 시험으로 합격자를 선발하는 제도는 취업 과정에서도 이어지고 있다. 우리나라 청년 가운데 20만 명이 일반직 공무원시험을 준비하고, 5급 공무원시험(고시)과 교원임용고시를 준비하는 청년은 10만 명을 넘어섰다.[12] 게다가 대학을 입학하기 위해 1년 이상을 다시 수험생으로 보내는 재수생, 삼수생처럼 몇 년이고 공무원시험에 도전하는 '장시생'이 늘고 있다.

공무원시험과 관련된 몇 가지 오해가 있다. 첫째, 우리는 공무원은 당연히 공채시험을 통해 채용한다고 알고 있다. 하지만 한국과 일본 같은 일부 아시아 국가들만 그렇게 하고 있다. 대부분의 나라는 다양한 방식으로 공무원을 채용한다. 시험으로 채용하는 건 오히려 예외적인 경우다. 둘째, 흔히 공무원 채용시험의 기원이 고려 시대의 과거제도라고 생각한다. 하지만 현행 공무원채용 시험제도는 일제강점기 때 만들어졌다. 우리가 당연하게 여기는 시험방식이나 채용 기준은 과거 일본이 만들어놓은 틀을 조금씩 보완하며 유지해온 결과물이다.[13]

한편 대기업 쏠림 현상도 시험으로 채용하는 한국식 취업 과정을 강화하는 데 기여한다. 우리나라 대기업들은 공개채용을 통해 졸업예정자를 대규모로 채용하는 관행이 있었고, 많은 지원자 중 채용 인원을 추리고자 오래전부터 입사시험을 실시했다. 이러한 관행에 제동이 걸린 때는 김영삼 정부 시기였다. 당시 정부는 교육개혁 조치의 하나로, 기업의 입사시험 폐지를 권고했다. 이에 가장 먼저 대안을 제시한 곳이 삼성그룹이다. 삼성이 1995년부터 사용하기 시작한 SSAT(Samsung Aptitude Test)는 대기업 최초로 입사시험을 직무적성검사로 대체한 사례다. 하지만 현재 GSAT(Global Samsung Aptitude Test)로 명칭이 바뀐 이 평가는 이름만 다른 입사시험일 뿐이다. 내용을 보면 언어논리, 수리논리, 추론, 시각적 사고 등 사실상 수능과 다를 바 없는 문제로 구성되어 있다. 전국적으로 10만 명 가까운 지원자가 몰려 시험이 이루어지는 고사장 분위기 또한 입시 현장을 방불케 한다. 언론과 대중의 관심 또한 입시 때와 비슷하다. 한 예로 2019년 실시된 GSAT 언어논리 시험문제 중 '젠체하다'가 큰 화제를 모았다. '겸양하다'의 반대말을 고르는 문제였는데, 수험생 대부분이 일상에서 잘 쓰지 않는 '젠체하다' 대신 '쩨쩨하다'를 정답이라고 골라 오답자가 속출했고 그 사실이 언론에 보도될 정도였다.[14]

삼성이 길을 만들자 다른 기업들도 이를 따라가기 시작했다. 지금은 대부분의 대기업이 유사한 시험을 운영하고 있다. 문제가 어렵기로 유명한 LG 인적성검사를 비롯해 SK그룹의 종합적성검사 SKCT, 현대자동차의 인적성검사 HMAT, 포스코그룹의 인적성검사 PAT 등이 그것이다. 이제 취준생들은 각 대기업에 맞추어 사실상 시험 형태의 인적성검사를 준비해야 한다.

근본적으로 취업 경쟁이 입시 경쟁보다 더 심화되면서 취준생들의 부담은 수험생보다 커졌다. 취업자의 비율을 의미하는 고용률은 청년층의 경우 2000년 이후 50퍼센트에도 미치지 못한다. 실업률은 1999년 일주일에서 한 달로 구직 기간을 넓혀 측정한 이후 2017년까지 최고치를 경신해 10퍼센트에 육박하는 수준을 보여준다.[15] 취업도 학업도 훈련도 받지 않는 젊은이를 일컫는 청년 니트(NEET)는 2017년 19.1퍼센트를 기록해 사회적으로 큰 우려를 낳고 있다. OECD 국가들의 평균이 13.4퍼센트에 불과하고 많은 국가에서 청년 니트 비율이 감소하고 있지만 대한민국은 3년 연속 증가하는 양상이다. 청년 일자리는 전년과 비교해 2017년 12만 명 감소한 데 이어 2018년도에도 3만 명이 줄었다.

반면 고부담 시험구조가 그대로 유지되고 있지만 그나마 경쟁률은 점차 감소했다. 우선 학생 수가 저출산의 여파로 줄어들고 있으며 대학진학률도 2010년을 기점으로 매년 지속적으로 감소해 2016년 70퍼센트의 벽이 무너졌다. 즉 입시 경쟁과 취업 경쟁이라는 두 개의 높은 산봉우리 중 취업 경쟁의 부담이 더욱 늘어나고 있으며, 취업 경쟁의 험난한 여정은 더욱더 많은 사람들을 시험인간으로 끌어들이고 있는 실정이다.

2

우리는 왜 시험에 올인하는가

심리학자 마크 그리피스(Mark Griffiths)는 행동중독의 여섯 가지 특징을 제시했다. 이 기준은 원래 도박중독의 특징이지만, 그리피스는 모든 행동중독의 보편적인 특징이라고 본다.

첫 번째 특징은 현저성(salience)이다. 한 사람의 삶에서 가장 자주, 두드러지게 나타나는 요소를 말한다. 도박중독자를 예로 들어보자. 도박중독자는 어딜 가든 무엇을 하든 머릿속에 늘 '도박'이 자리 잡고 있다. 그들이 지금 하는 일은 나중에 도박을 하기 위해서거나, 당장 도박을 못 하기 때문에 대신하는 것에 불과하다. 그 행동이 그 사람의 삶 전체를 지배하는 것이다. 두 번째는 감정 변화(mood modification)다. 그 행동이 얼마나 만족스러운지에 따라 기분이 완전히 달라지는 것을 의미한다. 그 덕분에 기분이 좋아지거나 가라앉거나 진정되기도 하는데, 그 행동 없이는 감정이 조절되지 않는다. 당연히 그 행동을 할 수 없게 되면 기분이 완전히 엉망이 되어버린다. 세 번째는 내성(tolerance)이다. 그 행동이 익숙해지면서 다음번에는 더 오래, 더 강하게 해야 이전과 비슷한 수준의 만족감을 경험하게 된다. 네 번째는 금단(withdrawal)증상이다. 그 행동을 하지 않으면 기분이 좋지 않고, 불안하거나 집중이 되지 않는다. 즉, 몸과 마음이 정상적인 상태를 유지하기 위해서는 반드시 그 행동이 필요해진 상태를 말한다. 다섯 번째는 갈등(conflict)이다. 온종일 그 행동에 휘둘려 살기 때문에 주변 사람들과의 관계에도 문제가 생기고, 본인의 삶 자체도 황폐해지는 상태를 말한다. 마지막 여섯 번째 특징은 재발(relapse)이다. 한동안 그 행동을 끊었다가도 시간이 지나면 또다시 그 행동으로 되돌아오는 것을 말한다.

그리피스는 이 특징들을 인터넷중독이나 게임중독에 적용해서 설명했다. 흥미롭게도 우리 사회의 시험이 이 여섯 가지 특징을 보여준다는 점이다. 자세히 들여다보자.

시험중독 사회의 여섯 가지 특징

첫 번째, 한국 사회에서 시험은 현저성을 가지고 있다. 다시 말해 시험은 한국 사회를 대표하는 매우 중요한 요소다. 대입시험이 국가적 행사가 되는 나라는 많지 않다. 그런데 우리나라는 수능시험

날 공공기관의 출근 시간이 조정되며, 항공기의 이착륙조차 금지된다. 심지어 대입시험 정책에 따라서 정부의 지지율이 흔들리기도 한다. 박근혜 정부의 붕괴도 입시 부정에서 시작되었음을 돌이켜보라.

여기서 끝이 아니다. 삶의 모든 영역이 시험으로 대체된다. 한국에 얼마나 많은 자격증이 있는지는 정확히 알 수 없지만, 한 자격증시험 준비 업체의 웹사이트를 살펴보면 1급 자격증만 139개의 코스가 제시되어 있다. 그중에는 예절교육 지도사, 장애인 인식개선 지도사 같은 자격증도 있다. 심리상담 분야도 푸드아트 심리상담사나 문학 심리상담사 등 세밀한 자격으로 나뉜다. 예절을 가르치기 위한 자격이나 장애인에 대한 인식을 개선하기 위한 자격도 시험을 치러서 얻어야 한다니, 놀라울 따름이다. 적어도 이 사이트만 보면 한국에서 모든 자격은 지필시험을 통해서 획득해야 정당한 것으로 여기는 듯하다.

예전에 '청소년 핵심역량'을 연구하던 우리 연구진의 걱정도 시험의 현저성에 관한 것이었다. 이 연구의 취지는 시험으로 평가하는 지식이나 기술이 아니라 좀 더 근본적인 능력을 키우고 이를 측정해야 한다는 것이었다. 그런데 만약 핵심역량 개념이 성공적으로 자리 잡히면, 취지와는 정반대로 핵심역량 시험이 개발되고 이 시험을 훈련시키는 학원이 생기지 않겠냐는 우려가 있었다.

두 번째, 감정 변화에 대해서는 말할 것도 없다. 시험 결과에 따라 일희일비하는 것은 지극히 당연한 일이기 때문이다. 사실 한국의 고부담 시험은 시험 당일의 기분 따위와는 비교할 수 없는 엄청난 것들을 결정한다. 수험생의 평생 또는 최소한 앞으로 1년을 결정하기 때문이다. 시험에 의해 하락한 사회적 지위나 기분을 되돌리는 것도 결국 시험이다. 지금도 고시원과 독서실에서 각종 공무원시험에 인생을 투자하는 사람들은 열악한 현실, 불리한 사회적 지위를 향상시킬 수 있는 유일한 해결책이 시험이라고 믿기 때문이다. 시험이 조절하는 건 하루하루의 기분이 아니라 그 사람의 인생이다.

세 번째, 내성은 어떨까? 초등학교 시절의 시험과 대학입학을 위한 수능시험, 그리고 대기업 공채시험이나 공무원시험의 난이도 차이를 생각해보자. 초등학교 시절 간단하고 쉬운 퀴즈로 시작해 점차 시험에 길들여지며, 점점 더 고난이도와 엄청난 시간 압박을 가하는 각종 고부담 시험을 당연한 듯 치러내기에 이른다. 시험에 내성이 생긴 것이라 할 수 있다.

네 번째, 금단증상은 우리 사회가 시험 중단 앞에서 보이는 태도를 설명한다. 사법고시를 폐지할 때 경험했던 전 국민적 반발을 돌이켜보자. 반발하는 이유는 다양했지만, 크게 보자면 결국 더 이상 사법고시를 볼 수 없다는 사실 앞에서 보이는 금단증상이었다.

다섯 번째, 갈등은 다양한 측면에서 나타난다. 우선 수험생을 둔 가족 안의 갈등이 있다. 수험생이 재수생이 되면 갈등의 범위는 동료와 주변인들로 더욱 넓어진다. 대부분의 장기 공시생은 거의 인간관계를 차단하고 살아가는데, 이는 갈등을 넘어선 관계의 파괴라 할 수 있다. 갈등은 단지 수험생과 주변의 문제만이 아니라 사회 전체의 문제이기도 하다. 시험은 언제나 논쟁거리였다. 특히 시험의 방향, 공정성에 대한 논쟁은 극단적인 갈등과 충돌로 이어지기도 한다.

마지막 특징인 재발도 존재할까? 우리가 시험, 정확히는 고부담 시험에서 벗어나려고 노력할수록 시험의 힘이 약화되기는커녕 오히려 더욱 강화되어왔다면, 그것이 재발이 아닐까? 이제부터 그 이야기를 해보려 한다.

한국 사회는 시험을 통해 발전했다

시험이 여러 사회문제의 원인으로 지목받은 지는 아주 오래되었고, 시험의 폐해를 없애기 위해 그동안 많은 노력이 있었다. 그러나 시험제도를 고쳐보려는 시도는 번번이 실패했다. 그냥 실패한 것이 아니라 오히려 시험의 힘을 더 키워주곤 했다. 최근 정치계에서 시작해 사회문화적 논쟁까지 불러일으키고 있는 대입 수시전형제도를 보자. 이 제도의 기원은 이명박 정부 때 도입된 입학사정관제다. 취지는 좋았다. 학생들의 잠재력이나 재능을 단순히 교과목 성적이나 단 한 번의 시험으로 결정하는 수능시험 점수로만 평가하지 말고, 학생의 삶 전반을 전인적으로 살펴보면서 이를 대학입학에 반영하자는 것이었다. 하지만 수시전형은 지금 공정성을 해치는 원흉으로 지목되어 폐기될 위기에 놓였고, 수시가 대체하려던 고부담 시험이 더 낫다는 여론만 키워놓았다. 1970년대 처음 실시된 대학별 본고사의 운명도 비슷했다. 객관식 시험에서 탈피해 논술이나 풀이 과정을 강조한 대학별 본고사는, 입시 위주의 교육을 강화시키고 과외시장만 키워놓은 채 폐지되고 말았다.

이런 '시험의 역습' 현상은 인력 선발 분야에서도 마찬가지로 나타났다. 1990년대부터 선진국을 중심으로 임직원이 신입사원을 추천하는 임직원추천제가 확산되고 좋은 평가를 받았다. 우리나라에서도 임직원추천제가 일부 도입된 바 있으나 조용히 사라졌다. 오히려 새 정부는 이전과는 정반대로 임직원과의 관련성을 완전히 차단하는 블라인드 채용을 강력하게 추진하고 있다. 대기업별 입사시험도 1990년대 폐지되었지만, 이를 대체한다는 명목 아래 도입된 인적성검사는 또 다른 입사시험이 된 지 오래다. 더욱이 입사시험 시절에는 기초과목의 지식만 공부하면 되었지만, 인적성검사가 시행되면서 시험의 영역은 사고방식이나 가치관 같은 개인의 삶 전반을 삼켜버리고 말았다.

요컨대 우리나라 교육제도 개혁의 역사는 입시지옥을 바꾸어 보려는 시도의 역사라고 해도 지나치지 않다. 그런데도 고부담의 지필시험이 견고하게 유지되며 시험공화국이 되어버린 이유는 무엇일까? 한국의 고부담 시험은 끊임없는 도전에도 어떻게 살아남을 수 있었을까?

그것은 시험이 우리 사회에서 유용하고 강력한 도구로 제 역할을 해왔기 때문이다. 역사의 중요한 고비마다 시험이라는 주제가 등장했고, 결국에는 시험제도의 변화가 사회의 변화와 함께 이루어졌다. 그런 면에서 한국 사회는 시험을 통해 발전해왔다고 볼 수도 있다. 시험은 개개인의 차이를 비교하고, 어떤 대학이나 일자리에 적절한 사람을 선발하기 위한 도구로 이용된다. 만약 그 시험이 어느 공동체 또는 사회나 국가 단위로 실시된다면, 시험은 잠재적인 적용 대상들에게 전체가 원하는 인재상에 대한 이미지를 전달하는 수단이 될 수 있다. 즉 시험을 통해 공동체 전체의 가치관이나 평가 기준에 영향을 미치고, 심지어는 새로운 가치관을 형성할 수도 있는 것이다.

958년, 고려에서 과거시험을 통해 고급 관료를 고용하겠다는 광종의 선포는 혁명이었다. 당시 신분은 혈통에 의해 결정되었다. 귀족의 자녀는 저절로 귀족이 되고, 평민이나 노예의 자녀는 그 신분을 그대로 물려받던 시대, 과거제도는 혈통이 아니라 능력으로 기회를 열어주겠다는 선언이었다. 광복 이후의 새로운 세상을 어떻게 만들어갈지에 대한 논의에서도 시험이 중요한 주제였다.

광복 직후인 1946년, 문교부는 중등학교 입학시험을 객관적이고 과학적으로, 그리고 지능검사 식으로 출제한다고 발표했다. 새로운 시대에 걸맞은 새로운 시험제도를 제시한 것이다. 지금도 그렇다. 한 시대가 추구하는 인간상은 그 시대가 채택한 시험으로 드러난다. 직업의 다양성이 폭발적으로 증가하며 전문성에 대한 요구가 커지던 1980년대부터 온갖 자격증시험이 생겨났다. IQ가 아니라 EQ(정서지능)가 중요하다고 외치자 정서지능을 측정하는 도구와 그 시험에서 더 좋은 점수를 받는 법을 알려주는 학원이 생겨났다. 남들과 다른 개인성에 대한 욕구가 부각되자 MBTI를 비롯해, 표준화된 개성을 부여해주는 성격검사들이 유행했다. 시험에는 사람들로 하여금 믿고 의지하게 만드는 힘이 있다. 그 힘은 시험 자체의 특성에서부터 나온다. 동시에 우리 사회의 특징이 시험의 무한한 생명력을 배가시켰다.

능력의 점수화와 인간의 숫자화

객관식이나 단답식의 지필시험이 지닌 가장 큰 장점은 대량의 응시자 가운데 부적격자를 단시간에 걸러낼 수 있다는 점이다. 시험의 표준화와 신뢰성을 중시하는 전통은 굳이 따지자면 신대륙에서 시작되었다. 1900년대 미국 심리학계가 추구한 과학적 심리검사는 선다형 문항과 같은 표준화된 지필검사를 이용해 누구나 확인할 수 있고, 언제든 일관되고 신뢰성 있는 검사 결과를 제공하는 데 중점을 두었다. 특히 제1차 세계대전 중에 생겨난 미군의 군복무 부적격자 감별검사(Army Alpha/Army Beta)는 선다형 심리검사의 시조다. 우리나라는 미국에서 교육받은 전문가들이 교육계의 지도층을 구성했기에 주관식이나 논술식 평가보다는 선다형 평가가 주류를 이루게 되었다.

선다형 검사와 논술형 검사는 각각 장단점이 있다. 선다형 검사의 가장 큰 장점은 채점의 표준화와 효율성이다. 논술형 검사를 제대로 채점하려면 문제의 의미와 배경에 대한 충분한 지식과 이해를 가진 평가자가 필요하다. 논술형 검사는 평가자의 수준에 의해서 평가의 결과가 크게 달라진다. 하지만 선다형 검사는 문제의 내용을 이해하지 못해도, 심지어 문제를 아예 보지 않고서도 채점할 수 있다. 지금은 광학마크인식(OMR) 기계가 채점을 대신한다. 선다형 검사는 전문 지식을 갖춘 평가자들을 충분히 확보하지 못한 상황에서 단시간에 많은 인원을 표준적으로 측정할 수 있다는 점에서 근대화 시기 한국에 유용했다. 그러나 선다형 검사가 현대 사회에서 가장 효율적이고 믿을 만한 검사 도구로 자리 잡고 이를 유지하기 위해서는 과학적인 근거가 필요했다. 심리학은 바로 그 근거를 제공했다.

시험, 특히 선다형 검사의 효율성이나 투명성이 한순간에 만들어진 것은 아니다. 시험은 튼튼한 학문적인 배경, 과학적인 근거들을 가지고 있다. 시험은 가장 대표적인 심리측정 도구이며, 이를 만든 심리학은 '과학이 되려는 열망에 가득한 인문학'이었다. 인간의 능력을 객관적이고 과학적인 도구로 측정하려는 시도는 1904년 프랑스에서 시작되었다. 모든 아동에게 동일한 교육, 즉 보통교육을 실시함으로써 근대국가의 기반을 다지려 했던 프랑스 교육부는 아동 심리학자 알프레드 비네(Alfred Binet)에게 아동의 학업수행능력을 측정하는 도구의 개발을 의뢰했다. 그 결과 최초의 수학능력 평가도구가 개발되었다. 이 도구의 개발 과정은 그 자체가 아동의 인지능력에 대한 포괄적인 과학 연구였다. 비네의 연구진은 3~13세 사이의 수많은 아이들에게 온갖 질문을 하고, 각 문제의 정답을 맞히는 비율을 분석했다. 그 결과 각 연령별 표준 정답률이 산출되었고, 이를 근거로 각각의 아이가 어느 수준인지를 평가할 수 있는 채점기준표가 만들어졌다.

최초의 지능검사는 검사자가 검사 대상인 아동과 직접 대화하며 진행하는 면대면 검사였다. 문항들 중에 선다형도 일부 있었지만 대부분은 아이가 직접 말로 답하거나 손을 움직여서 답을 만드는 식이었다. 하지만 이 검사도구와 그 도구를 개발하고 검증한 연구방법론이 미국으로 건너가면서 최초의 지능검사가 되었고, 그 과정에서 지필검사에 적합한 선다형 문항으로 변환되었다. 이후 이 검사방법이 우리가 접하는 거의 모든 시험에 적용되었다. 물론 심리측정 문항의 타당성과 신뢰성을 확인하는 방법은 이후로도 계속 발전하고 있다. 그러니까 우리가 아는 객관식 시험은 100년이 넘는 심리측정 연구의 역사 위에 만들어졌다. 그 결과 선다형 시험은 객관성(objectivity)과 신뢰성(reliability)을 확보할 수 있었다.

시험이 '객관적'이라는 말은 주관적이지 않다는 뜻이다. 예를 들어 똑같은 답안이라도 채점자가 누구냐에 따라서 다른 점수가 부여된다면 그 채점은 주관적이다. 반면에 누가 채점하더라도 같은 답안에 대해서는 같거나 거의 비슷한 점수가 부여된다면 그 채점은 객관적이다. 즉, 시험의 객관성은 채점자의 관점에 따라서 점수가 달라질 가능성이 없거나 최소한이라는 뜻이다. 이런 객관성을 확보하려면 모든 시험의 측정 문항은 누가 봐도 같은 뜻으로 이해되어야 하고, 그 결과 또한 똑같이 판정할 수 있어야 한다. 각각의 문항은 전체 체계의 일부로서 세심하게 설계되어야 한다.

객관성은 '신뢰성'으로 이어진다. 신뢰성은 여러 번 같은 내용을 측정한 결과가 얼마나 비슷하냐는 문제다. A라는 학생을 대상으로 중학교 1학년 수학시험을 여러 번 치렀을 때, 매번 90점 정도로 비슷하게 나온다면 신뢰성이 있는 시험이다. 다음번에 같은 시험을 치러도 역시 90점이 나온다고 '믿을 수 있다'는 얘기다. 반면 시험점수가 처음에는 90점이었는데, 그다음에는 70점이 나오고, 또 다음에는 85점이 나오는 식으로 그때그때 널뛰듯 달라진다면 신뢰성이 낮은 시험이다. 다음 시험에서 나올 점수를 예측할 수 없고, 시험점수가 그 학생의 진짜 점수라고 믿을 수 없다. 즉 신뢰성을 확보하기 위해서는 검사 결과를 왜곡시킬 수 있는 요인을 최대한 제거해야 한다. 정답과 오답을 명확하게 정해놓고, 주어진 보기 이외의 답변을 할 수 있는 여지를 아예 막아놓은 선다형 검사는 객관성과 신뢰성을 확보하기 쉽다. 선다형 검사지는 누가 채점해도 같은 답에 대해서는 동일한 점수가 매겨진다. 굳이 그 분야의 전문가나 교수가 채점하지 않아도 되며, 또래 학생이 채점해도 같은 결과가 나온다. 대학생 대상 시험의 결과를 초등학생이 채점해도 상관없으며, 사람이 아니라 기계가 채점할 수도 있다.

물론 선다형 검사방법으로는 개인의 능력을 올바로 측정할 수 없다는 의견도 있다. 선다형 시험은 응답자에게 4~5개 정도의 답안 선택지를 제시할 수 있는 문제만 출제할 수 있다. 어떤 능력을 측정하기 위해서 반드시 물어봐야 하는 질문이라도 이 형식에 맞출 수 없다면 시험문제로 적합하지 않다. 이는 '타당성'의 문제다. 예를 들어 수학시험에서 95점을 받은 학생의 수학 실력이 85점을 받은 학생보다 10점의 차이만큼 더 우수하다고 말할 수 있어야 그 시험은 타당하다. 반면에 수학시험 점수가 수학 실력보다는 소위 '찍기 실력'에 따라 달라진다면, 그 시험은 적어도 수학시험으로서는 타당성이 없다고 할 수 있다. 시험의 타당성을 중시하는 유럽의 대학에서는 오래전부터 학위시험의 최종 단계에서는 구술평가를 실시해왔다. 학생이 지금까지 연구하고 수련한 주제에 대해 얼마나 잘 이해하고 있으며, 잘 다듬어진 의견을 고수하고 방어할 수 있는지를 확인하는 가장 좋은 방법이 시험관과 얼굴을 맞대고 질문과 답변을 이어가는 것이라고 보았기 때문이다.

이런 전통은 구술시험만이 아니라 지필시험에서도 여전히 유지된다. 많은 사람들에게 알려진 프랑스의 대학입학시험, 즉 '바칼로레아'는 한 주제에 대해 자신의 입장이나 의견을 얼마나 잘

펼쳐놓는지를 평가하는 주관적인 논술시험이다. 논술시험은 개개인의 다양한 속성을 심도 있게 알아볼 수 있다는 장점이 있는 반면, 답안을 누가 읽고 평가하느냐에 따라 결과가 달라질 수 있다. 즉 타당성은 있으나 객관성 또는 신뢰성이 없을 수 있다. 타당성과 객관성, 신뢰성 가운데 무엇을 더 중요하게 여기느냐에 따라 선호하는 시험방식이 결정된다. 그런데 우리 사회가 선택한 시험은 선다형 또는 단답형 검사다. 타당성보다는 객관성을 중시한 선택이다. 또한 소수의 전문가가 심도 있게 평가하지만 그만큼 많은 시간과 전문 인력이 필요한 방식 대신 누가 채점하더라도 같은 결과를 얻을 수 있는 대량생산형 평가방식을 취한 것이다. 이는 인적 능력의 수량화가 시급했던 사회적 필요 때문이기도 하다.

시험이 지능이나 교육 분야에서 다른 영역으로 쉽게 확산되고 인간에 대한 공통의 사회적 기준으로 작동하게 된 근본적 원인은, 추상적인 인간의 특성을 수량적인 점수로 환산할 수 있는 길을 열어주었기 때문이다. 어떤 사람에 대해 '그는 머리가 좋다'라고 말하는 것과 '그 사람의 IQ는 121점이다'라고 말하는 것은 전혀 다르다. 전자는 애매모호하고 추상적인 묘사인 반면, 후자는 다른 사람들과 비교할 수 있고 다른 점수와 합산할 수 있는 평가다. 시험, 특히 점수 환산이 쉬운 선다형 시험을 통해 우리는 질적인 특성(머리가 좋다/머리가 나쁘다)을 양적인 척도(지능검사 점수가 몇 점이다)로 변환시킬 수 있었다. 그렇게 함으로써 인간을 이해하고 분석하는 방법뿐 아니라 인력을 수량적으로 평가하고 배치할 수 있는 가능성을 열게 되었다.

모든 시험 결과는 점수로 환산된다. 그리고 그렇게 환산된 점수는 다른 점수와 비교하거나 수학적 계산을 통해 더 상위 또는 하위 점수로 변환할 수 있다. 그것도 누구든 확인할 수 있는 객관적인 방식으로. 표준화된 시험의 점수는 화폐와 비슷하다. 물물교환 시대에는 개별 물건이 각각 고유한 가치를 지니고 있었고, 상황이나 상대방에 따라서 그 가치가 달라졌다. 고유성은 있었지만 합쳐질 수 없었다. 시험이 없던 시절의 개인 평가도 그랬다. A라는 사람에 대해 누구는 좋게 평가하고 누구는 불만을 가질 수 있었다. 상대에 따라, 상황에 따라 개인에 대한 평가가 달랐다. 또한 한 개인의 능력은 주제나 영역에 따라 달랐고, 이를 합산하거나 비교하기는 어려웠다. 예나 지금이나 어떤 자리에 걸맞은 사람을 찾아내서 배치하는 일은 좋은 조직과 훌륭한 리더라면 마땅히 수행해야 할 중요한 과업이지만, 예전에는 그 과업이 대개 개인의 직관이나 경험의 몫이었다. 어떤 경우에는 성공을 거두었고 어떤 경우에는 실패했지만, 그 이유를 누구나 쉽게 이해할 수 있는 방법으로 설명하기란 어려웠다. 당연히 좋은 사람을 골라내는 비법을 전수하거나, 평가에 실패하지 않는 법을 가르치는 일도 쉽지 않았다.

표준화된 시험은 그동안 직관에 의존해왔던, 개개인에 대한 평가를 숫자로 변환하는 길을 열어주었다. 숫자는 누구든 보고 확인할 수 있으며, 수학만 이해하면 누구든 계산하고 검증할 수 있다. 숫자를 이해하는 데는 직관이나 지혜가 필요하지 않다. 일단 개인의 능력이나 개성을 숫자로 변환하자 엄청난 가능성이 열렸다. 전혀 상관없을 것 같은 능력도 합산할 때 필요한 가중치만 명확하게 알 수 있다면, 시험을 통해 점수로 바꾸면 환산할 수 있었다. 그리고 시험의 명쾌한 환산 능력을 한번 맛본 사람은, 다른 인간성에 대한 복잡한 문제들도 시험을 통해 간단한 숫자로 환산하려고 노력하거나 환산할 수 있기를 기대하기 마련이다. 이렇게 우리 사회는 조금씩 시험의 맛에 중독되어갔다.

시험의 투명성, 공정성을 집어삼키다

선다형 시험은 서술형 시험보다 '투명'하다. 대표적인 지필시험인 수능시험은 아마 우리나라에서 가장 투명한 시험일 것이다. 매년 수능이 끝나면, 온갖 뉴스와 미디어를 통해 이번 수능시험에 어떤 문제가 출제되었는지, 정답은 무엇인지가 투명하게 공개된다. 누구든지 시험문제와 답안이 적절했는지를 살펴보고 판단할 수 있다. 반면에 논술시험은 이와 같은 투명성을 제공하기 어렵다. 사람들이 서술형 시험보다는 사지선다형 지필고사를 더 믿는 이유도 투명성의 차이 때문이다.

신뢰성은 시험이 투명할 때 확실해진다. 또한 투명한 시험은 그 시험을 채택한 공동체 구성원들에게 공동체가 지향하는 목표와 달성 수준을 명확하게 제공함으로써 사회적 합의의 토대를 제공한다. A와 B가 각자 입장을 내세우며 다툼을 벌일 때 이를 해결하는 방법은 둘 다 인정하는 제삼자가 대안을 내놓는 것이다. 시험은 바로 그 역할을 한다. 그 결과, 합의가 이루어지고 의견이 통합된다. 그리고 시험을 통해 우리는 누가 더 교육의 목표에 가까이 도달했는지를 한눈에 알 수 있다. 이렇게 명확한 지표가 제공되면 누구나 쉽게 받아들일 수 있다. 다시 말해, 시험이 투명하게 드러낸 채점기준표에서 더 높은 위치를 차지하고자 노력하는 동안, 우리는 시험이 측정하는 것들의 가치를 내면화하게 된다.

한 공동체가 공통의 가치관과 평가의 기준을 공유하면 어떤 일이 일어날까? 한국이 6·25전쟁이 남긴 폐허 위에서 일구어낸 '한강의 기적'은 동서 냉전이나 베트남전 특수와 같은 외부적인 여건에도 기대긴 했지만, '시험을 통해 공유한 가치관과 목표의

식으로 하나가 된 우리 국민들의 힘'이라는 내적인 요인 없이는 불가능했다. 시험은 일종의 재판이고, 시험의 결과는 판결과 같다. 시험을 치르고 나면 누가 더 가르침을 잘 이해했는지, 누가 더 목표에 가까이 다가섰는지, 그리고 누가 더 그 목표에 다가설 능력을 가지고 있는지를 알게 된다.

이경숙은 자신의 책 《시험국민의 탄생》에서 시험은 권력이 설계한, 가장 효과적인 통치 수단이라고 지적한다. 광종이 도입한 과거제도가 조선 왕조로 이어지면서 우리나라 국민들은 과거시험에서 제시한 평가지표의 근간, 즉 유교라는 공통의 가치를 내면화하게 되었다. 일단 이렇게 내면화된 가치는 알아서 작동한다. 권력자가 요구하지 않더라도, 심지어는 권력자의 의지에 반하면서까지 자발적으로 그 가치에 의해 판단을 내리고 행동을 하게 만든다. 시험이 알려준 정답을 따르게 되는 것이다.

국가는 물론 대학이든 기업이든 자신들이 원하는 가치를 내면화하는 도구로써 시험은 매력적인 수단이다. 시험을 볼 때 출제자의 의도를 파악하는 것이 중요한 건 이 때문이다. 반대로 응시자 입장에서 가치의 내면화는 중요하지 않다. 선발도구로 활용되는 시험에 붙는 것이 중요할 뿐이다. 그렇다면 왜 응시자인 개인들은 고부담의 지필시험에서 벗어나지 못하는 걸까? 이는 우리 사회가 가지는 고질적인 병폐와 연결된다.

우리나라 사람들은 학교든 기업이든 선발 과정에서 언제든 연줄이 작용할 수 있다고 믿는다. 이러한 믿음을 뒷받침해주는 증거들은 과거는 물론 최근에도 빈번하게 나타나고 있다. 2009년 12월 모 공단에서 구조조정 계획에 따라 비서직원이 조기퇴직하자, 공단의 고위 간부는 주무 부처 과장의 자녀가 그 자리에 뽑힐 수 있게 하라고 지시했다. 실제로 이듬해 1월, 과장의 자녀는 계약직으로 특채됐고 2011년 4월 정규직 전환에도 성공했다.[16] 이 사건은 빙산의 일각일 뿐이다. 가장 안정된 직장 가운데 하나인 공공기관에서 이런 일이 최근까지도 계속 있어왔다.

고려 시대부터 이어져온 과거제도의 가장 큰 공로가 연줄에 의해 이루어지던 추천제도의 폐단을 해소한 것이듯 지금의 지필시험 또한 그렇다. 한국에서 시험이 가지는 가장 중요한 의미는 투명성과 그로 인해 보장되는 공정성이다. 선발이나 자격 부여와 같은 중요한 사안일수록 시험에 의존하려는 이유 또한 여기에 있다. 시험 출제와 채점이 투명하기 때문에 시험을 보는 사람들은 결과를 신뢰하고 인정한다. 투명성은 공정성과 연결된다. 지필시험은 응시자가 많아도 손쉽게 수량화해서 즉시 결과를 확인할 수 있기에 누구나 응시할 수 있도록 대상을 폭넓게 가져가는 것이 용이하다. 이것은 대상의 공정성으로 이어진다. 지필고사를 대체하기 위해 도입된 새로운 제도들은 이 점에서 불리하다. 학교에서 이루어지는 수행평가나 논술고사와 같은 접근은 수량화하기 어렵고 시간과 비용이 많이 소모된다. 대상을 좁혀서 응시할 수 있도록 하지 않으면 적용하기 어렵다. 면접도 마찬가지인데 대면해서 이루어지기 때문에 시간과 비용이 많이 들고 수량화가 쉽지 않다. 대체로 입시나 채용 과정에서 1단계가 아닌 2단계 또는 3단계로 합격자를 추린 뒤 면접이 적용되는데, 시간과 비용의 문제를 고려한 결과다. 응시자들은 지원자를 제한하는 것보다 폭넓게 지원할 수 있도록 하는 것이 응시 가능성을 높여주기 때문에 이를 더 지지한다. 이것이 사지선다형 지필시험이 우리 사회에서 여전히 강력한 선발도구로 자리 잡을 수 있는 첫 번째 이유다.

두 번째는 과정의 공정성이다. 지필시험은 시험 출제와 채점이 단순하다. 결과도 시험을 완료한 시점에서 가장 빠르게 제공할 수 있다. 반면 다른 방식의 선발도구들은 시험 출제와 채점이 복잡하다. 면접의 경우, 면접에 참여한 사람들이 각자 특정한 기준으로 점수를 주면 끝나는 것이 아니라 누구를 선발해야 하는가에 대한 논의를 해야 한다. 선발 기준이 있지만 대체로 면접자의 재량권이 강해 이를 설명하기 어렵고 응시자마다 판단 근거가 달라 면접 결과를 시험성적처럼 공개하기 어렵다. 최근 드러난 입시 및 채용 비리 문제는 주로 선발권자의 재량에서 비롯되었다. 만약 선발권자가 양심에 따라 공정하게 판단한 결과라면 문제되지 않지만, 누군가의 청탁이나 압력에 의한 결과라면 심각한 문제가 발생한다. 지필시험은 1이라는 정답에 1이라고 응답했다면 그것으로 끝이다. 채점 과정에서 청탁이나 압력이 개입할 여지가 전혀 없다. 반면 면접시험에서 정답이 없이 업무 지식수준을 상, 중, 하로 평가할 경우 면접자는 이 중 한 가지로 평가한다. 만약 응시자의 부모가 나의 친구라면 응시자의 업무 지식이 높지 않아도 '상'이라고 평가할 수 있다.

무엇보다 중요한 것은 결과의 공정성이다. 응시자는 시험에서 탈락했을 때 큰 좌절감을 느끼게 된다. 그런데 시험 과정이 공정하지 않다면 좌절은 분노로 이어지기 마련이다. 지필시험은 이런 우려가 비교적 적다. 물론 정답이 틀렸거나 문제가 잘못 출제되어 정답이 여러 개가 나오는 상황이 생길 수는 있지만, 그런 경우 바로 공론화되어 검토가 이루어지고 빠른 시일 안에 결과가 나와 복수의 정답을 인정하거나 해당 문제의 점수를 일괄적으로 제외하는 등의 대응이 가능하다. 반면 면접시험은 채점 과정의 문제가 밝혀지기도 어렵고, 누군가 문제를 제기해도 이를 객관적으로 증명하기가 쉽지 않다. 문제가 공론화되더라도 진실을 규명하기 위해 사법기관이 개입하거나 긴 재판 과정을 거쳐야 할 수도 있다. 이미 그쯤 되면 시험의 합격과 불합격은 더 이상 문제가 되지 않는 시점일 것이다.

시험은 누구나 쉽고 명쾌하게 납득할 수 있어서 모두의 합의를 이끌어낼 수 있었기에, 그리고 대량고용 시대에 적합한 선발 도구였기에 우리가 오랫동안 의존해왔다. 시험에 대한 의존도는 시간이 지남에 따라 사회문화적 가치에 반영됐고, 그 결과 교육 정책을 비롯한 수많은 정책들이 다시 그 시험의 결과를 바탕으로 만들어졌다. 지금도 여전히 많은 사람들이 시험을 신뢰할 수 있는 평가방법이라고 생각한다.

하지만 과거에 옳았던 것이 미래에도 반드시 옳다는 보장은 없다. 대량고용 시대의 도구인 시험이 21세기 정보사회에 적용되면서 처음의 쉽고 명쾌한 장점은 사라지고, 획일성이라는 단점의 무게가 더 커져가고 있다. 이제 시험은 진화하거나 멸종해야 할 위기에 직면했다. 비슷한 일은 예전에도 있었다. 온갖 우여곡절에도 936년간 이어져온 과거제도를, 조선은 1894년 갑오개혁과 함께 폐지했다. 갑오개혁이 내세운 명분인 신분제도의 철폐를 위해서였다. 신분제도의 혁파를 위해 시작된 과거제도가 다시 새로운 신분제도의 근간이 되었기 때문이다. 혈연과 세습이 아니라 개인의 능력에 따라 작동하는 사회를 상징했던 시험이 어쩌다가 이렇게 변한 것일까. 이에 대한 논의는 잠시 뒤로 미뤄두고, 이러한 시험에서 벗어나지 못한 채 살아가는 사람들의 실제 생활을 몇 가지 유형별로 살펴보자.

3

한국에서 수험생으로 산다는 것의 진짜 의미

[redacted]

한국에서 가장 시험에 시달리는 사람들이라고 하면, 대부분 주저하지 않고 수험생을 꼽는다. 대학 간판이 삶을 좌우할 정도로 중요하니, 입시에 대한 부담은 당연한 것이라 여기는 사람이 많다. 하지만 오늘날 한국의 수험생들이 느끼는 압박의 원인은 그보다 더욱 복잡하고 미묘하다. 여기에는 수많은 이해관계와 예상치 못한 계급론이 숨어 있다.

내신과 수능, 두 마리 토끼의 덫

우리 연구진은 2008년부터 2010년까지 3년에 걸쳐 청소년기에 필요한 핵심역량이 무엇인지를 연구한 바 있다. 연구에는 시범학교 운영도 포함되어 있었다. 역량 중심의 교육과정이 실제 교실 현장에서 실현될 수 있는지를 알아보기 위해서였다. 농촌에 있는 한 기숙형 고등학교의 협조를 얻어 시범학교를 운영했는데, 당시 막 도입된 '창의적 체험활동' 시간을 활용해 우리가 개발한 역량 중심 수업을 15주 동안 진행했다.[17] 한 학기에 조금 못 미치는 기간이었지만, 결과는 긍정적이었다. 덕분에 역량 중심 수업이 실현 가능하고, 학생들에게 필요한 역량을 키우는 데 도움이 될 것이라는 내용으로 보고서를 완성했다. 하지만 예상치 못한 결과도 있었다. 이 수업에 참여한 60명 가운데 김진영 학생[18]은 당시 도입되기 시작한 창의적 체험활동과 입학사정관제에 대해 다음과 같이 하소연했다.

수학문제를 풀다가 막히면 한 시간 넘게 씨름해도 못 푸는 경우가 많아요. 학년이 올라갈수록 어려워져 한 번 진도를 놓치면 따라잡기 힘들어요. 이렇게 교과수업만 따라가기도 벅찬데 자원봉사나 동아리 활동도 해야 대학에 갈 수 있다니 정말 부담스러워요. 앞으로 모든 수업이 이렇게 되면 어떻게 대학입시를 준비해야 할지 막막하네요.

물론 연구자로서 우리는 교과 지식만으로 사회에서 요구하는 역량을 갖출 수 없기 때문에, 사회성을 키우고 협동심을 배울 수 있는 비교과 활동이 중요하다고 설득했다. 하지만 이 학생의 지적은 핵심을 짚고 있었다. 비교과 활동의 비중을 높이려면 당연히 기존의 교과수업 부담은 줄여야 했다. 교과수업은 그대로 두고 비교과의 비중을 높이면 의도와는 전혀 다른, 그저 학생들을 괴롭히는 결과만 가져올 것이었다. 그런데 바로 그 최악이 현실이 되고 말았다.

현재 대학입시에서 수시전형이 확대된 계기는 이명박 정부가 추진한 입학사정관제 도입이다. 입학사정관제는 미국, 일본의 주요 대학들이 학생선발 과정에서 학교 성적이나 대학입학시험만이 아니라 자기주도학습을 평가하고 자원봉사 활동, 동아리 활동 등 비교과 활동을 반영하는 제도다. 큰 틀에서 보면 입학사정관제의 도입은 우리가 앞서 연구했던 핵심역량 개발 교육의 취지와 같다. 의도만 놓고 보자면 객관식 시험 중심의 현행 입시제도를 변화시킬 수 있는 좋은 제도였다. 하지만 이 제도는 우리나라 학생들의 부담만 가중시키는 결과를 가져오고 말았다.

처음 교육부가 이 제도를 도입할 때는 교과수업 부담을 줄이려는 계획도 가지고 있었다. 하지만 교사와 학부모의 반대로 무산되고 말았다. 교사들은 교과수업이 줄어들면 자신들의 역할과 영향력이 줄어들까봐 거부했다. 학부모들은 수업시간이 줄어들면 아이들의 학력이 저하될 수 있고, 맞벌이 등 아이를 돌보기 어려운 경우에는 맡길 곳이 없다는 이유로 반대했다. 결국 어른들의 필요에 의해 수업시수는 그대로 유지된 채 추가적으로 비교과 활동을 하게 되었다.

그런데 비교과 활동의 문제는 이뿐만이 아니다. 우리가 시범학교 학생들과 면담하면서 받은 질문 중에는 비교과 활동 평가의 공정성에 대한 이야기도 있었다. 시범학교 학생 가운데 이지은 학생[19]은 이렇게 말했다.

> 교과성적이 우수한 학생들이 수행평가에서 비교과 활동 평가도 잘 나와요. 걔네들은 우리만큼 열심히 역량 활동을 하지 않았단 말이에요. 이게 맞는 건가요? 이럴 거면 역량 활동에 시간 쓰지 말고 그냥 시험공부에 올인하는 게 최선 아닌가요? 열심히 했는데도 결과가 이렇게 나오니까 정말 속상해요.

안타깝게도 이는 사실이었다. 당시 서울대는 지역균형선발을 추진하고 있었는데 농촌지역 학교에서 한 명의 서울대생을 배출하려면, 학교장 추천 학생의 경우 3년 내내 1~2등을 유지해야 했다. 교사들이 비교과 영역에서 성적우수생 몰아주기라는 비교육적 선택을 할 수 있는 상황이었다. 10년이 지난 지금, 이지은 학생이 우려했던 공정성 문제는 심각한 현실이 되었다. 대학 부정 입학에 이어 숙명여교 교사가 자기 딸들을 위해 벌인 성적조

작 사건이 커다란 사회적 파장을 불러왔다. 조국 전 법무장관의 인사검증 과정에서, 조 전 장관을 포함해 대학 교수들 가운데 일부가 미성년 자녀를 논문의 공저자로 끼워넣은 일이 뒤늦게 발각되기도 했다. 이에 대한 교육부의 감사 결과는 가히 충격적이다.[20] 2007년부터 2018년까지 10여 년간 미성년 자녀를 논문의 공저자로 등재한 교수가 89명에 이르고, 139건에 달했다. 논문 실적이 대학입시나 취업에 도움이 되지 않았다면 결코 일어나지 않았을 일이다.

최근 우리 연구진은 졸업을 앞둔 고등학생과 대학생을 대상으로 심층면접을 진행했는데, 정시에서 수시로 전환되는 과정에서 혼란스러웠던 당시의 입시 풍경을 접할 수 있었다.[21] 입학사정관제가 처음 도입되었던 시기에 서울 목동에서 고3 생활을 보낸 대학생 주은주 씨[22]의 이야기를 들어보자.

> 원래는 수시로 대학에 갈 수 있는 비중이 아주 적었어요. 그래서 다들 정시를 준비했는데 수시모집 비중이 갑자기 늘어 당황했죠. 수시에 합격한 친구들은 내신도 그다지 좋지 않고 수능점수도 낮았지만 해외에서 살다 온, 이른바 해외파가 많았어요. 결국 우리가 아무리 열심히 공부하고 비교과 활동까지 많이 해도, 부모 따라 외국에서 살다 온 애들은 이길 수 없었던 거죠.

현재 수험생들은 정시와 수시라는 두 마리 토끼를 모두 잡아야 할 처지다. 수시모집은 2002년 대입 비중이 28.8퍼센트에 불과했지만 2010년 이후 60퍼센트 이상으로 늘어나더니 2018년에는 73.7퍼센트로 마침내 70퍼센트 선을 넘어섰다. 비교과 활동이 반영되면서 대입전형도 매우 복잡해졌다. 2020학년도 입시요강을 살펴보자. 대입전형은 크게 학생부전형과 정시전형으로 나뉜다. 학생부전형은 내신을 주로 보느냐, 비교과 활동을 주로 보느냐, 면접이나 논술 단계가 있느냐, 예비합격 후 수능시험의 최저기준을 적용하느냐 등으로 세분화된다. 학생들의 역량을 키우고 다양한 선택지를 제공하기 위해 도입된 수시모집은 수험생들이 어떻게 준비할지 스스로 판단하기 어려울 정도로 복잡해졌다. 그렇다고 해서 전체 인원의 30퍼센트도 뽑지 않는 데다, 단 한 번의 시험으로 모든 게 결정되는 정시만 바라볼 수도 없는 형편이다. 모든 가능성을 열어두고 준비해야 하는 수험생 입장에서 지금의 제도는 부담은 더 커지고 과정은 더 복잡해졌을 뿐이다. 학생을 교과목 성적만이 아니라 전인적으로 평가하고, 일회성 평가가 아니라 수년간의 수행을 포괄적으로 평가하자는 원래 취지는 이제 아무도 기억하지 않는 것 같다.

〈SKY 캐슬〉과 그림자 교육

JTBC에서 방영한 드라마 〈SKY 캐슬〉은 우리 사회의 입시 문제를 정면으로 다루며 신드롬에 가까운 인기를 끌었다. 극적 재미를 위해 과장된 측면도 있지만 금수저, 흙수저의 수저계급론을 대입 과정에 접목해 한국의 왜곡된 교육 현실을 보여주었다는 점에서 특히 많은 공감대를 이끌어냈다. 〈SKY 캐슬〉이 보여준 사교육 문제는 어제오늘의 일이 아니다. 대입제도의 변화에 따라 어떤 과목을, 어떤 방식으로 교육받는지가 달라졌을 뿐이다. 부모는 사교육비로 경제적 부담에 시달리고, 학생은 장시간의 수업시간이 끝난 뒤 잠들기 전까지 이어지는 사교육 시간 때문에 괴로워하는 것은 예나 지금이나 마찬가지다.

통계청은 2007년부터 사교육비 조사 결과를 발표하고 있다.[23] 2007년 당시 1인당 월평균 24만 원이었던 일반고 학생들의 사교육비는 2018년 38만 원으로 올랐다. 소비자 물가지수를 적용해 비교해보면, 2007년의 사교육비는 34만 원이고 2018년은 36만 원으로, 지난 10년 동안 사교육비 지출이 증가했음을 확인할 수 있다. 일반고 학생의 사교육 참여율은 2007년 62퍼센트에서 2013년 55.3퍼센트까지 떨어졌지만 다시 반등하기 시작해 2017년 60퍼센트를 넘어섰고 2018년 65.2퍼센트까지 상승했다. 특히 흥미로운 결과는 전체 사교육비 총액이 2016년을 기점으로 상승했다는 점이다. 전체 학생들의 사교육비는 2009년 22조 원에서 2014년 19조 원으로 낮아졌지만 2018년 20조 원으로 늘어났다. 저출산의 영향으로 학생 수가 급감하는 현실에서 전체 총액이 반등한 것은 놀라운 결과다. 학령인구 감소는 그 자체로 총량이 줄어든 것이므로 전체 사교육비가 줄 수밖에 없는데 오히려 늘었다는 것은 사교육 열풍이 식지 않았음을 명확히 보여준다.

왜 사교육 참여와 비용은 계속해서 증가하고 있는 것일까? 학계에서는 사교육을 '그림자 교육(shadow education)'이라고 부른다. 사교육이 공교육의 내용을 모방하는 교육이라는 점에서, 또 실제로 이루어지고 있음에도 공식적으로는 마치 존재하지 않는 것처럼 간주한다는 점에서 붙인 이름이다. 사교육 관련 연구 결과 가운데 주목할 점은, 공부를 잘하는 학생이 사교육을 받으면 사교육 참여가 지속적으로 유지되거나 확대될 가능성이 있다는 사실이다.[24] 본래 사교육은 학교 수업을 따라가지 못하는 학생들을 위해서 부족한 부분을 보충할 목적으로 하는 교육이었다. 대개 공부를 못하는 학생들이 보충수업을 받듯 사교육을 받았고, 우리나라도 예외는 아니었다. 그런데 몇몇 국가들에서 공부를 잘하는 학생들이 사교육을 받기 시작하면서 전혀 예상치 못한 연쇄 현상이 일어났다. 공부를 잘하는 학생이 사교육을 통해 좀 더 앞서나가니, 다른 학생들도 뒤처지지 않으려면 사교육을 받을 수밖에 없었다. 결국 여력이 된다면 모든 학생들이 사교육에 참여할 수밖에 없는 상황이 발생했다. 우리나라의 사교육 참여 비율을 학교 성적별로 비교해보면, 2018년 일반고의 상위 10퍼센트 이내 학생들의 사교육 참여 비율은 73.2퍼센트인데 하위 10퍼센트는 51.9퍼센트에 불과했다. 사교육은 성적이 낮은 학생들이 받는 교육이라는 이론과는 정반대의 결과다. 그리고 이 결과는 왜 우리나라 사교육 시장이 계속 커지고 있는지를 잘 보여준다.

사교육 비용 측면에서 최근 논란이 되고 있는 것은 〈SKY 캐슬〉에서 다룬 고액 컨설팅이다. 서울 강남에서 고등학교를 다닌 대학생 최지연 씨[25]는 본인이 직접 컨설팅을 받진 않았지만, 주변에 2천만 원이나 하는 수시 컨설팅을 받은 학생들이 더러 있었다고 말한다.

> 수시 컨설팅은 수시모집 시 6개 대학에 원서를 제출할 때 자기소개서를 비롯해 제출 서류 작성을 처음부터 끝까지 맡아주고, 지원 대학 맞춤형으로 면접 준비를 도와주는 신종 사교육이에요. 이런 컨설팅을 받은 친구들이 원하는 대학에 합격하는 모습을 보면서 한편으론 부럽고 다른 한편으론 분통이 터졌죠.

고액 컨설팅은 앞서 이야기했던 수시모집의 확대, 그리고 엄청나게 복잡해진 학생부종합전형으로 인해 탄생했다. 학생부종합전형은 지난 10년간 가장 빠르게 확산된 대입 방식인데, 이명박 정부의 고교다양화 정책과 묶어서 이해할 필요가 있다. 고교다양화는 분야별로 이루어지는 수평적인 다양화 방식이 아니라, 수월성 중심으로 이루어지는 수직적인 다양화 방식으로 진행되었다. 특수목적고나 자율형 사립고 같은 학교는 성적이 우수한 학생들을 선발할 수 있어 좋지만, 이러한 학생들이 모여 있는 학교의 학생들은 좋은 내신성적을 받기가 어려웠다. 성적이 우수한 학생들을 선발하기를 원하는 대학들은 이런 현실을 고려해 교과성적 비중을 낮추고 비교과 활동을 통해 수월성이 높은 고등학교 출신 학생들을 더 많이 뽑는 쪽으로 대입전형을 수정하기 시작했다. 비교과 활동이 매우 중요해졌지만 내신과 수능이라는 엄청난 시험 부담 속에서 이를 제대로 수행하기란 불가능하므로, 부모나 사교육이 대신하는 비교육적 상황이 생겨났다. 이쯤 되면 누구나 의문이 들 것이다. 대입제도를 개선해보려는 그 어떤 시도도 상품으로 전환해버리는 사교육 시장의 힘을 과연 어떻게 해야 할 것인가.

죄수의 딜레마 게임과 불신

사회적 자본(social capital)은 한 개인에게는 없지만 그 개인이 참여하고 있는 사회적 관계를 통하여 이용할 수 있는 자본을 말한다. 경제적인 이윤을 추구하기 위해서 필요한 종잣돈을 '자본'이라고 하듯, 사회 구성원으로서 제구실을 하기 위한 자본이라 하겠다. 사회적 자본은 결국 사람이다. 서로 어려울 때 도움을 주고받을 수 있고, 고민을 터놓고 상담할 수 있는 친구. 어떤 일을 함께할 수 있는 듬직한 동료. 무슨 일이 있어도 끝까지 내 편이 되어줄 거라 믿을 수 있는 그런 사람들. 이런 사회적 자본이 있어야 우리는 한 개인으로서 목소리를 내고 능력을 발휘할 수 있다. 그렇지 않으면 아무도 믿지 못하고 누구와도 힘을 합치지 못해, 가루처럼 이리저리 흩날리며 바람 부는 대로 휘둘리는 존재로 전락하게 된다. 사회적 자본은 정신건강과도 밀접한 관계가 있다. 한국 사회가 경제적으로는 상당히 풍요롭지만 사람들이 불안한 이유는 사회적 자본이 부족하기 때문이다. 가장 기본적인 사회적 자본은 타인에 대한 신뢰다. 어려울 때 도움을 받고, 함께 어떤 일을 도모하려면 일단 믿을 수 있는 사람이 필요하다. 그런데 신뢰는 도움을 주고받고 협력하는 과정에서 생겨난다. 신뢰와 협력은 동전의 양면이다. 반면에 고부담 시험은 협력보다는 경쟁과 배신을 유도한다. 고부담 시험이 일종의 '죄수의 딜레마 게임'이기 때문이다.

죄수의 딜레마 게임은 원래 냉전시대의 산물이었다. 1950년 미국 국방성 소속 랜드(RAND) 연구소에서 일하던 메릴 플러드(Merril Flood)와 멜빈 드레셔(Melvin Dresher)는 이해관계가 얽힌 두 사람(또는 집단)이 상대방에 대해 협동과 배신을 선택할 때 얻을 수 있는 네 가지 경우를 공식으로 만들었다. 나중에 앨버트 터커(Albert Tucker)가 이 공식에다 우리가 익히 아는 죄수의 딜레마 게임이라는 이름을 붙였다. 게임의 내용은 아주 간단하다. 도둑질을 하고 체포된 공범 A와 B가 있다. 경찰은 이 둘을 따로 떼어 심문한다. 만약 둘 다 범행하지 않았다고 끝까지 잡아떼면 이들은 비교적 가벼운 6개월 형을 받게 된다. 하지만 둘 중 어느 한 쪽이 배신하고 죄를 인정하면, 인정한 사람은 수사에 협조한 덕에 풀려나고 남은 한 명만 10년 형이라는 덤터기를 쓴다. 그리고 둘 다 죄를 인정하면 각각 5년 형씩 나눠서 받는다.

자, 만약 당신이 이런 상황에 놓였다면 어떻게 할 것인가? 1979년 로버트 액설로드(Robert Axelrod)와 아나톨 라포포트(Anatol Rapoport)는 죄수의 딜레마 게임에서 어떤 전략이 최선인지를 확인하려고 인공지능을 이용해 시뮬레이션을 해보았다.[26] 그 결과 게임의 조건인 협력과 배신 중 최선을 결정하는 가장 중요한 요인은 단 하나였다. 그건 '이 게임을 단 한 번만 하고 끝내느냐' 아니면 '같은 상대와 여러 번 게임을 하느냐'였다. 상대방과 한 번씩만 하는 조건일 때, 최선의 전략은 배신이었다. 반면 앞으로도 계속 그 상대와 게임을 해야 한다는 조건에서는 협력이 최선의 전략이었다. 같은 사람과 여러 번 게임을 하면 상대방이 어떻게 하느냐에 따라 다음 전략을 정할 수 있다. 즉, 배신에 보복이 가능하다. 내가 배신하면 상대가 보복할 것이며 상대도 이를 알고 있으므로 서로 협력을 선택하는 것이 최선이다. 하지만 게임을 단 한 번만 할 경우에는 상대방의 행동에 대응할 방법도 기회도 없다. 상대방도 마찬가지다. 그러니 배신이 최선이다.

요컨대 우리가 어떤 게임을 할 때 신뢰와 불신을 가르는 기준은 그 게임의 반복 여부라는 이야기다. 그렇다면, 고부담 시험은 어디에 속할까? 일회성인가, 아니면 여러 번 같은 게임을 반복할 기회가 있나? '고부담'이라는 말 자체가 그 시험 한 번에 많은 것이 걸려 있다는 뜻이다. 즉 고부담 시험은 일회성 게임이고, 그 때문에 협력보다는 배신을 조장한다. 오해하기 쉽지만 재수나 삼수는 같은 게임을 반복하는 것이 아니라 새로운 게임을 다시 시작하는 것이다.

우리가 일회성의 고부담 시험 앞에서 어떤 배신을 해왔던가? 사교육 자체가 배신이다. 배신이 너무 만연되어 배신임을 자각하지 못할 뿐이다. 공교육 시스템은 원래 모든 학생들이 동일한 상태에서 교육을 받는다는 전제 아래 설계되었다. 이런 전제가 유지되어야 학생들의 학업성취도를 보고 그의 잠재력을 평가할 수 있다. 또 시험 결과를 학생이 학교에서 배우고 집에서 숙제를 하며 익힌 지식과 기술의 결과물로 간주할 수 있다.

그런데 만약 어떤 학생이 과외를 통해 그 학기에 배울 내용을 미리 공부하고 학교에 온다면 어떤 일이 생길까? 당연히 나머지 학생들보다 시험성적에서 훨씬 유리한 위치에 서게 된다. 원래 능력보다 더 우수한 결과를 얻을 가능성이 생긴 것이다. 그러던 어느 날, 다른 학생들이 이 학생의 배신을 알아차렸다. 이 배신에는 특별히 보복할 수단도 없다. 그렇다면 어떻게 할까? 이제 모든 학생이 과외로 미리 한 학기 앞서 공부를 하고, 그러면 처음 배신한 학생의 이점이 사라진다. 그다음부터 악순환이 시작된다. 배신을 그만두는 것이 아니라 더 강력하게 배신한다. 모두 한 학기를 미리 공부하면 이번엔 다음 1년 치를 미리 공부한다. 물론 다른 학생들도 곧 이를 따라 한다. 그러면 그다음에는 2년 치 공부를 미리 한다. 배신이 배신을 낳고, 이를 극복하기 위해서 더 센 배신을 하는 배신의 증폭이 일어난다.

현재 공교육 시스템을 갉아먹는 가장 큰 원흉은 사교육이 아니다. 사교육을 키워주는 불신, 배신의 게임이 반복되어 생긴 결과다. 그 배경에는 일회성의 고부담 시험이 있다. 그동안 시험

앞에서 배신의 게임에 몰입한 결과, 이제 시험 이외에는 신뢰할 수 있는 것이 다 사라져버렸기 때문이다. 시험 말고 믿을 수 있는 것이 없기에 어쩔 수 없이 시험에 매달린다.

시험을 위해 수면을 포기하다

고부담 시험이라는 게임을 둘러싼 배신의 악순환은 학생들의 기본적인 욕구마저 갉아먹으며 삶의 질을 떨어트렸다. 2008년 진행한 청소년들의 생활시간에 대한 연구에서 학습시간만큼 흥미로운 결과는 수면시간이었다.[27] 우리나라 학생들의 학습시간이 다른 어떤 나라보다 길었다면 수면시간은 반대로 가장 짧았다. 15~24세의 수면시간은 2004년 기준 7시간 30분이었다. 예상보다 긴 시간일지도 모르겠다. 그런데 같은 조사에서 미국의 청소년들은 8시간 47분으로, 우리나라 학생들보다 1시간 이상 더 자고 있었다. 미국뿐 아니라 영국, 독일, 스웨덴, 핀란드의 청소년 모두 8시간 이상 수면을 취하는 것으로 나타났다. 이 조사 결과에서 주목할 점은 15~19세의 수면시간이 다른 어떤 연령 집단보다 짧았다는 사실이다. 한국을 제외한 다른 나라 사람들은 40세 전후에 가장 적게 잔다. 직장인으로서 업무 부담이 높고, 가족과 자신의 미래를 위해서 열심히 일하는 시기이기에 그렇다. 그런데 우리나라에서는 청소년, 정확히는 수험생이 가장 적게 자고 있었다. 수험생의 삶이 40대 직장인보다 더 빠듯하고 치열하다는 이야기다.

우리나라 수험생들의 수면시간은 여전히 짧을까? 통계청 사회조사에서 13~24세 중 적정한 수면시간(하루 6~8시간)을 갖는다고 응답한 사람은 2016년 71.9퍼센트였으나 2018년 71.5퍼센트로 낮아졌다.[28] 특히 중고등학교 학령인구인 13~18세는 2016년에 비해 4.6퍼센트나 감소했다. 사당오락(四當五落)이라는 신조어가 등장한 것은 1993년 수학능력시험이 도입되기 전인 학력고사 시기다. 4시간 자면 대학에 붙고 5시간 자면 떨어진다는 의미의 사당오락은, 암기 위주의 객관식 시험의 폐해를 상징하는 용어 중 하나로 국어사전에도 등재되었다. 하지만 학력고사가 폐지된 지 30년이 가까워지는 오늘날에도 이 용어는 유령처럼 한국의 수험생들 주변을 떠돌고 있다. 인터넷에서 '삼당사락'이나 '사흘 12시간 수면법' 같은 표현이 오가는 것을 보면 오히려 현실은 더 악화되고 있는 것으로 보인다.

대학교 졸업예정자들과 인터뷰를 하면서 고등학교 때 하루 일과를 어떻게 보냈는지도 물어봤다. 3학기째 졸업을 미루면서 취업을 준비 중인 대학생 김유진 씨[29]는 비평준화 지역의 기숙형 고등학교에 다녔던 때의 일과를 이야기해주었다. 유진 씨는 학교 수업시간을 빼고 하루 11시간 공부했고 4시간 반 정도만 수면을 취하는, 말 그대로 사당오락의 삶을 살았다.

학교 기숙사에서 아침 6시 반에 일어난 후 교실로 가서 자습을 했어요. 예체능 수업시간에는 학교에서 아예 수업을 하지 않고 그냥 자습을 했고요. 정규수업이 끝난 뒤 저녁을 먹고 1시간 정도 휴식을 취한 후에는 11시 반까지 야간자율학습에 참여했어요. 그런데 제가 다닌 학교는 야자가 끝이 아니었어요. 기숙학교이다 보니 희망자에 한해 연장 야자가 가능했는데, 저는 새벽 2시까지 했죠.

또 다른 대학생 권은희 씨[30]의 고3 시절 일과도 비슷했다. 그녀는 수시모집이 끝난 뒤 교실이 '놀자판'이 되자 야간자율학습에 참여하지 않고 독서실에서 공부를 했다고 한다. 학교에서 반강제적으로 야간자율학습을 시켰지만 담임교사를 설득해 독서실에 다닐 수 있었다. 아침 6시에 일어나 등교해서 수업을 듣고 오후 5시부터 학원 수능대비반에서 공부한 뒤 밤 12시까지 독서실에서 공부하다 집으로 돌아가는 생활이 매일 반복되었다.

시험을 위해 수면을 포기한 학생들의 현실은 대한민국에서 수험생으로 산다는 것의 실제 모습을 보여준다. 대한민국에서 수험생으로 산다는 것은 단순히 엄청난 학습 부담에 시달리며 그 어떤 시기보다 가열찬 노력을 기울여야 한다는 데 머물지 않는, 인간의 가장 기본적인 욕구인 수면욕을 포기해야 할 만큼 삶의 많은 부분을 희생해야 한다는 뜻이다. 오늘도 수많은 수험생이 각종 에너지 음료와 카페인에 자신의 몸을 내어주며, 억지로 각성된 채 참고서를 파고들고 있다.

4

취준생과 공시생, 노오오력의 역설

이제는 수험생 못지않게, 아니 수험생보다 더 시험에 매여 살아가는 사람들이 바로 '취준생'이다. 그중 많은 수가 공시생이다. 청년 고용 여건이 악화되어 수많은 젊은이가 학생도 사회인도 아닌 사회 밖 존재, 취준생의 삶으로 내몰렸다. 오늘도 무수한 청춘들이 구직 사이트를 들락거리며 자신을 '받아줄' 회사를 찾고 있다. 취업의 어려움은 단지 취준생들의 부담에서 그치지 않는다. 대학과 학과의 순위가 취업이 잘되는 순위로 재편되었으며, 수험생들의 전공 선택 기준 1순위는 취업률이다. 시험공화국이 된 대한민국의 현주소를 가장 잘 보여주는 취준생들의 현실을 들여다보자.

눈물겨운 대기업 취업 성공기

우리 연구에 참여한 대학 졸업예정자 김유진 씨는 인터뷰를 하기

직전, 지원했던 대기업으로부터 합격 통보를 받았다. 덕분에 인터뷰는 들뜬 분위기로 시작되었다. 하지만 취업준비 과정을 이야기하며 처음의 밝던 분위기는 점차 무거워졌다.

유진 씨는 최근 확산되고 있는 졸업유예자였다. 2018년 1학기부터 2019년 1학기까지, 1년 반 동안 졸업유예자로 살았다. 학점을 다 채우고도 졸업을 하지 않은 채 학교에 적을 두고 살아가는 젊은이였다. 유진 씨 같은 경우는 과연 얼마나 될까? '청년 사회·경제 실태조사'는 요건을 갖추고도 졸업을 유예하거나 일부러 요건을 갖추지 않고 졸업 시기를 늦추는 경우가 얼마나 되는지를 조사했다.[31] 그 결과 2018년 기준 졸업유예 경험 비율은 21.3퍼센트로 5명 중 1명꼴로 졸업을 유예하는 것으로 나타났다. 2016년의 같은 조사에서는 이 비율이 7.5퍼센트에 불과했다. 2년 사이 3배 가까이 늘어난 것이다.

대기업 취업에 성공하기까지 유진 씨는 몇 번이나 입사원서를 냈을까? 졸업유예를 시작하고 1년 반 동안 그녀가 입사원서를 제출한 기업은 무려 130곳이었다. 4일에 한 번꼴로 원서를 낸 셈이다. 여기에는 대기업뿐 아니라 괜찮은 중견기업도 포함되어 있다. 2017년 취업준비자 실태분석 결과에 따르면, 대졸 취준생들은 평균 21.4회 입사원서를 낸다.[32] 유진 씨는 평균보다 훨씬 많이 낸 경우였다. 본인 말에 따르면 처음에는 몇 개월 안에 취업이 되리라 확신했다고 한다. 그런데 어느새 1년 반이라는 시간이 흘러버렸다.

중견기업 이상의 기업들은 입사전형이 대체로 3단계로 이루어진다. 서류전형이나 필기시험이 1단계이고, 2단계에서는 1차 합격자에 한해 필기시험이나 일반면접, 발표 등이 진행된다. 마지막 3단계는 임원면접이나 CEO면접이다. 유진 씨에게 최종면접까지 간 경우가 몇 번이나 되는지 물었더니, 이번에 합격한 기업을 포함해 총 여섯 번이라고 했다. 130곳 중에 6곳, 최종면접까지 간 확률은 4퍼센트에 불과했다. 그녀가 서울 소재 명문대를 다니고 있다는 사실을 고려할 때, 대기업 취업이 얼마나 어려운지를 명확하게 보여주는 사례다.

흔히 취업 스펙은 학벌, 학점, 어학연수, 토익점수, 자격증, 인턴십 같은 직무 경험, 봉사 활동 등 열 가지에 이른다. 4퍼센트의 최종면접 확률은 학벌을 제외하고 스펙이 부족해서였을까? 유진 씨의 토익점수는 940점이었다. 2019년 5월 26일 시험 기준으로 토익 평균 점수는 990점 만점에 664점.[33] 그녀의 영어시험 점수는 상위 10퍼센트 안에 들었다. 그런데도 취업에 이르는 길은 험난하기만 했다. 이런 이야기를 들려주면서 유진 씨는 다른 사람에게 말하지 않은 사실을 고백했다. 최근 수시 컨설팅이 새로운 사교육으로 등장했다면, 취준생에게는 취업 컨설팅이 있다는 이야기였다.

돈까지 들여서 컨설팅을 받는 게 자존심 상하는 일이라 남들에게 말하진 않았지만, 계속 취업이 안 되니까 속상한 마음에 취업 컨설팅을 받아봤어요. 한 시간 컨설팅을 받고 지불한 비용이 22만 원이었죠. 실제로 취업에 도움이 됐는지는 사실 잘 모르겠어요. 하지만 확실히 뭔가 위안은 되더라고요.

2017년 취업준비자 실태분석 결과에 따르면 취준생의 한 달 생활비는 대략 50만 원이다. 한 시간 동안의 컨설팅 비용 22만 원은 그 절반에 해당한다. 그럼에도 수요가 있으니 이런 서비스가 성행하리라. 취준생들의 절박함을 보여주는 씁쓸한 현실이다.

취준생 유진 씨의 하루는 어땠을까? 아침 9시에 등교하여 학과 게시판에서 취업 공고를 확인하면서 하루를 시작한다. 이후 다른 학생들과 3시간가량 대기업 필기시험 스터디를 하는데, 교재는 삼성그룹의 GSAT 기출문제집이었다. 이 검사가 삼성뿐 아니라 다른 대기업 인적성시험의 바이블로 통하기 때문이다. 스터디가 끝나면 나머지 6~7시간은 자기소개서를 작성하고, 서류전형을 통과한 회사의 일반면접이나 발표를 준비하면서 보냈다. 졸업유예 전 학교 수업을 병행할 때에는 거의 수험생과 비슷할 정도로 바쁘게 하루를 보냈다.

유진 씨는 입시 때보다 취업준비가 더 힘든 과정이었다고 말했다. 어디로 가야 할지 방향이 뚜렷하지 않고 준비할 것도 훨씬 복잡하고 많았기 때문이다. 사기업이냐 공기업이냐에 따라 준비해야 하는 시험이 달라지고, 한 기업 안에서도 어떤 팀의 어떤 업무에 도전할지에 따라 대외 활동, 공모전, 전문 자격증 등 갖춰야 할 스펙이 달라진다. 명확한 목표를 가지고 정해진 조건을 충족할 수 있다면 좋겠지만, 취업이 늦어질수록 불안해지고 자존감도 점점 낮아지면서 이곳저곳을 기웃거리는 경우도 허다하다. 적어도 공부할 과목이 정해진 고3 수험생 시절이 더 나았다고 생각되는 이유다.

'이공계 기피'에서 '문송'까지, 전공 사다리의 변화

취업준비가 힘든 것은 과도한 경쟁 때문만은 아니다. 수험생들의 경우 대학 진학을 준비하는 데 있어 전공 선택에 대한 고민이 크지 않다. 그러다 대학에 들어가면 전공이 큰 고민거리로 등장한다. 개인의 노력과는 별개로 어떤 전공을 선택했느냐가 취업에 큰 영향을 미치기 때문이다. 이러한 문제는 과거 '이공계 기피'에서 이제는 '문송', 즉 '문과라서 죄송합니다'에 이르는 담론에서 구체적으로 드러나고 있다.

2000년대 중반까지 우리 사회에서 대학 전공과 관련해 관심을 끈 현상은 이공계 기피였다. 수학능력시험의 계열별 응시자 수를 살펴보면 1995년 인문계열이 48.2퍼센트, 자연계열이 42.5퍼센트로 큰 차이가 없었지만 2002년 인문계열은 56.4퍼센트로 증가한 데 비해 자연계열은 26.9퍼센트로 절반 가까이 줄어들었다.[34] 수학 공부를 포기하는 '수포자' 문제를 비롯해 이공계 출신들이 한국 사회에서 제대로 대접받지 못하는 상황이 원인으로 지목되었다. 그런데 최근 전공 관련 논의는 정반대 양상을 보여주고 있다. 문송이라는 신조어가 나올 정도로 인문계 졸업자들의 취업률이 낮아졌기 때문이다.[35] 2017년 졸업자 중 인문계 고등교육 졸업자의 취업률은 56퍼센트인데 비해 공학계열은 70.1퍼센트로 큰 차이를 보였다. 대졸 취업자 중 1년 이후 퇴사 비율 또한 인문계열이 25.8퍼센트로, 16.7퍼센트인 공학계열 졸업자보다 훨씬 높았다.

학교 졸업예정자들을 대상으로 하는 심층면접조사에서 전공에 관한 질문을 던졌는데 취업에 유리한지, 불리한지에 따라 '전공 사다리'가 존재한다는 사실을 확인했다. 예체능계 전공은 인문계열로 이동하고, 인문계열 안에서는 인문학보다는 사회과학으로, 사회과학 중에서도 취업이 유리한 경영경제 계열로의 연쇄 이동이 이루어진다. 물론 최종 도착 지점은 이공계열이고 가능하다면 의대 진출을 꿈꾼다. 고등학교 때 배우가 꿈이었던 최지연 씨의 이야기부터 들어보자.

> 연극영화과에 진학하기 위해 예술고등학교에 진학했습니다. 부모님의 반대에도 고집을 부려 예술고에 갔는데 1년을 버티지 못했어요. 싸우는 데 지쳐 포기하고 대안학교를 가게 되었죠. 부모님도 자퇴에 대한 부담이 없었다면 거짓말일 거예요. 다행히 사촌이 대안학교를 다니고 있었는데 검정고시를 통해 대학에 진학하는 게 크게 어렵지 않다고 하니, 부모님이 강력하게 자퇴를 권유했어요.

지연 씨는 현재 대학 졸업예정자로 서울 소재 여자대학교에서 정치외교학과를 다니고 있다. 부모는 좀 더 취업이 유리한 전공을 선택하기를 바랐으나, 마지노선을 정하고 더 이상 물러서지 않겠다는 지연 씨의 의지를 확인하고 물러섰다고 한다.

한편 이수진 씨[36]는 일반고 문과 출신으로 역사 과목을 가장 좋아했다. 그런데 대학 전공은 경영학과로 선택했다. 부모는 취업이 잘되는 학과를 희망했고, 담임교사와 진로교사도 경영학과가 문과의 꽃이니 기왕이면 취업이 잘되는 학과로 진학할 것을 권유했다.

이런저런 주변의 이야기에 전공을 경영학과로 선택했어요. 그런데 진학하고 보니 과 선배들 중에 대기업에 취업한 경우는 몇 안 되더라고요. 다들 중소기업에 취업하고 있었죠. 상황이 이렇다 보니 원하는 전공을 선택하지 못한 게 크게 후회가 됩니다.

이공계로 진학했다고 고민이 없는 것은 아니다. 박민동 씨[37]는 식품공학과를 다니고 있는데, 사실 자신은 수포자였다고 한다. 수학이 어렵고 하기 싫었지만 이과로 가긴 해야겠으니, 수학이 별로 중요하지 않은 이공계 분야가 무엇인지 찾아봤다. 생물이나 화학 쪽이 수학과 관련성이 낮아 그쪽으로 정했고, 고등학교 선배가 쓴 자기소개서를 본 뒤 최종적으로 식품공학과를 지원했다. 취업을 위해서는 이공계를 가야 한다는 생각에 억지로 자신을 끼워 맞춘 것이다.

하지만 이공계라고 해서 다 취업이 쉬운 것도 아니다. 2018년 지방 국립대학교 공과대 출신 졸업유예자 세 명을 대상으로 집단면접을 실시한 적이 있다.[38] 수도권 지역 대졸 취준생들이 대기업 입사에 집중한다면, 지방대생들은 공기업과 같은 공공기관 취업에 몰두한다. 공공기관의 경우 지역균형선발을 실시하고 있어 대기업보다는 취업 가능성이 높고, 블라인드 채용으로 어느 대학을 나왔는지를 알 수 없는 상태에서 평가가 이루어져 유리한 면이 있기 때문이다. 세 명의 학생들은 지역에서 가장 유명한 국립대학 공과대를 다녔지만 대기업에 취업한 선배들이 거의 없다고 했다. 지방대생이 좀 더 유리한 공공기관을 더 많이 선택했기 때문에 나타난 결과로 볼 수도 있다. 하지만 대기업에 원서를 낸 동기들 상당수가 실패하고 있기에, 공공기관 선호는 자발적 선택이라기보다 어쩔 수 없는 선택으로 보는 것이 적절하다고 말했다.

전공 선택은 '이공계 기피'에서 '문송'으로 변화했고, 이제는 취업 가능성에 따라 전공별 사다리가 만들어졌다. 하지만 앞서 살폈듯 사다리 위를 차지한 이공계 학생들도 일률적으로 유리한 상황에 있다고 보기는 어렵다. 너무 많은 학생들이 이공계에 몰리면 '문송'이 '이송'이 되지 말라는 법도 없다. 학생들이 원하는 전공을 소신 있게 선택하지 않는 한 전공 선택에서 나타나는 혼란은 지속될 것으로 보인다.

공무원, 최고의 직업이 되다

수도권 대학 취준생들은 대기업을, 지방대학 취준생들은 공기업을 비롯한 공공기관을 주로 준비하지만 지역과 상관없이 가장 많은 취준생들이 도전하는 직업이 있다. 바로 공무원이다. 지원자가 가장 많다는 점에서 공무원은 젊은 층이 가장 선호하는 직업으로 자리 잡았다.

현재 공시생의 규모를 정확하게 알 수는 없지만 학생이나 취업자 중 공무원시험을 준비하는 사람을 제외하고 공시생 통계를 살펴볼 수 있다. 통계청의 경제활동인구조사 중 청년층 부가조사에서 취업시험을 준비하고 있다고 응답한 사람들 가운데 일반직 공무원을 준비하고 있는 청년은 2018년 20만8천 명으로 나타났다.[39] 고시와 전문직, 교원, 기능 분야 등을 모두 합쳐 포괄적으로 살펴보면, 38만6천 명에 이른다. 그런데 이 숫자는 많은 사람들이 학생 신분이나 취업한 상태에서 공무원시험을 준비하고 있는 현실을 고려하면 과소 추정된 결과라는 한계가 있다. 실제로 공무원시험에 응시한 사람들의 규모는 이보다 많다. 공무원시험에 접수한 사람들로 공시생 규모를 살펴보면, 2018년 기준 5급부터 9급까지 국가직과 지방직 공무원시험을 보겠다고 접수한 인원은 46만8천 명에 이른다.[40] 물론 이 숫자에는 중복지원이나 실제 시험에 응시하지 않은 경우도 포함되어 있다. 따라서 두 가지 결과를 종합하면 우리나라 공시생에 대한 대략의 추정치를 얻을 수 있는데, 그 숫자는 38만 명에서 46만 명 사이다. 이 수치는 과연 얼마나 큰 걸까?

우리나라 전체 취업준비생의 규모를 알 수 있다면, 공시생의 규모가 어느 정도 큰 것인지를 가늠해볼 수 있다. 전체 취업준비생도 학생이거나 취업자인 경우 알 수 없기 때문에 이를 제외하고 보면, 2018년 기준으로 62만6천 명 정도다.[41] 즉 취준생의 61.7퍼센트가 공시생이라는 결론이 나온다. 이것이 정확한 결과는 아니라고 해도 공시생이 너무 많다는 사실 자체에 의문을 가질 사람은 없다.

왜 이처럼 많은 젊은이들이 공무원이 되려는 걸까? 공공기관이 민간기업보다 더 매력적인 면이 있기 때문일 것이다. 2017년 통계청 사회조사에 따르면, 젊은이들이 선호하는 직장 가운데 공무원이 다니는 국가기관은 25.4퍼센트로 19.9퍼센트의 공기업은 물론 15.1퍼센트의 대기업, 8.2퍼센트의 전문직 기업, 7.3퍼센트의 외국계 기업보다 압도적으로 높게 나타났다. 직업 선택 요인에서 '수입'이 가장 중요하다는 응답이 모든 연령에서 가장 높았지만, 20대의 경우 어느 연령대보다 '안정성'을 수입만큼이나 중요하게 여기고 있었다. 20대에서 수입의 중요성은 안정성보다

7퍼센트포인트 더 높았다. 하지만 50대에서 이 격차는 14.7퍼센트포인트였고, 30대는 13.2퍼센트포인트, 40대는 12.8퍼센트포인트, 60세 이상은 12.2퍼센트포인트였다. 공무원은 정년이 보장되고 정년 후 국민연금보다 후한 공무원연금 혜택을 볼 수 있어 안정적인 직업으로 꼽힌다. 따라서 이 결과는 청년들이 공무원을 선호하는 이유가 안정성에 있음을 보여준다.

공무원의 경우 여성 지원자가 많은데, 이는 민간기업보다 공정하게 채용이 이루어지고 육아휴직 등 일·가정 양립제도가 잘 되어 있기 때문에 나타난 현상으로 보인다. 9급 국가직 공무원 시험의 여성 합격자 비율은 2015년 50.7퍼센트로 남성보다 높고, 2019년에는 56.5퍼센트로 여성 응시자 비율보다 높아 여성이 더 많이 합격하는 결과를 보여주었다. 5급 공무원시험의 여성 합격자 비율은 2019년 34.8퍼센트로 남성보다 낮은 편이나 매년 상승 중인데, 양성평등 채용목표제로 추가 합격이 이루어진 것이 영향을 미친 것으로 보인다. 5급 공무원에 해당하는 외교관 후보자 선발의 경우 여성 합격자가 전체의 55퍼센트로 남성을 앞섰다.

공무원시험은 안정성과 공정성이라는 측면에서 분명 매력적일 수 있으나, 현실적으로 공시 열풍은 청년들의 쏠림 현상으로 이어져 소수의 승자와 다수의 패자를 낳고 있다는 점에서 중단

될 필요가 있다. 그렇다고 이에 대한 해결책으로 국가기관에서 일하는 공무원의 매력을 낮출 수는 없는 일이다. 오히려 청년들에게 민간기업에 대한 선호도를 높이고 벤처기업 같은 새로운 기업에 도전하게 하는 국가적 노력이 필요하다. 그러나 현 시점에서 무엇보다 중요한 것은 공시생들의 삶을 제대로 들여다보고 해법을 찾아나가는 것이 아닐까?

컵밥을 낳은 공시생의 삶

컵밥은 2000년대 초반 노량진의 공시촌에서 처음 등장했다. 지금은 프랜차이즈 브랜드로 개발되어 전국 곳곳에서 볼 수 있지만, 당시에는 노점에서 컵에 밥과 고명을 넣어서 파는 값싼 음식이었다. 출출할 때 간식으로 먹던 분식에서 한 끼 식사로 거듭난 노점 음식의 진화형인 셈이다. 노량진 공시촌에서 탄생한 컵밥은 공시생의 삶을 보여주는 거울과 같다. 시험 부담에 쫓기어 시간과 싸워야 하는 공시생들은 빠르게 식사를 해결할 필요가 있었고, 컵밥은 그러한 요구를 충족시켜 주었다. 특히 길거리에서 들고 먹는 음식이므로 식당에서 혼자 밥을 먹는 것이 쑥스러운 고시생들에게 인기가 있었다. 무엇보다 컵밥은 다른 어떤 음식보다 가격이 저렴했다. 취업을 해서 돈을 벌 나이에 소득 없이 시험 준비를 하는 이들에게 최적의 음식이었다.

컵밥으로 대변되는 공시생들의 삶은 실제로 어떨까? 청년 니트에 관한 연구를 2017년부터 2018년까지 2년에 걸쳐 수행하면서 공시생들을 만날 기회가 생겼다.[42] 2017년 처음 인터뷰를 한 박경준 씨[43]는 한동안 직장생활을 하다가 공시생이 된 경우였다.

> 대학을 졸업하고 사회복지 전공을 살려 사회복지관에 취업했습니다. 그곳에서 공무원이 되겠다는 결심을 했어요. 왜냐면 사회복지 공무원들은 비슷한 업무를 수행하지만 복지관의 사회복지사와 전혀 다른 대접을 받더라고요. 기본 급여는 차이가 없지만 공무원들은 다양한 명목의 수당을 받기에 합치면 훨씬 더 많은 연봉을 받습니다. 무엇보다 정년 보장에 공무원연금 혜택까지 받는다는 점에서 부러울 수밖에 없었죠.

경준 씨는 그해 6개월 정도 공무원시험을 준비하고 있었고, 12월 첫 시험을 앞두고 있었다. 일요일을 제외하고 매일 아침부터 저녁 늦게까지 노량진 학원에서 수업과 자습을 했다. 그가 다닌 학원에는 자습실이 있는데 출석을 잘하고 모의고사에서 좋은 성적을 받는 우수 수강생에게만 허용되는 곳이다. 이 학원은 학교처럼 우수 수강생에게 장학금을 주는데, 경준 씨는 장학금을 받기 위해 수면시간을 제외하고는 학원에서 거의 살다시피 했다. 조금이라도 생활비를 절감하고 싶었기 때문이다. 매달 학원비는 교재 구입비를 포함해 40만 원 정도 나갔고 그는 부모님의 지원을 받아 생활하고 있었다.

공시생 장태욱 씨[44]와 최한영 씨[45]는 학원비라도 마련할 수 있었던 경준 씨보다 열악한 환경에서 시험을 준비하고 있었다. 휴학생인 태욱 씨는 학교 도서관을 이용할 수 있어 비용을 들일 필요가 없었고, 학원 수강 대신 비용이 저렴한 인터넷 강의를 들으며 친구 한 명과 스터디를 병행했다. 한영 씨는 졸업생이고 학교 도서관을 이용하기 불편해 독서실을 다녔지만 비용은 따로 들지 않았다. 총무 역할로 아르바이트를 했기 때문이다. 공부에 방해는 되지만 공부할 곳을 제공받는 다른 아르바이트를 찾기 힘들었다. 한영 씨도 인터넷 강의를 들으면서 시험을 준비했고, 종일 독서실에 있어야 하기 때문에 스터디 모임은 하기 힘들었다.

세 사람 모두 바쁘고 외로운 와중에 비용을 조금이라도 아껴야 하는 컵밥 같은 공시생들의 삶을 여실히 보여주었다.

경준 씨로부터 들은 흥미로운 이야기가 하나 있다. 인간관계를 모두 끊었다고 고백했다. 기존의 스마트폰을 팔고 폴더폰으로 바꾸면서 스마트폰에 저장된 전화번호들을 모두 날려버렸다.

부모님을 비롯한 소수의 절친한 친구들에게만 연락처를 알려줘 지금은 하루에 전화 한 통도 오지 않는다고 했다. 가끔 외로울 때도 있지만 합격의 기쁨과 그 기쁨을 함께 나눌 친구들과의 만남을 꿈꾸며 하루하루를 버티고 있었다.

공시생의 저연령화와 장기화

"경축 ○○고등학교 졸업생 ○○○군 9급 공무원(기술직) 시험 합격."

어느 도로변에 걸려 있던 현수막 문구다. 이 현수막을 보면서 9급 공무원 합격이 직업계 고등학교가 내세우는 자랑거리가 되었다는 생각이 들었다. 공시생이라는 용어는 현재 누구나 알고 있지만, 2000년 이전에는 사법고시, 행정고시, 외무고시 등을 준비하는 '고시생'만 존재했다. 7급은 모르겠으나 9급 공무원시험은 고등학교를 졸업한 학생이면 어렵지 않게 합격할 수 있었다. 당시 하급 공무원은 결코 주목받는 직업이 아니었다. 누군가 9급 공무원이 되었다면 취직할 데가 마땅치 않거나 특별한 이유가 있을 것이라고 여겨지기도 했다. 당시에는 훗날 대졸자가 아니면 9급 공무원시험도 합격하기 어려운 상황이 올 줄 아무도 상상하지 못했을 것이다.

고등학생들의 공무원 진출을 확대하자는 아이디어는 이명박 정부에서 처음으로 제기되었다. 이명박 정부가 추진한 교육개혁 조치 중 자율고나 마이스터고 같은 수월성 중심의 고교 다양화 정책이 주로 알려져 있지만, 고등학교만 나와도 취업이 되는 조치도 중요한 정책이었다. 특히 기술직을 중심으로 직업계고 학생들이 공무원이 될 수 있도록 2012년 지역인재전형 등 별도의 공무원 채용전형을 신설했다. 2013년에는 9급 공무원시험 과목 중 사회, 과학, 수학 등을 선택할 수 있는 고교 과목 선택제가 도입되었다. 9급 공무원시험은 필수과목으로 국어, 영어, 한국사를 공부해야 하는데 이조차도 고교 과목이므로 공무원 직무수행에 필수적인 행정학이나 법률 등을 공부하지 않은 상태에서 공무원이 될 수 있는 길이 열린 것이다.

이러한 변화를 반영해 직업계고에는 대학 진학을 준비하는 입시반 외에 공무원시험을 준비하는 공시반이 생겨났다. 문재인 정부 출범 이후에도 이러한 흐름은 바뀌지 않았다. 2019년 1월 발표된 고졸 취업 활성화 방안은 지역인재전형 비중을 국가직의 경우 2018년 7.1퍼센트에서 2022년 20퍼센트로 확대하는 내용을 담고 있다.[46] 지방직의 경우 2018년 20퍼센트에서 2022년 30퍼센트로 늘리는 방안도 제시했다. 이는 대졸자에 대한 역차별 논란을 낳았다. 지역인재전형의 경쟁률은 7 대 1이 안 되는

데 비해, 일반 9급 공무원 경쟁률은 40 대 1을 넘는다는 점에서 대졸자들이 불리하다는 주장이 제기되었다. 이와 관련해 청와대 국민청원 게시판에 고졸 공무원 채용을 확대하지 말아달라는 청원이 올라오기도 했다. 청년 니트 인터뷰 대상자 중 고졸자 공시생인 이정근 씨[47]는 시험과목이 고졸자에게 유리해지고 기회가 많아진 것은 인정하지만, 이 때문에 공무원시험에 도전한 것은 아니라고 말했다.

> 공무원이 되면 생활이 안정적이고 현장을 관리·감독하는 권한이 주어지기 때문에 이전부터 공무원이 되고 싶었습니다. 고졸 공무원 채용 확대를 주장하지 않지만 고졸에게 약간의 혜택을 부여하는 것에 너무 민감하게 반응하는 것 같아 씁쓸합니다.

앞서 이야기했던 박경준 씨는 모든 연락처를 삭제하면서까지 독한 마음을 먹고 공부하게 된 이유로 주변의 장기 공시생들처럼 될까봐 두려웠기 때문이라고 말했다. 인터뷰에 응한 모든 면접자들이 공통적으로 지적한 것이 바로 공시생의 장기화 문제였다. 다들 장기 공시생이 되지 않기 위해 길어도 2년을 넘기지 않고 합격하겠다고 다짐하고 있었다.

공시생의 장기화는 이미 오래전부터 시작된 현상으로 보인다.

이를 증명해줄 객관적인 자료는 없지만 9급 공무원시험 합격자 가운데 30대 이상의 비중이 2019년 26.5퍼센트라는 점은 의미하는 바가 크다. 합격과 동시에 중간급인 사무관이 될 수 있는 5급 공무원시험과는 달리 9급 공무원은 가장 낮은 직급이라는 점을 생각하면 30대 이상 합격자의 비율이 지나치게 높다. 인터뷰에 응한 면접자들도 공통적으로 동료 공시생 중에 3년 이상 된 장기 공시생이 많다고 증언했다. 장기 공시생들은 오랫동안 시험 준비를 하면서 다른 일을 찾기도 힘들어졌고, 그간의 고생을 생각하면 시험을 포기하기도 힘들다 보니 '한 번 더'를 외치며 살아가는 처지였다. 이들 중에는 실제 공무원시험에 지원은 하지만 응시는 하지 않는 경우도 있었다. 부모나 주변에 아무것도 하지 않는 현실을 드러내 알리기 힘들어 그저 공시생이라는 신분을 유지하고 있는 것이다. '공시생'이 사회적인 '신분'이 될 수 있는지도 의문이지만, 이렇게 드러나지 않은 채 취업을 포기한 청년들이 얼마나 존재하는지도 우리 사회의 중요한 질문이다.

5

시험은
아무 잘못이 없다

수험생과 취준생, 공시생에 한정해 시험인간의 삶을 구체적으로 들여다봤지만, 여전히 남는 의문이 있다. 아무리 사회에서 만든 제도를 따르지 않기가 어렵다고 해도, 그 엄청난 압박을 감수하면서 시험에 올인하는 사람의 수가 이토록 많은 이유는 무엇일까.

시험에서 벗어나지 못하는 이유

필자 중 한 명이 박사 후 연구원 시절에 대학생들을 대상으로 생리적인 각성 수준에 따른 감각 능력의 차이를 비교하는 실험을 진행한 적이 있다. 실험은 일종의 테스트였다. 비슷한 그림 두 개를 동시에 보면서 다른 점을 발견하면 버튼을 누르는 식이었다. 어떤 쌍은 한눈에 다른 점이 보이는 반면, 어떤 쌍은 매우 비슷했다. 다른 점을 발견하기 어려운 쌍일수록 응답 속도에 차이가 있어야 했다.

하지만 그 실험에서 원하는 데이터를 얻지 못했다. 모든 조건에서 학생들이 너무 열심히 테스트에 임하는 바람에, 과제 난이도에 따른 응답 속도의 차이가 거의 나타나지 않았다. 게다가 어떤 조건에서든 응답자들의 각성 수준이 높았다. 당혹스러웠다. 이들은 왜 이렇게 열심히 하는가. 어차피 실험 결과는 익명의 피험자 A, B, C로밖에 기록되지 않을 것이며, 이 실험이 그들의 능력을 측정하는 것도 아니었다. 결과가 어떻게 나오든 그들에게는 아무런 차이가 없었다. 조금 편안한 마음으로, 느긋하게 실험에 임해도 되는 것 아닌가.

우리나라 학생들이 각종 국제비교시험에서 우수한 성적을 거둔다는 사실은 다들 알고 있다. 한국 학생들은 국제학업성취도평가에서도 수학·과학 성취도 추이변화 국제비교연구(TIMSS: Trends in International Mathematics and Science Study)에서도 국제민주시민교육연구(ICCS: International Civic and Citizenship Study)에서도 평균 점수가 아주 높은 그룹에 속한다. 그렇다면 한국 학생들은 정말로 전 세계에서 가장 공부를 잘하고, 수학과 과학 과목의 학습능력, 그리고 시민의식이 가장 높을까? 물론 우리나라 공교육의 교육 목표는 다른 나라들보다 훨씬 높다. 학생들의 성취도도 그만큼 높은 편이다. 적어도 우리나라 중학생들[48]은 가장 공부를 잘하는 것이 분명하다. 하지만 그것 때문만은 아닐지도 모른다. 말콤 글래드웰은 《아웃라이어》에서 한국 학생들이 국제비교조사에서 높은 점수를 얻는 다른 이유를 제시했다. 한국 학생들은 다른 나라 학생들보다 시험에 끝까지 임하는 비율이 높다는 것이다.[49]

> 자기가 잘 모르는 문제라 해도 어쨌든 끝까지 질문지를 놓고 앉아 집중하고 대답하고자 노력하는 학생일수록 수학 문제도 잘 풀어낸다.

그는 이런 특성이 생긴 이유를 한국이 오랜 시간 노동을 당연히 여기는 벼농사 문화권이라는 점을 들었다.

여기에 대해선 생각이 조금 다르다. 앞서 실패한 실험의 사례나 국제비교조사의 결과는 결국 같은 이유 때문이다. 우리나라 학생들은 다른 나라 학생들보다 시험 치르는 것에 훨씬 더 익숙한, 숙련된 수험자들이다. 그것이 자신의 성적이나 능력 평가와는 아무런 상관이 없고, 그저 박사 후 연구원의 논문에 쓰이거나 다른 나라 학생들과의 비교에 사용될 뿐인 시험이라 할지라도, 일단 모든 시험은 응답하기 시작하면 잘 모르는 문제라도 끝까지 열심히 임하는 것이 당연하고, 또 그렇게 하기가 별로 힘들지 않다고 여긴다. 시험이라면 이골이 났으니까.

우리는 어린 시절부터 시험에 익숙하다. 시험은 우리가 누구보다도 오랫동안 경험했고, 그만큼 잘 아는 제도다. 한번 생각해 보자. '생애 최초의 시험'에 대한 기억은 언제부터인가? 우리가 집안과 가족이라는 테두리에서 벗어나, 제도의 세상에 발을 디디는 순간부터 시험은 우리와 함께 있었다. 시험은 우리를 괴롭힐지 모르지만, 우리에게 시험만큼 익숙한 도구도 드물다. 이 책을 읽는 독자라면 누구나 시험장에 들어서서 책상을 정리하고, 주의사항을 듣고, 시험지를 받고, 답안지를 작성하고 제출하는 단계를 눈 감고 머리에 그려볼 수 있을 것이다. '친숙성의 법칙'에 따르면, 대인관계에서 익숙함은 친밀감으로 이어진다. 우리는 자주 보는 사람을 그렇지 않은 사람보다 더 친밀하게 여기고 호감을 느낀다. 시험도 비슷하다. 오랫동안 늘 겪어온 도구이기에 지겹고 힘들지라도 또 그것만 한 게 없다고 여긴다. 국가에서 사법고시제도를 폐지하려고 했을 때 일어났던 사회 전반의 반발을 생각해보자.

사법고시는 과거시험의 전통을 잇는 가장 대표적인 국가 임용시험이었다. 그리고 고졸 학력으로 사법고시에 합격했던 노무현 전 대통령의 사례가 보여주듯, 가정 형편상 대학에 입학할 수 없었던 인재들이 아무런 학력 차별을 받지 않고 오로지 자신의 능력만으로 등용될 수 있는 시험이기도 했다. 그 때문에 우리 사회에서 사법고시는 오랫동안 이른바 '개천에서 용이 나올 수 있게 해주는' 통로라고 여겨졌다. 하지만 실상은 그렇게 공정하지 않다. 법무부에서 사법고시 합격자의 출신대학을 공식적으로 발표하기 시작한 2002년부터 2017년까지 16년간의 통계를 학교별로 살펴보면 서울대가 25~30퍼센트, 고려대와 연세대가 합쳐서 25~30퍼센트를 차지한다. 서울 소재 대학 및 지역 거점 대학을 포함하면 90퍼센트 이상을 차지한다. 16년간 사법고시 합격자 10,775명 중에서 전문대 이하 학력 소지자는 0.14퍼센트인 15명뿐이었다. 노무현 전 대통령은 사법고시의 특징을 대표적으로 보여주는 사례가 아니라 사법고시에 존재하는 바늘구멍 같은 가능성을 실현시킨 아주 예외적인 사례다.

이런 개천의 용을 위한 통로는 과거제도 시절부터 존재했으며 그 본질도 결국 지금과 다르지 않았다. 이경숙의 책 《시험국민의 탄생》에서 141쪽과 145쪽까지 이어지는 내용을 살펴보자.

> 기득권층의 출세를 위한 탄탄대로와 별도로 개천의 용들을 위한 작은 실개천을 뚫어놓고 그곳을 통과해 올라와보라는 사회불만 관리용 길은 따로 있었다. 다니는 길이 애초 달랐다. … 지금껏 이 주장이 먹히는 까닭은 전쟁 후 학교교육과 산업이 한창 성장하던 때에 사회 곳곳에서 '작은 용'들이 탄생했기 때문이다. … 학교교육을 거쳐 좋은 일자리를 얻은 용이나 이무기의 사례

는 널려 있었다. 그들을 흔하게 보고 경험하면서 급성장의 시대가 끝난 지금도 많은 가정에서 그 꿈을 버리지 못하고 있다. 지금은 개천의 용이 설령 '의식의 흔적'에 불과하다 해도 아랑곳하지 않는다.

사법고시로 용이 된 개천 출신은 실제로는 거의 없었음에도 사람들은 '공정한 신분 상승의 기회'를 국가가 차단했다고 화를 냈다. 공정성의 삭제 때문이 아니라, 친숙한 시험제도가 사라지는 것에 대한 반발이었다.

요컨대 시험은 다른 어떤 것보다 우리가 익숙한 방법으로 준비할 수 있고, 그 결과에 대한 기대도 익숙한 '친숙성'이 높은 선발제도다. 국가에서 인정하고, 누구나 참여 가능하고, 내가 나름 좋은 경험을 한 적도 많고, 그 결과가 확실히 보장되는 것이 시험이다. 당연히 별 의문 없이 시험이라는 제도를 받아들이게 된 것이다.

터널비전과 집단사고

시험은 처음부터 가혹하지는 않았다. 대부분은 시험을 통해서 선택된 경험을 가지고 있다. 유치원이든 초등학교 1학년이든 우리가 접한 첫 시험은 대개 호의적이었다. 어린아이에게는 미지의 가능성이 많이 남아 있기에, 교사는 시험의 결과 중 긍정적인 면을 중심으로 부모에게 설명을 해주기 마련이다. 그러다가 조금씩 시험에서 기대한 결과가 나오지 않기 시작한다. 그건 시험 잘못이 아니라, 내 탓이었다. 내가 불성실했고, 컨디션이 좋지 않았고, 어쩌면 무능했기에 그런 결과가 나온 것이다. 원래 시험은 내 편이었는데, 내가 잘못해서 이렇게 된 것이다. 시험 앞에서 우리는 미안해진다. 시험과 결별하기보다는 '다음에는 좀 더 잘해야지'라는 생각을 하게 된다. 갈수록 시험은 어려워지고 실패의 경험이 늘어난다. 그래도 우리는 포기하지 못한다.

이렇게 시험에 실패할수록 더 시험에서 벗어나지 못하는 건 '자기정당화'의 과정이다. 자기정당화는 어떤 대상에 투입한 자원이 많을수록 그에 비례해서 대상의 가치를 과대평가하게 되는 심리다. 시험이 어려울수록, 시험에 실패할수록 그 시험을 통과함으로써 얻어낼 수 있는 기회의 가치는 더 커 보인다. 나중에는 이 시험에 통과하지 않으면 인생이 아무런 가치가 없는 것처럼 느껴지기도 한다. 이는 이후 차별의 심리적 기제로도 작동한다. 시험에 통과하지 못한 자들과 통과한 자들의 차이를 실제보다 훨씬 과장하려 든다.

자기정당화의 원리를 경제학적 관점에서 '매몰비용의 오류'로 볼 수 있다. 매몰비용은 이미 지출해서 회수할 수 없는 비용, 사라져서 어떻게 해도 돌아올 수 없는 가치들을 말한다. 매몰비용을 대하는 최선의 자세는 깨끗이 포기하는 것이다. 하지만 그러기가 쉽지 않다. 그래서 매몰비용의 오류가 생긴다. 어떤 시험에 한 번 실패했다면, 그건 상황이나 조건 때문일 수도 있다. 하지만 두 번, 세 번 계속 실패했다면 앞으로도 그 시험에 통과할 가능성은 거의 없다고 판단하는 것이 합리적이다. 하지만 실패가 축적될수록 그 시험을 준비하느라 소비한 시간과 비용은 커지고, 이 매몰비용을 포기할 수 없어서 시험도 포기하지 못한다. 한 분야의 시험을 오래 준비한 사람들이 다른 분야로 옮겨가려면 처음부터 다시 시작해야 한다. 결국 다른 곳으로 옮기지 못하고 합격할 때까지 발이 묶이게 된다. 이는 시험중독의 중간 단계쯤에 해당한다.

우리가 시험에서 벗어나지 못하게 되는 과정은 사실 다른 영역에서도 벌어지는 보편적인 심리 현상이다. 그중 하나는 '터널비전'이다. 누구나 제삼자의 입장에서 남의 플레이에 훈수를 둘 때는 게임 전체를 아우르는 넓은 시야를 가진다. 자동차 운전도 뒷자리에서 보면 더 넓게 볼 수 있고, 주식 상황도 내가 투자하지 않았을 때는 냉정하고 객관적으로 판단하는 현명함을 유지한다. 하지만 일단 그 판에 들어서면 갑자기 시야가 좁아진다. 그 결과 균형을 잃고 객관적인 판단을 할 수 없게 된다. 바로 눈앞에 있는 것조차 못 보고 걸려 넘어진다. 이것이 터널비전 현상이다. 어떤 대상에 집중하면 세상을 보는 시야가 열쇠구멍만큼 좁아져 주변을 보지 못하게 되는 현상을 말한다. 터널비전은 갈등 상황에서 몰입하는 경우에 특히 심해진다.

우리가 시험 이외의 대안을 찾아내지 못하는 건 대안이 없어서가 아니다. 우리가 지금 당장 시험을 치러야 하는 플레이어의 입장이기 때문이다. 수험생의 삶, 수험생을 뒷바라지해야 하는 삶, 시험 결과에 인생이 결정되는 삶 속에 빠져 있기 때문에 시험 이외의 길은 보이지 않는다. 터널비전은 시험에 투입한 시간이 늘어날수록 더 심해진다. 시험은 누구나 인정할 수 있는 '정당한' 등용 방법이고, 나머지는 모두 의심스럽거나 잘못된 방법이라고 생각하게 된다. 시험에 의존하고 중독되는 것이다.

다른 하나는 '집단사고'다. 인간은 본능적으로 거대한 집단에 소속되고 싶어 한다. 그리고 소속감을 위해서 자신의 가치관이나 태도를 집단에 맞추어 변화시키는 일을 아주 잘한다. 시험에 대한 터널비전은 많은 사람들이 나와 같이 생각하고 움직인다는 믿음 속에서 더욱 강화된다. 집단사고의 함정이 작동하기 시작하는 것이다. 집단사고란 개별 구성원들이 어떤 결정이 나쁜 결정이라는 것을 알면서도 집단 차원에서 그렇게 결정을 내리는 현상을 말한다. 사회심리학자들에 따르면 집단사고는 강력한 리더가 있고 동조 압력이 강한, 응집력이 높은 집단에서 발생하기 쉽다. 사람들은 다른 구성원들과 좋은 관계를 유지하기 위해 자신의 견해를 묻어두고 의문이 들어도 합리화한다. 집단이 외부의 의견과 단절된 경우에는 집단사고의 가능성이 높아진다. 우리가 시험에 가치를 부여하는 과정은 일종의 집단사고다. 왜 시험을 통해서만 사람을 뽑아야 하는지, 왜 어떤 직장에 들어가기 위해서 반드시 시험을 치러야만 하는지에 대해 남들이 의문을 제기하지 않으니까 의심스럽지만 참는 것이다. 터널비전과 집단사고는 모두 외부의 압박이나 스트레스가 클수록 더 강해진다. 즉, 시험에 대한 맹신은 경쟁이 심화되고 시험을 통해 얻을 수 있는 기회가 줄어들수록 오히려 더 심해진다.

정리해보자. 시험은 처음에는 친절하고 명쾌한 해답을 제공해주며 우리 곁에 자리 잡았다. 하지만 점차 더 많은 것을 요구하기 시작했고, 이에 부응하기 위해서 우리는 조금씩 삶을 희생했다. 나중에는 인간으로서 당연히 누려야 하는 삶이나 키워야 하는 능력들까지 뒤로 미루었다. 그러다 보니 시험 준비를 제외하고는 내 것이라곤 아무것도 남지 않은 지경까지 삶이 황폐해졌다. 이런 상황에서 정상적인 반응은 시험이 아닌 다른 길을 찾는 것이겠지만, 이제는 너무 멀리 와버렸다. 우리에게 남은 것은 오로지 시험에 합격하는 것이다. 그것이 성공한 삶인지 더 이상 궁금하지도 않다. 그것은 당연히 성공이어야 한다.

강남 8학군 아파트 가격의 비밀

우리가 시험을 치르는 이유는 시험이 좋아서가 아니다. 시험에 시달리는 삶에서 벗어나기 위해서다. 공무원시험 같은 인생 최종 시험만 끝나면 더 이상 공부를 하지 않겠다고 생각하며 시험을 치른다. 그 결과 시험 이전과 이후의 삶이 완전히 달라진다. 청년기까지는 가장 오래 공부하던 한국인의 성인기 평생학습 시간이 세계에서 가장 적은 이유도 그 때문이다. 시험을 치르며 살아오는 동안, 시험에는 익숙해지지만 공부에는 질려버린다. 시험에 익숙해진 결과 공부를 기피하게 된다. 공부 자체의 재미나 즐거움은 진즉에 사라졌다. 공부는 오로지 시험을 위해서만 존재하고, 시험만 아니라면 거들떠볼 것 없는 고행으로 전락한다.

이 과정에는 경제 시스템이 개입한다. 시험은 대한민국에서 가장 거대한 산업의 테마 중 하나다. 통계청에 따르면 2018년 대학입시에 관련된 사교육 시장의 규모는 19조5천억 원, 초중고 학생 1인당 29만1천 원으로 추정되었다.[50] 성인교육 시장 규모는 2조 원을 넘었는데, 이 중에서 공무원과 자격증시험에 관한 사교육시장의 규모는 그 절반인 1조 원으로 추산된다.[51] 시험이 사교육시장을 키우고, 사교육 시장은 다시 시험을 키운다. 정부가 지필시험을 대체하기 위해 어떤 정책을 제시하더라도 사교육 산업은 대책을 개발해 시장을 키울 기회로 활용한다. 일률적인 대학입시 평가방식을 개선하기 위한 수학능력평가시험제도의 변경 때마다 사교육 시장은 커졌고, 학생부종합평가제도의 도입은 사교육의 범위를 입시 컨설팅으로 확장하는 계기를 만들어주었다.

시험으로부터의 해방조차도 시험을 통해서 얻어내려는 태도는 시험중독의 최종 단계다. 이것은 개인과 사회, 시장 모두의 문제다. 개인의 입장에서 시험은 오래되고 익숙하며 믿을 수 있는 해결책으로 보이기 때문에 시험에 의존한다. 시장에서는 개인의 능력을 평가할 수 있는 다양한 수단 중에서 이미 전문가들에 의해 완성되었고 개개인의 과거 측정 내역까지 알 수 있는 시험이 가장 비용이 적게 들고 편리하며, 선례가 있는 수단이기에 시험에 의존한다. 사회는 역사적인 배경과 과학적인 근거를 통해 공정성에 대한 시비를 잠재울 수 있고, 심지어 실제로 존재하는 계층 간의 불평등이나 사회적 불공정성을 완화하거나 부분적으로는 해결하는 것처럼 보이기 때문에 시험이라는 제도에 만족한다. 처음에 시험은 우리가 선택할 수 있는 여러 방법 중 하나였다. 하지만 시간이 갈수록 시험 이외의 방법을 통해서 사람을 평가하거나 어떤 기회를 주는 것 자체가 잘못된 것처럼 여겨지기 시작한다.

강남 8학군의 아파트 가격을 지탱하는 건 바로 그곳에 살아야 좋은 대학에 보내주는 고등학교와 학원 시스템을 이용할 기회가 생긴다는 학부모들의 믿음이다. 강남 8학군에서 서울대, 고려대, 연세대를 칭하는, 이른바 'SKY' 진학률이 높은 이유는 이미 우수한 학생들이 많이 모여 있고, 교육 수준이 높은 학부모들도 많다는 이유가 가장 크다. 하지만 학원은 그 모든 공로를 자신들의 것으로 돌린다. 그렇게 함으로써 더 많은 우수한 학생들이 그곳에 모이고 강남 8학군의 신화는 더욱 강화된다. '좋은 학군=좋은 학원=좋은 대학'의 공식으로 혜택을 보는 건 강남 8학군 지역 부동산 소유주와 입시학원만이 아니다. 대학도 큰 수혜자다. SKY는 한국에서 명문대학의 상징이다. 수험생을 둔 모든 학부모가 그곳에 아이를 보내기 위해 필사적으로 노력하기 때문에 대단한 대학처럼 보인다. 하지만 실제로도 그럴까?

세계 대학 평가를 기준으로 봤을 때 SKY는 그렇게 좋은 대학은 아니다. 2018년 영국의 대학평가기관인 큐에스(QS)가 발표한 세계 대학 순위에 따르면 서울대학교는 전 세계 대학 중에서 36위다. 높은 것 같지만, 11위와 12위인 싱가포르 국립대와 싱가포르

난양공과대학보다 한참 떨어진다. 서울대학교는 17위인 중국 칭화대학이나 23위인 일본의 도쿄대학은 물론, 25위인 홍콩대학보다도 못한 위치다. 고려대학교는 86위로 간신히 100위 안에 들었으나 연세대학교는 여기에 끼지 못했다. 걱정스럽지 않은가? 하지만 이대로도 괜찮다. 이들 대학은 굳이 더 좋은 대학이 되기 위해서 노력할 필요가 없다. 가만히 있어도 수험생들이 서로 입학하려고 피나는 경쟁을 하니 말이다. 혜택은 다른 대학으로도 이어진다. SKY가 워낙 손에 닿지 않는 하늘 끝에 올라가 있는 것처럼 보이기에, 그보다 교육의 질이나 환경이 못한 다른 대학들도 그만하면 괜찮은 대안이 된다. 매우 인기가 있지만 하루에 소화할 수 있는 손님의 숫자가 제한되어 있어 발길을 돌려야 하는 맛집 근처에 다른 음식점들이 장사가 잘되는 것에 비유하면 실례겠지만, 본질은 큰 차이가 없다.

기업은 어떤가. 우리는 왜 대기업에 더 많은 특혜가 주어져도 당연하게 받아들이며, 대기업 직원들이 중소기업 직원들보다 더 많은 급여를 받는 것을 당연하다고 여길까? 대기업은 수많은 입사지원자가 합격하고 싶었으나 그러지 못한 곳이다. 경쟁률이 어마어마한 시험을 통과한 자만이 들어갈 수 있는, 특별한 곳이 대기업이다. 마치 입시 경쟁률이 그 대학의 가치를 증명하는 것처럼, 공채시험 경쟁률은 그 기업의 위치를 모두에게 각인시킨다. 시험 자체가 특혜를 정당화한다. 실제로 우리나라 대기업 중에서 세계적으로 경쟁력을 갖춘 뛰어난 기업은 그리 많지 않다. 하지만 공채시험 경쟁률에서는 이런 기업 간의 능력 차이가 별로 드러나지 않는다.

요컨대 학원, 사회, 대학 모두 시험중독의 공범이다. 강남 8학군의 신화에 도취되고, 출신대학만을 가지고 차별당하는 것이 세상의 진리라고 믿게 된 건 우리의 본성 때문이 아니다. 그래야 돈을 벌 수 있는 입시학원들, 그래야 신입생들을 끌어모을 수 있는 부실한 대학들, 그래야 자기들의 비효율성을 숨길 수 있는 기업들이 이런 병증을 조장하고 있기 때문이다. 결국 우리끼리 차별하는 건 마치 황새와 조개가 서로 잘났다고 싸우다가 어부에게만 좋은 일을 시키는 꼴이나 다름이 없다. 시험인간에서 벗어나지 못하면 이 상황은 계속될 것이다. 이것이 '경고'가 아니라 '현실'이라는 사실을 바로 다음 장에서 여실히 확인할 수 있다.

2장

불신과
불공정이 낳은
슬픈 자화상

1

우리는 왜
차별에 찬성하게
되었나

요즘 젊은 세대에게 지방에 소재하는 대학을 비하하는 속어인 '지잡대'는 이제 익숙한 단어가 되었다. 이 단어 속에는 시험이 내포한 차별의 가치관이 응축되어 있다. 아래는 한 익명게시판에 올라온 글이다.[1]

> 나는 명문대생인데 지잡애들 보면 역겨워. 난 재수해서 명문대 왔어. 내가 다닌 고등학교가 학군이 좋은 것도 아니고 잘사는 동네도 아니야. 서민 동네야. 나도 금수저랑 비교하면 서민일 뿐인데 그래도 피땀 흘려서 명문대 온 거고 그들과 동문이고 내 학교가 엄청 자랑스럽고 나 자신한테 뿌듯하고 좋거든. 이게 나에 대한 자신감으로 끝나면 좋을 텐데, 지잡대 애들만 보면 한심하고 역겹고 이런 생각 들어서 미치겠어.

얼마나 많은 대학생들이 이와 같은 생각을 하고 있을까. 모든 대학의 수준이 같지 않으므로 사람들이 대학을 비교하고 차별하는 일은 필연적일지 모른다. 모든 대학을 공립대학으로 통합하고 번호로만 부르는 프랑스에서도 출신대학에 따른 차별이 존재한다. 하지만 현재 우리 사회에 만연해 있는 차별은 그런 자연스러운 수준을 넘어선다. 그 이유 중의 하나는 시험이다.

'승자'와 '패자'라는 정체성

우리는 누구나 자신이 누구인지에 대한 정의, 즉 정체성을 가지고 있다. 그게 얼마나 사실에 기반했든지 간에, 심지어 그것이 비현실적인 자기도취에 불과할지라도, 우리가 인간으로서 사회의 일원으로서 어떻게든 역할을 하려면 정체성을 지녀야 한다. 즉 정체성은 우리 존재의 심리적 기반이다. 심리학자들이 아이덴티티(identity)라고 부르는 이 자의식이 제 기능을 하려면 최소한 두 가지 요소를 갖추어야 한다. 하나는 '고유성'이고, 다른 하나는 '연속성'이다. 내가 남들과 어떻게 다른지, 남들과 구별되는 고유한 특성은 무엇인지에 대한 자각이 고유성이다. 남들과 나의 차이점들이 곧바로 내 정체성이 되지는 않는다. 그 독특한 것들 중에서도 예전부터 지금까지, 시간의 흐름이나 환경의 변화에도 변하지 않고 유지된 것들만이 정체성이라 할 수 있다. 이것이 연속성이다. 고유성을 찾아내려면 내가 남들과 어떤 면에서 무엇이 다른지를 계속 찾아봐야 한다. 게다가 나 혼자 남들과 완전히 다르다면 뿌듯하기보다는 두려운 일일 것이다. 따라서 우리는 자신이 가진 고유성을 공유하는 어떤 집단의 일부가 되려고 한다. 남들과는 다르되, 모든 사람과 다른 존재가 되는 것이 아니라 남들과 차이 있는 어떤 집단에 소속됨으로써 적당한 타협점을 찾는다. 이를 집단 정체성, 또는 사회적 정체성이라고 부른다. 그런데 이 집단 정체성이 뚜렷해지려면, 내가 속한 집단과 나머지 간의 차이를 찾아내고 강조하고 극대화해야 한다. 다시 말해서 집단 정체성은 차별을 통해 강해지고 제구실을 하게 된다.

우리는 누구나 국적이든 종교든 인종이든 가족이든 어딘가에는 소속되어 있으므로, 비록 비중의 차이는 있을지언정 어느 정도의 집단 정체성을 가지게 마련이다. 하지만 그 비중의 차이가 중요하다. 같은 직장인이라 하더라도 회사와 자기 지위에 근거해서 대인관계나 가족, 자아상을 형성한 사람이 있고, 회사와는 무관한 취미나 다른 전문적인 활동 영역을 가진 사람이 있다. 후자의 경우 회사는 자기 정체성의 중요한 요소이긴 하지만 그게 없더라도 정체성을 유지할 수 있다. 하지만 전자의 경우는 그 회사 소속이라는 집단 정체성이 사라지면 자신을 정의할 수 없게 된다. 집단 정체성에 의존하는 사람들은 그래서 차별을 할 수밖에 없다. 그것도 대개는 배타적이고 자기 우월적인 차별을 필요로 한다.

예를 들어 내게 중요한 집단 정체성이 '한국인'이라면 이를 부각시키기 위해서 한국인이 아닌 사람들을 차별해야 한다. 같은 이유로 내게 중요한 집단 정체성이 '연세대 학생'이라면 연세대생이 아닌 모두를 나보다 못한 존재로 여기려 들 수 있다. 연세대보다 입학생들의 수능성적 평균이 높은 학교 학생들에 대해서는 촌스럽거나 공부밖에 모르는 존재로 간주하고, 비슷한 수준의 사립대생들에 대해서는 연세대에 올 수 있었음에도 잘못된 선택을 한 바보라고 여길 것이다. 이렇듯 집단 정체성이 자기 정체성의 일부인 한, '우리'는 '그들'을 차별할 근거를 찾아 헤맨다. 집단 정체성은 '우리 대 그들'이라는 경계선을 요구한다. 그리고 시험은 바로 그 경계선을 만들어준다. 합격자와 불합격자라는 과학적으로 검증된 도구에 의해 정의된 명확한 경계선이다. 이 경계선은 승자와 패자로, 권리를 누릴 자격의 여부로, 결국 한 인간의 가치 평가로 확산된다.

모든 시험점수는 숫자로 표시된다. 일단 숫자로 전환된 개인의 능력은 얼마든지 합산할 수 있고, 남들과 비교할 수 있다. 문제는 시험이 거기서 멈추지 않는다는 점이다. 시험은 우리의 능력을 점수로 환산한다. 그 결과 스펙 점수가 140인 A학생은 100점인 B학생보다 1.4배 더 유능하고 그만큼 더 가치가 있으며, 더 많은 것을 누릴 자격을 가진 존재처럼 여겨진다. 그와 같은 사고방식이 아래의 대화에 담겨 있다.[2]

A 운동회 때도 달리기 1, 2, 3등한테 상 주지 꼴찌한테 주는 거 아니잖아요.

B 1등한테 상 주는 걸 누가 뭐라 그래요? 1등 못 하면 벌을 주니까 문제지.

A 경쟁에서 져서 그런 걸 어쩌라고요. 본인이 책임져야죠!

B 패배는 죄가 아니요! 우리는 벌 받기 위해 사는 게 아니란 말이요!

이런 생각은 단지 운동회 한두 번 만에 만들어지지 않는다. 학교에서 매 학기 치르는 중간고사와 기말고사만으로 이런 생각이 당연해질 리 없다. 이런 말이 나오려면 인생의 모든 장면에서 늘 시험에 의해서 평가받아오고, 그것을 더 이상 특별하거나 이상한 일이 아니라 당연한 상식이라고 받아들여야 가능하다. 시험이라는 보편적이고 객관적인 기준에 맞추기 위해 훈련할수록 나만의 생각이나 가치관 같은 고유한 정체성의 요소를 키울 기회는 상대적으로 줄어든다. 이런 삶이 오랫동안 유지되면, 결과적으로 시험이라는 규격화된 평가체계에 나를 얼마나 정확하게 부합시켰는지를 보여주는 점수와 합격의 경력을 제외하고는 나를 설명할 수 있는 것이 아무것도 남지 않는 '시험인간'으로 성장할 가능성이 높아진다.

시험은 개인의 잠재력을 측정하고, 특정한 교육과정이 개개인에게 미친 효과를 측정하기 위해서 만들어졌다. 시험은 한 인간의 가치를 평가하기 위한 도구가 아니었다. 하지만 유치원에 들어갈 때부터 시험을 봐야 하는 세상, 인생의 중요한 길목마다 시험을 통해 자신이 어떤 길을 선택할 자격이 있는지를 평가받는 세상에서 청소년기까지 보내게 되면, 시험을 세상의 원리로 여기기 시작한다. 시험이라는 제도가 한 인간의 가치체계의 바탕을 이루어 내면화된다. 그리고 그다음, 우리는 차별을 당연하게 여기기 시작한다.

사회학자 오찬호의 《우리는 차별에 찬성합니다》에 따르면, 상위권 대학의 학생들은 그동안 열심히 공부해왔기 때문에 기업에서 상위권 대학 학생들에게 특혜를 주는 것이 당연하다고 말한다. 이것이 합리적으로 당연한 일인가? 학교에서 공부를 잘하는 학생이 직무 현장에서 유능하다는 증거는 없다. 물론 최소한의 기본은 할 것이라고 기대할 수는 있겠지만, 그 이유만으로 좋은 직장에 다닐 권리를 보장할 수는 없는 일 아닌가. 더 큰 문제는 이런 차별적 사고를 통해 현실의 차별이 정당화된다는 것이다. 한 개그맨은 이렇게 말한다. "지금 공부 안 하면 나중에 더울 때 더운 곳에서 일하고 추울 때 추운 곳에서 일한다."

그의 말에 따르면 누군가 열악한 환경에서 부당한 처우를 받으며 일하는 건 그가 공부하지 않고, 노력하지 않았기 때문이다. 그 와중에 더운 곳에서 일하게 내버려두는 세상은 당연해진다. 입학시험부터 자격증시험, 입사시험에 이르기까지 한 개인이 평생 거쳐온 시험의 결과는 합산되어 그 사람의 인생, 그 사람이 일하는 직장과 계층의 차별을 당연하게 만든다. 그러면 그 차별 속에서 벌어지는 괴롭힘이나 부당함 또한 당연해진다. 차별받는 게 억울하면 진즉에 공부했어야 하는 것이다. 심리학에서는 이것을 '차별을 통한 사회적 지위 차이의 정당화 과정'이라고 한다. 예를 들어 인종차별은 단지 차별이 아니라 인종 간의 등급 차이에 대한 가치관을 내포하고 있다. 마찬가지로 점수의 차이도 인간의 등급으로 전환된다.

일단 시험을 통해서 주어진 집단 정체성, '합격자 대 불합격자'라는 정체성은 이제 연속성도 유지하려고 든다. 이는 차별의 공고화, 차별의 영속화로 이어진다. 그 결과 '명문대 대 지잡대', '정규직 대 비정규직'의 경계선이 그어지고 이를 희미하게 만들려는 그 어떤 시도에도 저항하게 된다. 이건 사회정의의 문제이기 이전에 개인 정체성의 문제, 내가 누구냐에 대한 존재론적 문제다.

비정규직의 정규직화와 시험의 배신

터널비전에 대한 설명에서 언급한 것처럼, 시험 자체에도 집단 정체성 형성의 원칙이 부여된다. 시험이 정당한 것의 범주에 포함되기 위해서 나머지가 부당한 것이 된다. 시험을 통과한 자만이 자격을 부여받아야 한다는 사고는 비정규직의 정규직화 과정에서 드러난다. 다음은 청와대 국민청원 게시판에 올라온 글 중 하나다.[3] 다행히 이 청원은 극소수의 동의만을 얻었다.

> 요즘 공공기관·공기업에서 벌어지는 무조건적 정규직 전환에 반대합니다.
> 공시생들이 많게는 2년 이상 공부하고 젊음을 쏟아부어 취업하는데 계약직 비정규직 자격으로 입사한 사람들을 정규직 전환하면 대한민국에 노력할 사람 누가 있나요? 계약직으로 업체 타고 들어와서 운빨로 정규직이 되면 안 되지 않나요? 실력으로

들어온 것은 인정해주고, 안 되는 건 안 되는 게 정당한 민주사회 평등사회입니다.
공공기관 요즘 다 블라인드 면접이라 학벌 이런 거 안 보는데 정말 정규직으로 전환되고 싶으면 공으로 먹을 생각 말고 시험을 보면 됩니다. 누구는 바보라 몇 년씩 시험 보는 겁니까? 요즘에도 마흔 넘으신 분들 신입으로도 시험 많이 치십니다. 노력으로 얻을 생각을 해야지. 물타기 해서 정규직으로 전환되는 것, 부당이득입니다. 사회적 비용이 얼마입니까? 다 국민 세금에서 나갑니다. …
답답합니다. 개천에서 용 나는 것이 평등한 겁니다. 빽 없어도 노력으로 성공하는 게 평등사회지, 노력한 사람은 인정 안 하고 노력 안 하는 사람의 편의를 봐주는 게 평등이 아닙니다. 이건 오히려 역차별입니다.

문재인 정부가 출범 직후부터 추진한 비정규직의 정규직 전환 정책에 누구보다도 강력하게 반발한 이들은, 바로 비정규직들과 함께 얼굴을 맞대고 일하던 정규직 동료들이었다. 그들은 비정규직 동료에게 주어진 일이 조직에 얼마나 필요한지, 그럼에도 그들이 같은 직장 내에서 얼마나 부당한 대우를 받는지, 심지어 비정규직의 능력이나 자격 조건이 정규직인 자신들과 얼마나 차이가 없는지를 누구보다도 잘 아는 사람들이다. 그런데도 그들은 비정규직의 정규직화를 반대한다. 이유는 명확하다. 시험을 통과하지 못했기 때문이다. 한 기사에 따르면 정규직원들은 정부 정책에 따른 정규직 전환 대상인 비정규직을 '경쟁을 거부하는 무임승차자'라고 매도했다. 이 기사에서 인용한 하지현 건국대학교 신경정신과 교수의 말에 따르면 "정규직이라는 울타리 안으로 들어간 사람들은 정규직이라는 집단 정체성을 자신이 노력해 일구어낸, 영구적으로 유지되어야 할 결과물이라고 생각한다".[4]

이것이 당연한 원칙이나 정의일까? 공채시험을 통해서 조직에 들어서야만 정당한 것일까? 절대 그렇지 않다. 물론 기업, 특히 공기업에서 일단 공채시험을 치렀다면, 그 기업주에게는 시험 결과를 공정하게 채점하고 반영해서 입사자를 결정해야 할 책임이 있다. 2017년 사회적·정치적으로 큰 논란을 일으킨 채용 비리는 바로 이 과정의 문제다. 하지만 어떤 기업에도 모든 직원을 반드시 시험을 통해서 채용해야 한다는 법은 없다. 고용주 입장에서 보자면 시험은 적절한 직원을 발굴하고 채용하는 방법 중에서는 매우 비효율적인 방법이다. 특히 잠재적인 입사자 수천 명을 대상으로 시험문제를 만들고 실시하고 채점해야 하는 공채시험은 그 자체로 상당한 비용이 든다. 하지만 그렇게 선발한 인재가 정말 조직이 필요로 하는 인물일 가능성은 상당히 낮다.

물론 시험을 통해 응시자에 대해서 간접적으로 여러 가지를 추정할 수 있다. 어려운 시험문제를 제한된 시간 안에 해결했다는 사실은, 그가 열심히 그리고 효과적으로 시험을 준비했음을 의미한다. 따라서 시험점수가 높은 응시자일수록 오랜 시험 훈련을 견뎌낼 수 있는 인내심, 시험 준비라는 과제에 몰입할 수 있는 집중력이 높을 것이라고 추정할 수 있다. 그리고 문제 유형에 따라서 응시자가 가진 상식이나 지식의 범위, 깊이도 간접적으로 추정할 수 있으며, 추리력이나 사고력을 비롯한 전반적인 지적 능력 수준까지도 예측할 수 있다. 아는 것이 많은 응시자일수록 머리가 좋을 가능성이 높고, 평소 지적인 활동을 많이 할 가능성 또한 높다. 인내심, 집중력, 상식이나 지식 수준, 지적인 능력이라는 덕목들은 거의 대부분의 조직이나 회사에서 필요로 한다. 하지만 지필시험, 특히 정답을 보기에서 선택하는 방식의 선다형 지필시험은 실생활에서 접하는 것과는 다른 형식의 문제들을 풀게 된다. 따라서 시험점수는 높지만 일상적인 문제해결 능력은 떨어지는 응시자도 흔히 발견된다. 무엇보다도 선다형 지필시험은 응시자의 창의력이나 유연성은 측정하지 못한다.

미국에서 가장 많이 팔린 구직 안내책자는 리처드 넬슨 볼스(Richard Nelson Bolles)가 쓴 《당신의 파라슈트는 어떤 색깔입니까?》이다. 이 책에 따르면 실제로 미국이나 유럽 대부분의 조직에서 직원을 채용할 때 제일 먼저 인턴 같은 비정규 직원을 후보로 삼는다. 도의적인 책임의식 때문이 아니다. 이미 회사에서 오랫동안 일해온 사람들이므로, 업무 수행능력과 적성, 조직에 대한 충성심이나 인성에 대한 정보를 보유하고 있기 때문이다. 이는 시험으로 얻는 정보보다 더 정확하기 때문에 이들 중에서 채용하는 것이 가장 빠르고 효율적인 방법이다. 그들로도 필요한 인원을 채우지 못하면? 그때도 답은 시험이 아니다. 지인으로부터 추천을 받는다. 믿을 만한 사람으로부터 추천받은 인재는 괜찮은 인물일 가능성이 높기 때문이다. 이런저런 경로로도 사람을 구하지 못하는 경우에 비로소 기업은 공채시험 같은 가장 덜 정확하고 비효율적인 수단을 사용한다. 따라서 비정규직의 정규직 전환은 사회정의의 파괴가 아니라 자연스럽고 효율적인 인력 채용의 경로라고 봐야 한다. 어떤 회사에서 새로운 직원을 선발할 때 사용할 수 있는 여러 방법 중 지필시험은 비용 대비 효율이 낮은 채용 방법이다. 특히 공채제도는 원래 일본에서 시작해서 한국에 이식된 매우 예외적인 제도이며, 우리나라에서도 점차 사라지는 추세다.

그런데 왜 우리는 시험만이 정의이고, 시험 이외의 경로로 이루어지는 채용은 불의라고 생각하게 된 것일까? 우리가 시험에 들이는 시간과 비용이 너무나 커졌다는 점이 가장 큰 이유다. 심

회사가 사람을 구하는 경로와 구직자가 직장을 구하는 경로의 상반성

6. 공개채용
채용 공고를 낸다.

5. 이력서
받아놓은 이력서를 다시 본다.

4. 취업알선기관 의뢰
사설 취업알선기관이나 자체 인력개발 부서 등에 의뢰한다.

3. 헤드헌팅
타 회사에서 유능한 인력을 찾아 데려온다.

2. 추천
믿을 만한 사람이 추천하는 사람을 채용한다.

1. 회사 내부에서 찾기
현재 일하는 인턴이나 하급 직원 중에서 적절한 인물을 승진시키거나 부서 이동을 시킨다.

출처: 리처드 넬슨 볼스 지음, 조병주 옮김, 《당신의 파라슈트는 어떤 색깔입니까?》, 동도원, 1996, 25쪽.

리학자들에 따르면 우리의 태도와 행동은 서로 영향을 미친다. 어떤 행동을 하고 나면 그것에 맞추어 태도가 결정된다. 그리고 태도와 행동이 서로 불일치하는 경우, 돌이키거나 바꾸기 어려운 쪽에 맞추어 다른 한쪽이 변화한다. 공채시험의 가치나 중요성을 대단하게 여기지 않는 사람이 있다고 하자. 만약 이 사람이

어쩌다 보니 이후 1년간 다른 모든 기회를 포기하고 공채시험 공부를 했다면, 그때도 여전히 공채시험을 해도 그만, 안 해도 그만인 대수롭지 않은 것으로 여길까? 만약 시험을 준비하기 위해 소모한 기간이 더 늘어나고 그로 인해 포기해야 하는 삶의 즐거움이나 기회가 더 많아진다면, 그가 시험을 대하는 태도는 결코 예전과는 같지 않을 것이다.

정규직 전환에 저항이 심했던 직종일수록 정규직 선발을 위한 공채시험의 경쟁률이 높고, 합격자들이 투입한 비용과 노력의 양도 더 큰 것은 당연한 일이다. 그들의 눈에는 비정규직의 정규직 전환은 자연스러운 인력 채용의 흐름도 아니고, 인간 중심의 일자리 정책도 아니다. 내가 그동안 투입한 시간과 노력에 대한 부정, 그렇게 삶을 희생할 만한 가치가 있다고 믿었던 시험의 배신이다. 어떤 이는 이렇게 말할지도 모른다. 그러면 또 어떤가? 이렇게 세상이 공부로 차별을 해야, 학생들이 더 열심히 공부하고 더 발전할 것 아닌가? 정말 그럴까? 시험점수로 신분의 차이, 근무환경이 좋은 직업과 열악한 직업, 정당한 대우와 부당한 대우, 갑과 을이 나누어지는 것을 당연하게 여기는 세상에서 과연 우리는 더 열심히 공부하고 노력할까?

'고정 마인드셋'의 세상

이경규는 아마도 현재 대한민국에서 가장 성공한 연예인이지만, 그는 방송 이외에도 또 다른 분야에서 큰 발자취를 남겼다. 바로 음식사업 분야다. 그가 한 예능 프로그램을 통해서 개발하고 대중에게 소개한 라면은 실제로 상품화되어 크게 성공을 거두었다. '맑은 국물 라면'이라는 새로운 유행을 낳을 정도로 대성공이었다.

흥미로운 것은 그에게는 음식과 관련된 어떤 자격증도 없다는 점이다. 그는 예능 프로그램에서 제빵사 자격증시험에 도전하고 실패하는 모습을 보여주기도 했다. 라면뿐 아니라 빵도 제대로 만들 줄 알았지만, 그 능력이 자격증시험에서는 발휘되지 못했다. 적어도 이경규라는 한 사람에 대해서는 음식 자격증시험은 적절한 평가수단이 아니었다. 만약 그가 음식에 관한 일을 시작하기 전에 조리사 자격증시험을 먼저 본 뒤 그 결과를 바탕으로 자신이 음식을 만들 자격이 있는지를 평가했다면 어떻게 되었을까? 음식에 관한 어떤 기회도 주어지지 않았을지도 모른다. 이런 일이 단지 이경규라는 한 사람에게만 일어날까? 우리가 오로지 시험 결과에 의존해서 자신과 타인을 평가한다면 어떤 일이 벌어질까?

현재 심리학계에서 가장 각광받는 학자 중 한 명인 미국 스탠퍼드 대학교 심리학과의 캐럴 드웩(Carol Dweck) 교수는 마음가짐, 즉 마인드셋(mindset) 개념의 창안자다. 마인드셋은 '고정(fixed) 마인드셋'과 '성장(growth) 마인드셋'으로 나뉜다. 성장 마인드셋은 실패를 극복하고 계속 도전함으로써 결과적으로 개인이 성장하게 이끌어주는 긍정적인 사고방식과 태도다. 어떤 사회나 공동체 구성원들이 성장 마인드셋을 공유하는지의 여부는 그 사회의 성장 지속가능성을 결정하는 심리적인 기반이다. 반면에 고정 마인드셋은 실패를 기피하고 안정만을 추구함으로써 결과적으로 개인이나 공동체를 퇴보로 이끄는 부정적인 사고방식과 태도다. 이는 지속가능한 성장에 위협이 되는 심리적인 요인이다. 그렇다면 이 둘은 구체적으로 어떤 특징을 가지고 있을까.

성장 마인드셋은 인간의 본질적인 능력이 고정되어 있지 않으며, 노력이나 환경에 따라서 언제든지 성장하거나 퇴보할 수 있다는 생각이다. 여기서 내가 지금보다 더 나아질 수 있느냐를 결정하는 것은 결국 노력이다. 노력을 통해서 변화가 일어나며, 능력도 노력하면 키울 수 있다. 결과적으로 성공한 사람들은 거의 모두가 그만큼 노력한 사람이라고 본다. 반면 고정 마인드셋은 인간의 본성은 변하지 않는다고 본다. 단지 지금 내 능력이 얼마나 되는지를 모를 뿐이다. 고정 마인드셋의 관점에서는 노력을 많이 한다는 건 그만큼 타고난 능력이 부족함을 의미한다. 노력에는 한계가 있고, 그 효과는 일시적이어서 노력을 멈추면 다시 원래대로 되돌아간다. 즉 누군가 지금 열심히 노력한다는 건 타고난 능력이 부족함을 의미한다. 그는 자기 분수에 맞지 않는 위치를 간신히 억지로 유지하고 있을 뿐이다. 진짜 능력이 뛰어난 사람은 노력할 필요가 없다. 고정 마인드셋 관점에서 노력은 결코 자랑스러운 일이 아니다. 내가 그만큼 능력이 부족하고 자기 주제를 모르는 한심한 존재라는 증거일 뿐이다.

이 두 마인드셋은 실패에 대해서도 전혀 다른 입장이다. 성장 마인드셋 관점에서 실패는 누구에게나 일어나는 일이고, 자신의 약점이나 앞으로 노력해야 할 점을 알려주는 좋은 경험이자 기회다. 그러므로 실패를 통해 알게 된 약점을 보완하고 노력해서 다시 도전하면 된다. 따라서 성장 마인드셋을 가진 사람은 쉬운 과제보다는 어려운 과제, 실패할 가능성이 높은 과제도 과감하게 도전한다. 이들은 실패를 두려워하지 않는다. 오히려 이번에는 당연히 실패할 것이라고 생각한다. 실패한 다음에 노력해서 다시 도전할 준비를 하고 과제에 달려든다. 이런 태도를 성장 마인드셋이라 부르는 이유는, 이런 마음가짐으로 계속 더 도전적인 과제를 목표로 노력하다 보면 실제로 개인의 능력이 성장하기 때문이다. 반면 고정 마인드셋 관점에서 실패는 내가 능력이 부족하다는 사실을 증명하는 근거가 된다. 진짜 능력자는 실패하지 않는다. 따라서 실패는 더 이상 그 분야에서 노력할 필요가 없음을 의미하는 사건이다. 이런 관점에서는 실패를 피하려고 든다. 실패할수록 가능성은 줄어들기 때문이다. 그래서 실패할 가능성이 낮고 힘이 덜 드는 좀 더 쉬운 과제를 선택한다. 이렇게 쉬운 과제만 하다 보면 개인의 능력이 현 상태에 머물거나 심지어 퇴보한다. 그래서 이를 '고정' 마인드셋이라 부른다.

캐럴 드웩 교수는 초등학생을 대상으로 한 연이은 실험을 통해 자신의 이론을 증명했다. 실험을 간단히 요약하면 다음과 같다. 초등학생들에게 지능검사를 실시한 뒤 한 그룹에겐 그들의 지능을 칭찬하고, 다른 그룹에겐 그들의 노력을 칭찬했다. 지능은 잘 변하지 않는 개인의 특성이므로 고정 마인드셋을 자극한다. 반면 노력은 개인이 바꿀 수 있는 요소이므로 성장 마인드셋을 자극한다. 실제로 자신의 지능을 칭찬받은 아이들은 갈수록 어려운 문제를 기피하고 쉬운 문제만 풀려고 했고, 노력을 칭찬받은 아이들은 점수와는 상관없이 어려운 문제에 도전하려는 경향이 컸다. 그리고 몇 주 뒤 다시 같은 지능검사를 실시하자, 두 집단의 지능에 변화가 발견되었다. 지능을 칭찬받았던 그룹의 점수는 실제로 감소한 반면, 노력을 칭찬받은 그룹의 점수는 오히려 높아졌다. 더 놀라운 일은 지능을 칭찬받았던 그룹의 아이들이 자기 점수를 실제보다 더 높여서 적는 현상이 나타났다는 점이다. 이들은 낮

은 점수를 부끄럽게 여기고, 숨기고 싶어 했다.[5]

그렇다면 시험인간의 사고방식은 어떤 마인드셋에 더 가까울까? 노력과 가능성을 강조하는 성장 마인드셋일까, 아니면 능력에 따른 차별을 당연시하는 고정 마인드셋일까? 성장 마인드셋을 가진 사람은 내가 잘하는지를 확인하는 첫 번째 기준을 자기 자신에게 둔다. 어제의 나보다 오늘의 내가 더 잘한다면 지금 잘하고 있다고 본다. 남들의 평가와는 상관없이 조금씩 성장한다면 노력은 효과가 있는 것이고, 계속할 가치가 있는 것이다. 반면에 고정 마인드셋을 가진 사람은 남들과의 비교를 우선시한다. 남들보다 더 높은 점수를 받고, 남들이 못 하는 것을 해내야 자신에게 가치를 부여한다.

시험, 특히 선발도구로서의 시험은 고정 마인드셋과 일치한다. 지난 시험에서 50점을 받았는데 이번 시험에서 70점을 받아서 자그마치 40퍼센트 성장했다고 치자. 성장 마인드셋의 관점에서는 엄청난 성취이고 앞으로 계속 노력할 동기가 부여된다. 하지만 선발시험에서라면, 선발의 기준이 90점 이상일 때 이 사람은 그저 70점짜리 탈락자 중 한 명일 뿐이다. 경쟁 선발시험에서는 99점을 받았더라도, 100점을 받은 응시자들이 많으면 탈락하고 만다. 앞으로 몇 년간 재도전할 생각이 아니라면, 선발시험에서는 평가의 기준을 자기 자신에게 둔다는 것 자체가 부적절한 태도다. 그저 경쟁률과 합격선을 기준으로 자신의 성과를 평가할 수밖에 없다. 요컨대 선발시험과 같은 고부담 시험은 응시자의 현재 상태를 기준으로 비교 평가하고 그 결과에 따라 자격을 주거나 주지 않는다. 고부담 시험에서는 그 시험 이후 응시자가 얼마나 성장할지를 고려하지 않는다. 사실상 고부담 선발시험 자체가 인간의 능력이 고정되어 있다고 보는 셈이다. 이렇게 시험의 결과만으로 사람의 자격을 평가하는 고부담 시험은 고정 마인드셋과 정확히 일치한다. 성장 마인드셋은 다르다. 시험의 결과는 개인의 노력이나 환경에 따라 계속 변하는 것이고 그것으로 인간을 평가할 수 없다고 본다.

고정 마인드셋은 또한 차별의 정당화와도 찰떡궁합이다. 이런 식이다. 지금 무엇을 하고 있느냐를 보면 내가 어떤 능력을 가지고 있는지를 알 수 있다. 고정 마인드셋 관점에서는 직업이나 직책을 보고 그 사람의 우열을 평가하는 게 당연하다. 시험을 잘 본 사람이 우수한 사람이고, 그런 사람이 더 '좋은' 직업을 가지는 것이 당연한 일이다. 마찬가지로 열등한 사람은 시험을 통해 걸러지기 마련이고, 그런 사람은 더 '나쁜' 직업을 가지거나 아예 직장을 얻지 못하는 것 또한 당연하다. 그러므로 우월한 직위를 가진 사람이 열등한 직위를 가진 사람을 하대하는 건 정당한 일이다. 반면 시험에 떨어지는 존재가 된다는 것은 미래 성장의 가능성 같은 것은 전혀 담고 있지 않은 수치스러운 일일 뿐이다. 캐럴 드웩 교수의 말처럼, "고정 마인드셋에서는 불완전함이란 창피한 것으로 여겨진다. 자신에게 재능이 있다고 믿을 경우엔 특히 더하다".[6]

제한된 괜찮은 일자리를 향해서 모두가 경쟁하는 제로섬 게임 환경에서는 고정 마인드셋이 어울린다. 고정 마인드셋에 따르면 비정규직의 정규직화처럼 시험 이외의 근거로 시험에 의해 결정된 결과를 변화시키려는 시도는 사회질서를 어지럽히는 일이 된다. 즉 고정 마인드셋은 고부담 시험을 내면화한 심리체계이며 장기적으로는 갑질을 정당화하는 심리적 구조라 할 수 있다. 고부담 시험은 고정 마인드셋으로 이어지며, 시험의 결과를 개인의 능력과 자격으로 아주 쉽게 환원해버린다. 그리고 이렇게 시험과 그 결과만을 정당한 것으로 보는 태도는 장기적으로 더 많은 사람들이 획일화된 시험으로 몰려들게 만들어 제로섬 게임을 더욱 심화시킨다. 고정 마인드셋과 획일화된 고부담 시험이 서로 증폭시키는 악순환이 벌어지는 것이다.

고정 마인드셋의 세상, 인간 간의 차별적 대우가 당연한 세상에서는 '사회적으로 바람직하고 인정받는 직업'과 '가치를 인정받지 못하는 직업'의 경계가 명확하다. 더운 날 더운 데서 일할 수밖에 없는 직업은 '한심한 직업'이다. 공부 안 한 자들에게 마치 처벌처럼 던져지는 직업이며, 이 직업을 가지게 된 자들은 자신이 공부하지 않은 대가로 여기고 감내해야 한다. 공부를 잘해서 시험을 잘 본 자들만이 더운 날 시원한 곳에서, 추운 날 따뜻한 곳에서 일할 자격이 있다. 이건 불의가 아니다. 공명정대한 시험을 통해서 나누어진, 사회의 정의다. 지나친 과장일까? 그렇다면 이렇게 표현하자. 실제로 모든 직업과 진로가 우리 사회를 구성하고 지속하는 데 반드시 필요한 소중하고 가치 있는 것들임에도, 시험에 중독된 고정 마인드셋을 가진 사람들에게 어떤 진로는 '정답'이고 그 외의 진로는 '오답'이 된다. 이 관점에서는 어떤 직업에 종사하는지(또는 그가 어떤 아파트에 사는지, 어떤 자동차를 소유했는지, 어떤 식당에서 식사를 하는지 등)를 보면 그 사람의 가치를 평가할 수 있다. 그러다 보면 직업도 마치 시험을 보듯 정답을 찾아야 한다. 그 결과, 특정 진로에 편중된 과도한 경쟁과 이에 따른 실패자를 양산하는, 지극히 비효율적이고 국가 발전을 저해하는 구조가 심화된다.

교육부의 2014년 조사 결과에 따르면, 전체 직업 1만 개 가운데 청소년들이 희망하는 상위 10개 희망직업의 비율이 매우 높았다. 선호도 상위 10개 직업을 선택하겠다는 고등학생은 5명 중 2명꼴인데, 중학생에서 그 비율은 절반이고, 초등학생 중에서는 5명 중 3명꼴로 높다. 그 상위 10개 직업은 대부분 공무원, 공공기관이나 대기업 종사자다. 반면 중소기업은 2006년 이후 계속 2퍼센트대를 벗어나지 못하고 있다. 그래서 이 선호되는 몇몇 직업을 향한 경쟁률은 비현실적으로 높아졌다. 2013년 9급 공무원시험 경쟁률은 17.6 대 1이었다. 2016년에는 자그마치 54 대 1로 높아졌다. 54명 중에서 53명은 탈락할 수밖에 없다. 이렇게 시험에 길들여진 결과, 우리 삶은 더욱더 실패자에 가까워지고, 발전하기보다는 현상 유지에 급급하다 퇴보하고 마는 아이러니에 빠져든 것이다.

2

한 줄 세우기의 나라

스펙(spec)은 'specification'을 줄인 말이다. 흔히 '제품의 규격이나 특징'을 나타내는 말로 쓰이지만, 롤플레잉 게임에서 캐릭터의 능력치를 뜻하기도 한다. 그런데 이제 이 단어는 새로운 세대의 시대정신이 되었다. 인터넷에서 수다를 떨며 게임을 하는 젊은이들의 삶은 '스펙 쌓기'로 점철되어왔다. 서로 스펙을 비교하며 우열을 평가하고, 자신은 어떤 테크 트리(게임에서 캐릭터를 키우는 경로)를 타며 스펙을 키워야 할지를 고민한다. 스펙은 단지 개인을 평가하는 것에서 멈추지 않는다. 지필시험이 개인의 질적인 속성(A는 머리가 좋다)을 양적인 속성(A의 IQ는 132점이다)으로 전환시키는 수단이며, 일단 이런 숫자로 환산된 속성들은 어떻게든 합산될 수 있다는 점은 앞에서 설명했다. 이런 합산의 결과는 객관적인 스펙이 된다. 여기에는 취향이나 주관적 기준이 개입할 여지가 없다. 이건 말 그대로 빼도 박도 못 하는 점수다. 그리고 이 합산은 어디에든 적용할 수 있다.

예를 들어보자. 대학의 수준은 무엇을 중요하게 여기느냐에 따라 연구 실적, 교수 1인당 학생 수 등의 여러 가지 지표로 평가할 수 있다. 하지만 입시 컨설팅 회사에서 사용하는 평가방법은 조금 다른 차원이다. 그해 수능 응시자 중에서 그 대학에 입학한 학생들의 수능점수 평균을 산출하는 것이다. 이 방법은 아주 간단하지만 범용적으로 사용할 수 있다. 단지 대학만이 아니라 그 대학의 학과별로도 아주 쉽게 점수를 산출할 수 있다. 그리고 이 점수는 말 그대로 실전에 유용한 점수다. 응시자의 입장에서 내 점수로 어떤 대학, 어떤 학과에 합격이 가능한지를 알 수 있기 때문이다. 무엇보다 이렇게 구체적인 점수로 환산하면, 모든 대학과 모든 학과를 한 줄로 나란히 세울 수 있다. 대학과 학과의 순위가 나오는 것이다. 물론 이 순위는 앞에서 언급한 QS 세계 대학 순위와 일치하지는 않는다. 타임스 고등교육(THE)이 발표한 순위에 따르면 2019년 우리나라에서 가장 '우수한' 대학은 서울대(63위), 성균관대(82위), 한국과학기술원(102위), 포스텍(142위), 고려대(198위) 순이다. 하지만 한 일간신문에서 모 입시학원의 자료를 인용해 제시한 2019년 정시모집 합격 점수에 따르면 우리나라에서 가장 우수한 대학 및 학과는 서울대(경영대, 경제학부, 정치외교학부), 이화여대(의예과), 가톨릭관동대(의학과), 원광대(치의예과)다. 이들 학과는 수능 표준점수 404점 이상이어야 지원

가능해서 표준점수 400점 이상이면 지원할 수 있는 서울대의 여러 학과들과 연세대(경영대, 언론홍보영상학부), 고려대(경영대, 경제학과), 경희대(한의예과)보다 더 우수하다.[7]

우리 사회에서 실제로 통용되는 대학의 순위는 어느 쪽에 더 가까울까? THE 세계 대학 순위보다는 입시학원에서 산출한 순위일 것이다. 이유는 간단하다. '더 높은 점수를 받은 학생들이 입학한 곳'을 보여주기 때문이다. 이렇게 대학의 순위를 매겨서 평가하면 일종의 줄 세우기 순환고리가 완성된다. 모든 수험생을 수능점수로 줄을 세우고, 그렇게 줄 세워진 학생들이 어떤 대학이나 학과에 입학하느냐에 따라 대학과 학과에 점수가 매겨져 줄 세워진다. 물론 이 줄은 한 해의 평가만으로 결론을 내리지는 않는다. 수능시험의 오랜 역사만큼 축적된 데이터를 바탕으로 한다. 그리고 오랫동안 축적된 대학과 학과의 순위는 각 학과 졸업생들이 취업시장에 나설 때 다시 가중치 점수처럼 부여된다. 그 가중치는 이들의 성인기 진입 과정에서 일종의 출발선을 지정하는 역할을 한다. 가중치가 높은 대학의 높은 학과 졸업생은 다른 학과 졸업생보다 딱 그 점수 차이만큼 유리한 선에서 출발할 수 있다.

시간이 갈수록 그 가중치의 영향은 줄어들겠지만 적어도 처음 출발선을 달리 부여하는 것이다. 직업별 연봉 순위에도 점수는

A 결혼정보회사 직업별 등급표

1등급 서울대 법대 출신 판사(속칭 경판)

2등급 서울대 법대 출신 검사(경검)/서울대 출신 행정고시 재경직 합격자/5대 로펌 변호사

3등급 서울대 의대 출신 의사/비서울대 출신 판사·검사/비서울대 출신 행시 재경직 합격자/대형 로펌 변호사

4등급 행시 일반행정 합격자/외무고시 합격자/입법고시 합격자/사법연수원 500등 이하 로펌 변호사/의사 A급/외국계 투자은행 입사자

5등급 대학병원 의사(메이저 의대 출신)/외국계 기업 입사자/금융권 공기업

6등급 의사 B급/변호사 B급/약사 A급

7등급 검찰·국가정보원·국세청 7급 합격자/공인회계사 상위권/경찰대 출신 경찰 간부

8등급 메이저 공기업 입사자/7급 합격자(지방직)/공인회계사 중위권/약사 B급/세무사/보험계리사

9등급 명문대 졸업+20대 대기업 입사자/ 메이저 시중은행 입사자

10등급 법원·검찰·국세청·서울시 9급 합격자/비메이저 시중은행 입사자/메이저 공단 입사자

11등급 고등학교 교사/50대 기업 입사자/증권사 영업직, 보험 영업관리직/디자이너

12등급 중학교 교사/100대 기업 입사자/제약 영업직/공인중개사/소규모 사업 운영자

13등급 초등학교 교사/대기업 입사자/9급 합격자/마이너 공사 입사자

14등급 일반기업 입사자/교정직 공무원/소방직 공무원/유치원 교사

15등급 일반 중소기업 정규직 입사자

1등급 부모가 장차관급 공무원·국회의원·자치단체장/부모 재산 1000억 원 이상 기업가/부모가 강남 대형 병원장/부모가 장차관급 판검사

2등급 부모가 1급 공무원/부모 재산 500억 원 이상 기업가(비기업가는 해당사항 없음)

3등급 부모가 2급 이상 고위공무원, 지방 기관장/부모가 국내 3대 메이저 대학 정교수/부모 재산 100억~500억 원 비사업가

4등급 스타급 연예인/메이저 언론사 아나운서/미스코리아대회 선 이상 입상자

5등급 비스타급 연예인/비메이저 언론사 아나운서/미스코리아대회 미 입상자

6등급 전문직 A-메이저 로펌 변호사, 의사 A급, 약사 A급, 판사

7등급 전문직 B-디자이너, 교수, 전문경영인, 벤처 사업

8등급 국외 유명 메이저 기업 입사자/행정고시 합격자

9등급 국내 유명 메이저 기업 입사자/국책은행 입사자

10등급 초중고교 교사/7급 공무원 합격자(지방직)/메이저 은행, 증권사 입사자

11등급 전문직 C-약사 B급, 의사 B급

12등급 9급 공무원 합격자/기업 입사자

13등급 7급 공무원 합격자(중앙직, 검찰, 세무, 국정원)

14등급 중소기업 입사자 및 기타 비정규직

15등급 무직

있다. 수능점수는 대학과 학과의 점수로 환산되고, 다시 직업과 직종의 점수로 환산된다. 대기업 직원이 중소기업 직원보다 높은 연봉을 받는 이유는 간단히 이 환산 점수의 차이로 설명할 수 있다. 이렇게 점수가 점수를 낳는 순환고리는 결혼이라는 성인기의 다른 관문에서도 이어진다. 한 결혼정보회사에서 내부 자료로 공유하는 직업별 등급표에 따르면 남자의 경우 서울대 법대 출신 판사가 1등급이고, 일반 중소기업 정규직 입사자가 15등급이다. 이 등급의 차이는 수능점수, 학교와 학과 점수, 그리고 추가로 합격한 고난이도 시험(사법고시)의 점수로 충분히 '설명된다'.

수직계열화를 이룩한 유일한 나라?

우리나라에는 졸업생들에게 의미 있는 기여를 거의 하지 못하는 대학도 분명히 존재한다. 하지만 단지 학생들의 등록금과 시간을 낭비할 뿐인 대학일지라도 매년 신입생을 구할 수 있다. 이 점수 매기기의 순환구조는 왜 이런 일이 가능한지를 이해하는 데 도움이 된다. 대학은 점수 매기기 구조의 핵심 고리다. 수능점수는 대학을 통해 변환이 되어야 그다음 단계로 이어진다. 그런데 대학을 가지 않으면 아예 점수 매기기 구조에서 벗어나게 된다. 대학 단계에서 수능점수는 0점으로 환산되고, 거기서 더 이상의 환산이 불가능해진다. 하다못해 0.1점이라도 부여되는 대학에 입학함으로써 점수 매기기 구조에 남을 수 있다. 남들과 완전히 다른 삶의 길을 추구하는 것이 아니라면, 어떤 대학이든 진학해야 한다. 그것이 점수 매기기 구조에서 벗어나지 않고 살아남는 길이기 때문이다.

고부담 시험을 통해서 가능해진 줄 세우기 프레임은 우리 사회에 존재하는 모든 불평등과 부당한 차별을 정당화해주는 역할을 한다. 대학을 진학하지 않은 이들이 열악한 환경에서 일하고 처우가 나쁘며, 결과적으로 결혼시장에서도 나쁜 대우를 받는 이유는 고용주의 무책임이나 고용 법률이나 제도의 문제점 때문이 아니라 그들의 수능점수가 낮았기 때문이다.

직업의 귀천이 없는 나라는 거의 없다. 빈부 차이가 우리보다 더 심한 나라도 분명히 존재한다. 모든 시장은 상품의 가치를 평가하고 비교하게 되어 있다. 취업시장이나 결혼시장도 마찬가지다. 즉 차이나 차별은 어디에나 존재한다. 그러나 그 차별을 대학입학시험의 점수로 정당화하는 나라는 많지 않다. 시험점수를 바탕으로 모든 구성원을 한 줄로 세우는 곳도 거의 없다. 이 현상은 '고부담 시험점수에 기초한 사회 전체의 수직계열화'라고 표현하는 것이 좀 더 정확하다. 고대 그리스의 스파르타에서 '전투 능력'을 기준으로 모든 사회 구성원을 서열화한 이후, 아마 그에 준하는 수직계열화를 이룩한 유일한 곳이 우리나라 아닐까 싶다.

그런데 실제로 우리의 가치를 이렇게 숫자로 쉽게 환산할 수 있을까? 어떤 사람이 괜찮은 사람인지를 평가하는 과정이 양적 점수의 환산으로 가능할까? 1946년에 심리학자 솔로몬 아시(Solomon Asch)가 한 실험을 보자. 그 당시에도 남을 평가하는 데 중요한 기준이 뭔지에 대해서 두 가지 견해가 있었다. 첫 번째 관점은 한 개인에 대한 평가는 그가 가진 다양한 특성을 합산한 결과라는 것이다. 심리검사가 바로 그런 식으로 사람을 평가한다. 어떤 사람의 심리검사 결과, 내향성 점수가 80점이고 외향성 점수가 55점이라면 그는 25점 정도로 내향적인 사람이 된다. 문제는 이 방법으로 사람을 평가하려면 머릿속에 수많은 점수를 넣고 합산할 수 있는 산수 능력이 필요한데, 우리는 그다지 산수에 능하지 못할뿐더러 일일이 모든 사람을 평가하다가는 머리에 쥐가 나고 말 것이다.

두 번째 관점은 이와는 완전히 다르다. 여기서는 일단 눈에 들어오는 몇 가지 정보를 가지고 상대방에 대한 전체적인 윤곽을 만든다. 나중에 새로운 정보들이 추가되더라도 자기가 이미 만들어놓은 상대방의 모습에 맞추어 나머지 정보들을 해석해버린다. 간단히 말해서 편견이나 선입견에 의해서 사람을 판단한다는 것이다. 학자들은 두 번째 방법은 비과학적일 뿐만 아니라 매우 부정확하며, 스펙 합계를 따르는 첫 번째 방법이 최선이라고 주장해왔다. 객관적이고 과학적인 인간 평가방법이 그렇다고 믿었으니까.

아시는 실제로 사람들은 어떻게 타인을 평가하는지, 그게 스펙의 합산인지 아니면 전체적인 형태의 문제인지를 확인할 수 있는 실험을 설계했다. 그는 먼저 가상의 존재 A를 만들었다. A는 ① 열정적이고 ② 자신감이 있으며 ③ 말이 유창하며 ④ 냉정하고 ⑤ 아이러니를 즐기며 ⑥ 직관이 뛰어나고 ⑦ 설득력이 있다고 정했다. 아시는 실험에 참가한 사람들에게 A의 7개 특성만 알려주고는 이 사람에 대해서 말해달라고 했다. 그랬더니 참가자들은 온갖 소설을 써대기 시작했다. A는 겉과 속이 달라서 멀쩡해 보이지만 속은 곪아 있으며, 경쟁에 이기기 위해서는 얼마든지 남을 배신할 수 있기 때문에 아주 조심해야 하는 사람이라는 식이었다. 아시가 제시한 특성을 가지고 자기들이 멋대로 A에 대한 윤곽을 그려버린 것이다.

그런데 4번 특성인 '냉정한'을 '따뜻한'으로 바꾸자 이 윤곽에 엄청난 변화가 나타난다. 사람들은 이제는 A가 열정과 인간미를 갖춘, 믿을 수 있고 언제든 리더가 될 자격이 있는 정말 괜찮은 사람이라고 말하기 시작했다. 여기서 알 수 있는 사실은 사람이 남을 평가할 때 중요한 것은 개별 스펙이 아니라 스펙 하나하나가 모여서 전체적으로 어떤 윤곽을 만들어내느냐는 점이다. 그리고 전체적 윤곽의 방향을 가르는 중요한 지점은 바로 그가 따뜻한 사람이냐, 아니면 냉정한 사람이냐는 것이었다. 아무리 유능하고, 말 잘하고 적극적이라고 해도 냉정한 사람이라면, 가까이해서는 안 될 존재라고 여긴다. 자신의 능력과 적극성을 이용해서 남을 해칠 수 있기 때문이다. 하지만 따뜻한 사람이라면, 그의 모든 장점은 정말로 긍정적인 의미를 가지게 된다. 그럼에도 우리는 여전히 한 줄 세우기에 매달린다. 시험 훈련을 통해 세상이 돌아가는 원칙을 이해하고 그걸 다시 우리 자신에게 적용한 결과, 한 줄 세우기가 정답이라고 믿어왔기 때문이다.

'특별한 자'가 되기 위한 비용

알프레드 아들러(Alfred Adler)는 열등감 분야의 전문가다. 그는 평생 열등감에 시달리며 성장했고, 이를 극복하기 위해 분투한 결과 자기 고유의 정신분석 이론을 만들어낼 수 있었다. 기시미 이치로(岸見一郎)와 고가 후미타케(古賀史健)가 아들러의 심리학 이론을 실존주의 철학과 결합하여 펴낸 《미움받을 용기》는 일본에서뿐 아니라 우리나라에서도 100만 부가 넘게 판매되었다. 우리나라 독자들의 마음을 움직인 무언가가 담겨 있었기 때문이다. 그것은 바로 열등감의 문제일 것이다. 이 책에서 인용한 아들러의 이론에 따르면 우리가 열등감에 사로잡히는 이유는 평소에 남들을 나보다 못났거나 더 잘난 사람으로 평가하려 들기 때문이다. 이렇게 대인관계를 우열 관계로 보면 결국 스스로를 그 서열 중간의 하나쯤으로 전락시킨다. 열등감을 우월감으로 바꾸는 건 진정한 극복이 아니다. 상대와 나를 열등하거나 우월한 존재로 여기는 태도 자체가 끝없는 무간지옥에 빠지는 길이기 때문이다. 우리 모두가 근본적으로 동등한 존재임을 인식하는 것, 내 가치를 증명하기 위해 내가 반드시 특별한 존재가 될 필요가 없다는 것, 세상의 조연, 즉 보통 사람이 되는 것만으로도 이미 충분히 소중하고 가치 있음을 깨닫는 것이 진정으로 열등감을 극복하는 방법이다.

문제는 우리 주변의 환경이 이런 서열화의 압박을 가하는 경우에 생긴다. 인간은 사회적인 동물이기 때문에 공동체를 떠나서는 존재할 수 없다. 그런데 공동체 구성원들 간의 관계가 수직적일수록, 서열화와 비교의 압박이 강할수록 열등감 문제가 불거지기 쉽다. 열등감은 결국 경쟁, 서로 비교하는 데서 생기는 것이기 때문이다. 그런데 앞서 살펴보았듯, 우리나라는 고부담 시험을 통한 점수 매기기의 순환이 삶의 모든 영역에서 이루어진다. 이 점수들을 합산해서 한 사람의 점수를 산출할 수 있으며, 이를 기준으로 모든 사람들을 한 줄로 세울 수 있다. 이런 환경에서 남과 자신을 비교하지 않고 살아간다는 것은 거의 기적에 가까운 일이다. 서열화와 열등감의 문제는 다양한 형태로 인생의 초창기부터 나타난다.

교육개발원이 '시험문화'를 주제로 시험에 대한 학생들의 행복 및 만족도를 조사한 결과를 보자. 중학교 3학년만 되면 학생들은 친구나 또래의 점수가 나보다 높을 때 가장 낙심하고, 친구들이 나보다 성적이 나쁠 때 행복감을 느낀다고 답했다.[8] 타인의 평가와 타인과의 비교에 의존하는 줏대 없는 한국인의 인생은 대개 이런 식으로 시작된다. 청소년들이 만만한 또래 한두 명을 왕따시키고 학대하는 이유는 그렇게 함으로써 서열화의 불안감을 누그러트리고 자신이 승리자가 될 거라는 착각을 유지할 수 있기 때문이다.

과도한 경쟁 속에서 치르는 고부담 시험에서는 잘했느냐 못했느냐는 중요하지 않다. 오로지 합격과 불합격이 있을 뿐이다. 이런 환경에서는 자기효능감이 형성될 여지가 없고, 반복할수록 효능감은 낮아진다. 그리고 경쟁이 심할수록, 개인 차이가 적을수록, 개인의 실력보다는 누가 실수를 하느냐에 따라 그 결과가 나뉜다. 높은 경쟁률은 더 많은 불합격자, 실패자를 만든다. 실패는 좌절이다. 좌절은 분노와 자기혐오로 이어진다. 이 세상에서 행복할 자격이 극소수에게만 주어진다면, 그리고 나머지는 그 소수가 흘린 부스러기 행복을 누리기 위해 아귀다툼을 벌여야 한다면, 행복을 누리는 그 순간마저 불안에 떨어야 한다. 경쟁을 당연하게 여기는 가치관, 행복은 경쟁에서 이긴 자만이 누릴 자격이 있다는 생각, 그리고 시험은 승자를 선별하는 가장 확실한 수단이라는 생각이 서열주의(rankism)의 자양분이다.

서열주의는《신분의 종말》의 저자인 로버트 풀러(Robert Fuller)가 제시한 개념이다. 서열주의는 사람들로 하여금 스스로를 '특별한 자', 즉 썸바디(somebody)와 '아무것도 아닌 자', 즉 노바디(nobody)로 구별하게 유도한다. 그러고는 특별한 자들이 아무것도 아닌 자에게 우선하는 권력을 행사하는 걸 당연하다고 가르친다. 이런 서열주의는 특별한 자가 되기 위해 엄청난 비용을 치르게 만들고, 일단 차지한 자리를 지키기 위해 진입 비용을 정당화하는 악순환으로 이끈다. 특별한 집단이 특별한 이유는 그 집단에 들어가기 위해 엄청난 시간과 노력, 비용을 들여야 하기 때문이라는 식이다. 결국 그 집단이 특별한 이유에 대해서는 아무것도 제시하지 않으면서, 특별대우를 정당화하기만 한다.

특별한 자가 되기 위한 비용, 지금 우리 사회에서는 그것이 시험이다. 문제는 이 시험은 봉건시대의 계급만큼 큰 차이를 가져

다주지도 못할 뿐만 아니라, 승리의 확률도 매우 낮다는 점이다. 2016년 9급 공무원시험 응시자의 숫자는 22만2천 명으로 경쟁률은 54 대 1이었다. 1명이 합격할 때 53명이 탈락해야 한다. 취준생이 양산될 수밖에 없다. 그리고 그 취준생들은 매년 실패하고 탈락하는 경험을 차곡차곡 쌓아올리고 있다. 한국의 사회경제적인 지표는 OECD 가입국 중에서도 아직까지 견실하다. 그럼에도 청년들이 삶에 만족하는 비율이 낮은 이유 또한 이와 같은 좌절감이 바탕에 있다고 봐도 될 것이다. 세계은행에서 실시하는 세계가치조사(WVS)의 2010~2014년 조사에서 한국의 29세 이하 응답자 가운데 자신이 행복하다고 응답한 비율은 15.7퍼센트에 불과했다. 이는 미국이나 일본은 물론, 중국보다도 낮은 수치다.

서열주의나 벗어날 수 없는 열등감은 단순히 삶에 대한 만족도나 주관적인 행복지수에만 영향을 미치는 것이 아니다. 학습하려는 동기나 의욕 자체를 꺾고 공부하기를 포기하는 학생들을 만들어낸다. 최근 우리나라 학생들의 학업능력에 대한 국제비교조사에서 우려되는 결과는 상위권 학생들과 하위권 학생들의 차이다. 여전히 우리나라 학생들은 학업능력 중상위권의 비율이 매우 높고 하위권의 비율은 낮지만, 예전에 비해 하위권 학생들의 비율이 조금씩 증가하는 추세다. 2015년 PISA 평가 결과에

세계가치조사에서 29세 이하 응답자들이 행복하다고 응답한 비율(2010~2014년)

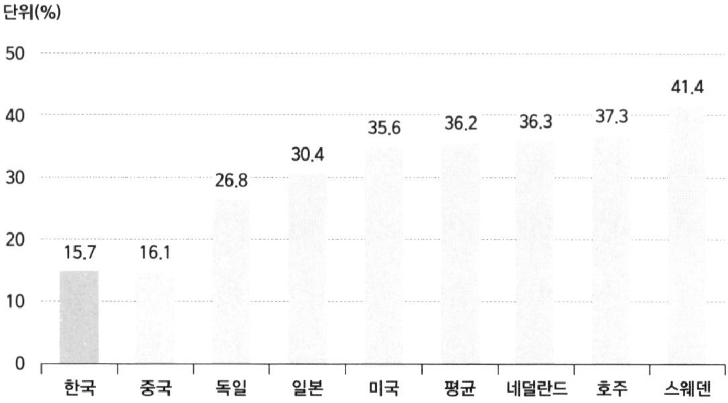

출처: http://www.worldvaluessurvey.org

따르면 읽기 능력 검사에서 최하위 수준 학생의 비율이 2012년의 7.6퍼센트에서 13.6퍼센트로 두 배 가까이 늘었다. 수학 과목에서도 2012년의 9.1퍼센트에서 15.4퍼센트로 이전 대비 60퍼센트 이상 늘었으며, 과학에서는 6.7퍼센트에서 14.4퍼센트로 두 배 이상 늘었다. 수학을 포기한 '수포자'만이 아니라 학습을 포기한 학생들이 늘어나는 것이다.[9] 원래 교육의 효과를 촉진하기 위해서 개발된 시험제도가 촘촘하게 자리한 한국 사회에서 이렇게 공부를 포기하는 학생들이 늘어나는 이유는 무엇일까? 우리 사회가 시험을 교육의 수단이 아니라 평가의 도구로만 사용하고, 그 시험을 사용해서 극히 일부만을 선발하고 나머지는 낙오시키며 수십 년을 지내온 결과로 인해 벌어진 일이라고 봐야 하지 않을까.

공정이라는 미신

3

[redacted]

행동경제학 분야에서 잘 알려진 사회실험기법 중의 하나로, 최후통첩 게임이 있다. 이 게임의 가장 기본적인 형태는 A와 B 두 명의 피험자 중 A에게만 일정량의 돈(예를 들어 10만 원)을 주고, 그 돈을 상대방과 배분하게 하는 것이다. 돈을 어떻게 배분할지는 전적으로 A가 결정한다. 하지만 B는 A가 제시한 배분안을 거부할 권리가 있다. B가 거부하면 A와 B는 모두 처음의 10만 원을 잃는다. 실험 결과는 국가마다 문화권마다 차이는 있지만 대략적으로 A 대 B가 6 대 4 정도의 균형점에 도달하게 된다. 그보다 나눠주는 돈의 비율이 적으면 상대방이 거부할 가능성이 높아지기 때문이다.

그런데 한 공중파 방송에서 이 실험의 흥미로운 변형을 소개했다. 원래 이 게임에서 누가 돈을 배분할지는 주사위 던지기와 같은 무작위로 결정한다. 그런데 방송에서 제시한 버전은 배분하는 사람을 간단한 시험을 치러 정하도록 했다. 사용된 시험문제는 어느 공기업 입사시험 기출문제였다. 점수대로 성적 상위자는 배분하고, 하위자는 배분받기로 정한 다음 역시 같은 게임을 실시했다. 그 결과, 비율은 배분하는 사람 쪽에 훨씬 유리하게 결정되었다. 단지 배분하는 사람의 시험점수가 자기보다 높았다는 이유로, 6 대 4보다 더 불공평한 배분안을 불만 없이 수용한 것이다. 방송에서 얼마나 적절한 절차로 실험을 진행했는지, 같은 규칙을 적용했을 때 다른 나라에서는 어떤 결과가 나왔는지는 확인하지 못했다. 하지만 이 방송을 본 시청자들은 거의 모두 이런 결과를 납득할 수 있었을 것이다. 한국인이라면 대부분 그렇게 행동할 것으로 예상되기 때문이다.

플린 효과와 수능시험의 상관관계

우리가 시험을 신뢰하는 이유는, 최소한 과학적 도구인 시험은 다른 어떤 방법보다도 나를 '공정하게' 평가해줄 것이라고 믿기 때문이다. 사회의 정의를 위해서도 공정성은 반드시 필요한 가치다. 그런데 과연 시험은 공정한 평가도구일까? 사실 이 질문은 시험의 원형인 '지능검사' 도구의 개발 과정에서도 제기되었던 오래된 질문이다. 알프레드 비네가 만든 최초의 지능검사부터 순수한 지능을 측정하지 못한다는 문제는 제기되었다. 비네가 처음 만든 지능검사 문항 하나를 예로 들어보자.

옆집에 낯선 손님들이 드나들기 시작했다. 처음에는 의사가, 그 다음에는 변호사가, 가장 최근에는 신부님이 다녀갔다. 옆집에서는 무슨 일이 일어나고 있을까?

답은 '옆집에서 누군가가 죽어간다'이다. 위독하기에 의사가 다녀갔고, 유언장을 확인하기 위해 변호사가 필요했고, 병자성사를 위해 신부가 다녀간 것이다. 대부분의 사람은 프랑스의 8세 아이가 맞혀야 할 이 문제의 답을 알고 있을 것이다. 그런데 답을 맞힌 것이 단지 지능이 높아서일까? 실제 지능은 높지만 변호사나 신부가 무슨 일을 하는 사람인지 모른다면, 그리고 프랑스 같은 유럽 국가에서 이들이 남의 집에 들어가야 하는 상황이 어떤 경우인지를 알지 못한다면 정답을 맞힐 수 없었을지 모른다. 즉 지능검사 문항은 문화적인 맥락으로부터 자유롭지 못하다. 프랑스의 문화를 접하며 성장한 아이들에게는 당연하고 쉬운 질문이, 1960년대 한국이나 일본 아이들에게는 도무지 이해할 수 없는 미스터리가 될 수 있다.

지능검사의 이런 문화적 영향력은 '플린 효과(Flynn effect)'에서 더욱 명백하게 나타난다. 이는 뉴질랜드의 심리학자 제임스

플린(James Flynn)이 발견한 것으로, 세대가 반복될수록 지능검사 점수가 높아지는 현상을 말한다. 플린은 미국의 신병 지원자들의 IQ 검사 결과를 분석해 신병들의 평균 IQ가 10년마다 약 3점씩 올라간다는 사실을 발견했으며, 1987년 14개국으로 대상을 확대 실시한 조사에서도 비슷한 결과를 얻었다. 플린의 주장을 검증하기 위해 이루어진 조사에 따르면 벨기에, 네덜란드, 이스라엘에서는 한 세대, 즉 30년 만에 평균 IQ가 20점이 올랐고, 13개국 이상의 개발도상국에서도 같은 시기에 지능검사 점수가 5~25점 증가했다.[10]

1960년대 말, 미국에서는 유명한 심리학자 아서 젠슨(Arthur Jensen)이 "흑인은 백인보다 지능이 낮으며 이는 유전적인 것이다"라고 주장하면서 엄청난 논쟁이 벌어졌다. 플린은 자신이 발견한 이 현상을 근거로 젠슨의 주장을 반박했다. 제1차 세계대전에서 최초로 사용된 군복무 부적격자 감별검사 결과, 흑인과 백인 간의 IQ는 평균 15점가량 차이가 있었으며, 이는 최근까지 별로 줄어들지 않고 유지되고 있다. 젠슨은 이를 근거로 흑인은 애초부터 머리가 나쁜 유전자를 가지고 있다고 주장했다. 그에 대해 플린은 흑인이든 백인이든 모두 세대를 거치면서 지능이 높아졌다는 사실을 증명함으로써 지능의 격차가 인종적 필연이 아님을 증명했다. 만약 흑인이 애초부터 머리가 나쁘게 태어난다면, 시간이 지나고 세대가 바뀌더라도 흑인의 지능점수는 변하지 않아야 한다. 하지만 현대 흑인의 지능점수 평균은 30년 전 백인들의 평균 지능점수를 넘어섰다. 지능점수의 차이는 유전이 아니라 환경이 요인임이 증명되었다. 지능점수의 차이는 요컨대 개인의 순수한 능력만이 아니라 그가 성장한 사회문화적 배경의 결과이기도 하다. 다시 말해 어떤 환경에서 성장했는지에 따라서 같은 지능이 과대평가될 수도, 과소평가될 수도 있다.

지능검사에서 문제가 되었던 불공정성의 문제는 고부담 시험에서는 더욱 큰 문제다. 수능점수에는 부모의 사회문화적 자본의 힘, 사교육을 시킬 수 있는 경제적 여건의 차이가 담겨 있기 마련이다. 경제학자 스티븐 레빗(Steven Levitt)은 자신의 책 《괴짜경제학》에서 1990년대 미국 교육부가 실시한 '초기 아동 장기 종단연구(ECLS)'의 핵심 결과를 일종의 퀴즈 형식으로 제시한다. 질문은 이것이다. "다음 중에서 아동의 학업성적에 통계적으로 유의미하게 영향을 미치는 변인과 그렇지 않은 (통계적으로 별다른 효과가 없는) 변인은 무엇인가?" 여러분도 맞혀보시라. 다음 변인들 중에서 5개만이 유효한 변인이고, 나머지는 효과가 없는 변인이다.

① 부모의 교육 수준이 높다. ② 부모의 사회경제적 지위가 높

다. ③ 아이가 출생 당시 저체중이었다. ④ 엄마가 첫아이를 출산한 연령이 30세 이상이다. ⑤ 집에 책이 많다. ⑥ 이혼이나 별거를 하지 않은 가족에서 자라났다. ⑦ 최근에 주변 환경이 더 좋은 곳으로 이사했다. ⑧ 아이가 태어나서 유치원 가기 전까지 엄마가 직장에 다니지 않았다. ⑨ 부모가 아이를 박물관에 자주 데리고 다닌다. ⑩ 아이를 정기적으로 체벌한다. ⑪ 아이가 TV를 많이 본다. ⑫ 부모가 거의 매일 아이에게 책을 읽어준다.

정답은 ①부터 ⑤('부모의 교육 수준이 높다'부터 '집에 책이 많다')까지만 아이의 성적에 의미 있는 영향을 미쳤다. 나머지는 별 차이가 없는 변인들이었다. 이 결과가 재미있는 건, 부모들이 생각하는 고정관념을 뒤집는 내용이 담겨 있기 때문이다. 체벌이나 TV가 효과가 없다는 것도 의외지만, 부모의 이혼이나 별거가 자녀의 학업성적에 별 영향을 미치지 않는다거나, 부모가 아이를 자주 박물관에 데리고 다니며 지적 자극을 제공하는 것이 학업성적에 별 영향을 미치지 않는다니 뜻밖이다. 우리나라 부모들은 이른바 '강남 8학군'이라는 '좋은 환경'으로 이사하기 위해 큰 비용을 감수한다. 그런데 ECLS의 결과는 8학군이라는 환경보다 부모의 교육 수준이나 사회경제적 지위가 더 큰 영향을 끼친다고 말한다. 특히 미묘한 건 '책'이라는 변인의 효과다. 잠들기 전

아이에게 매일 책을 읽어주는 일은 쉽지 않다. 그런데 그 노력이 부모 자녀간의 유대감은 키울 수 있을지 몰라도 아이의 학업성적에는 영향을 미치지 못한다. 반면 집에 책이 얼마나 있느냐는 자녀의 학업성적에 뚜렷한 영향을 미친다.

레빗은 이 결과를 통해 부모의 구체적인 행동보다는 부모가 실제로 어떤 사람이냐가 아이에게 더 큰 영향을 미친다고 설명한다. 교육 수준이 높고, 사회경제적 지위가 높으며, 직장을 가지고 늦게 아이를 낳은 엄마가 있는 집에는 책도 많을 것이다. 그런 가족들 사이에서 자라난 아이가 경험하는 세상은 모든 면에서 학교 공부에 유리하다. 그건 아이 혼자 책을 더 많이, 열심히 읽는 것만으로는 극복할 수 없는 차이를 만든다. 강원도 삼척시의 한 초등학교에서 근무하는 이준수 교사는 한 언론에 기고한 글에서 이 차이를 좀 더 생생하게 기술하고 있다.[11] 그가 가르치는 학생들에게는 지역 간 차이와 계층 간 차이가 일종의 시너지 효과를 발휘한다. 그 차이는 방과 후에, 주말이나 방학에 무엇을 할 수 있는지의 차이에서부터 시작된다. 그의 말을 들어보자.

> 뮤지컬 〈영웅〉을 보고 온 우리 반 아이는 자연인으로서의 안중근과 군인으로서의 안중근을 비교하여 설명할 줄 안다. 체육 활동도 마찬가지다. 온 가족이 수영장 정기 이용권을 끊어 다니는

집 아이는 음식량을 조절하고, 더 먼 거리를 헤엄치기 위해 꾸준히 운동한다. 좋은 문화체육 생활에는 절제, 신중함, 배려, 금융 지식 같은 교양과 생활 덕목이 따라붙었다. 돈이 돈을 부르는 복리 이자처럼.

이 글이 핵심을 비껴가고 있다고 느끼는 사람이 있을지도 모른다. 지금 우리나라 사람들이 정시 확대를 요구하고, 학생부종합전형(이른바 '학종')을 불신하는 이유는 이런 원론적인 차이 때문이 아니지 않은가. 교수인 부모는 다른 교수 학부모와 품앗이로 서로의 자녀에게 논문 저자 경력과 인턴 경력을 쌓아주고, 그렇지 못한 부모는 그저 학교에서 드문드문 알려주는 특별활동 점수나 채울 수밖에 없는 학종보다는 그래도 지필시험이 가장 공정하지 않은가?

우리가 사용할 수 있는 수많은 평가도구 가운데 단 하루 만에 치러지는 수능시험은 가장 제한이 많은 평가도구다. 평가에 사용할 수 있는 문항의 숫자도 제한되어 있고, 그 응답의 방법도 제한되어 있으며, 이 시험에 응시할 수 있는 기회도 1년에 단 한 번으로 제한되어 있다. 응시자의 능력을 충분히 측정하지 못하는 도구는 공정성에서도 한계가 있기 마련이다. 과외가 금지되었던 1980년대에도 과외는 공공연한 비밀처럼 존재했다. 예전에도 아는 사람의 명문대생 자녀를 통해 과외를 받는 집이 있었고, '족집게 과외'가 존재한다는 소문도 파다했다. 그 과외를 한두 번 받기만 하면 시험성적이 10점 이상 향상된다는 비현실적인 기대도 소문에 곁들여져 떠돌았다. 그런 기대만큼은 아니더라도 과외교습의 효과는 분명히 있었을 것이다. 그러니 그 당시에 수십에서 수백만 원의 비용을 지불하지 않았겠나. 이렇게 과외를 받은 학생과 그렇지 않은 학생이 수능이라는 '공정한' 도구로 경쟁을 한다면 그 결과는 과연 공정할까? 그리고 그 과외의 수준이 다양하고, 더 효과적일수록 더 높은 가격이 매겨진다면, 결국 지필시험의 공정성은 그냥 허울로만 남는 것 아닌가?

한때나마 개천에서 용이 날 수 있었던 이유

교육평론가 이범은 우리 사회에서 한때 개천에서 용이 날 수 있었던 이유는 시험의 공정성 때문이 아니라 경제적인 공정성 덕분이었다고 지적한다.[12] 그에 따르면 공정성의 바탕은 1949년부터 실시된, 소작농들이 경작하던 농지의 소유권을 소작농에게 돌려준 농지개혁 정책이었다. 농부들을 아껴서가 아니라 북한과의 체제 경쟁에서 우위를 차지하기 위해서였다는 비판도 있지만, 이 정책은 결과적으로 엄청난 변화를 가져왔다. 소작농들이 자신이 경작하던 농지를 소유할 수 있는 현실적인 길이 열린 것이다. 실제로 1945년 말 전체 농지의 35퍼센트에 불과하던 자작지(소유자가 경작하는 농지)의 면적이 1949년 67.6퍼센트로, 1951년 말에는 91.9퍼센트로 늘었고, 1960년에 이르면 우리나라 농민 중 76퍼센트가 전체 농지의 65퍼센트를 보유하게 되었다. 1960년 당시 한국은 전 세계에서 가장 균등하게 토지가 분배된 나라였다(그래프 참조). 이렇게 대다수의 농부가 재산을 보유하자, 이들은 이 농지라는 자본을 이용해 자녀를 대학에 보낼 수 있게 되었다. 그리고 그 자녀들이 개천에서 난 용이 되었다.

페루, 콜롬비아, 말레이시아, 인도, 이집트 같은 나라들은 그렇지 못했다. 그 나라에서는 농부들이 아무리 자녀에게 고등교육을 시키고 싶어도 값비싼 대학 학비를 조달할 능력이 없었다. 그들 대부분은 농지를 소유하지 못하고 지주로부터 하청 경작을 하는 소작농이었기 때문이다. 그래서 대부분은 교육을 포기했다. 교육이 정체되자 경제성장에도 한계가 올 수밖에 없었다. 한국과 다른 개발도상국의 차이는 여기서 시작되었다. 그래프를 보면 1960년대 토지 분배 수준이라는 초기 조건이 현재 각국의 위상과 직결되어 있음을 알 수 있다. 그 당시에 토지가 가장 균등하게 분배되었던 한국, 일본, 대만은 오늘날 동아시아에서 가장 발전한 나

1960년 토지 분배 수준과 이후 40년간의 평균 경제성장률(GDP)의 관계를 표시한 그래프

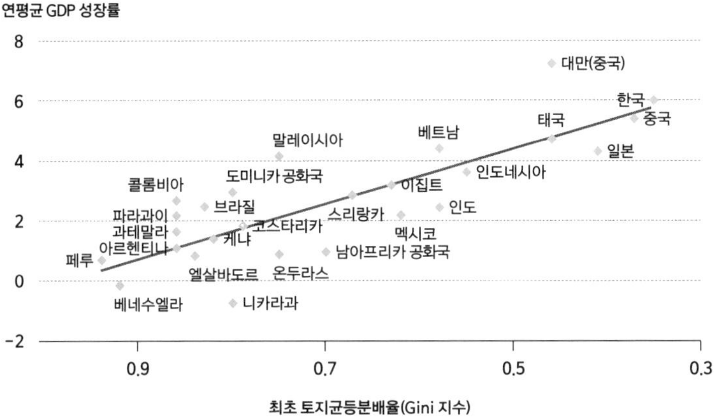

출처: Deininger, K.(2003). *Land Policies for Growth and Poverty Reduction*, World Bank(이범, 〈교육경쟁의 구조와 대안〉, 47쪽에서 재인용).

라들이다.[13] 우리나라가 제2차 세계대전 이후 비슷한 조건에서 시작한 다른 개발도상국에 비해서 훨씬 빠른 속도로 경제성장을 이룰 수 있었던 배경으로 전 국민적 교육열을 지적한다. 하지만 그 교육열은 교육을 시킬 수 있는 여건이 전 국민에게 갖추어졌기 때문에 가능했다. 결국 공정성은 시험이 아니라 모두에게 공평하게 제공된 경제적 기반에서 만들어진 것이었다.

논 팔아 대학에 보냈다는 말이 있다. 이 말을 뒤집어보면, '팔 논이 있었다'는 얘기다. 한국은 논을 팔아 대학까지 보낼 수 있는 자

영농들이 전 세계에서 가장 높은 비율로 존재하는 나라였다.[14]

이는 또 다른 사실을 암시한다. 1960년대 부모가 논 팔아서 대학에 보낸 세대가 1980년대까지 이어졌다. 그것이 한국 사회의 발전 동력과 국민들에게 부여된 성취 동기의 에너지원이었다. 하지만 지금 부모 세대에게는 더 이상 팔 논이 균등하게 주어져 있지 않다. 지금은 이전 세대가 논을 팔아서 어떤 선택을 했느냐, 그 선택이 어떤 결과를 얻었느냐에 따라 뚜렷하게 계층이 나뉜 단계다. 지금의 청소년 세대는 이제 그들이 '금수저, 쇠수저, 흙수저'라고 자조하는, 계층 차이로 현격하게 벌어진 출발선에 서 있다. 한국 사회 공정성의 기반이 사라진 것이다. 이런 기울어진 운동장 위에서 고부담 지필시험만으로 공정성을 담보할 수 있다고 믿는다면 그것은 그저 헛된 소망일 뿐이다.

거의 모든 지필시험은 모든 응시생이 같은 장소에서, 같은 문제를, 동일한 시간 동안 풀게 되어 있다. 수능시험 같은 경우는 사용하는 필기구조차 똑같다. 따라서 이 시험 장면만 보면 모든 수험생이 똑같은 조건에서 공정한 경쟁을 하고 있다고 착각하기 쉽다. 하지만 사실은 그렇지 않다. 일단 시험장에 버스나 지하철을 타고 오는 수험생과 부모의 차를 타고 오는 수험생이 있지 않던가. 시험 전날까지 어떤 교육, 어떤 훈련을 받았는지를 거슬러 올라가보자. 거기에서 어떤 공정성을 발견할 수 있나?

시험의 공정성은 신화다. 더욱 큰 문제는 그 신화에 의존할 때 우리 사회의 불공정과 불평등을 당연히 여기고, 이에 문제를 제기하는 사람들을 공정한 시험에 순종하지 않는 자로 외면하게 된다는 점이다. 사회구조적 불평등을 고려하지 않고 절차의 공정성에만 집중하는 것은 사실상 진짜 공정성을 추구할 기회를 포기하고, 허울뿐인 공정성으로 현실의 불평등을 감추는 결과만 가져올 뿐이라는 지적은 여러 곳에서 제기되어왔다. 한 기사에서 지적했듯, '교육에서 공정성을 논의할 때만큼은 교육 여건의 불평등이나 교육 정의의 문제보다 유독 공정한 대입 경쟁 문제에만 집중하는' 양상이 벌어지는 것이다.[15] 수능점수는 순수한 개인의 노력과 능력을 반영한 것이고, 이 점수에 따라 보상을 달리하는 사회체계를 정당한 것이라 여기는 믿음은 그저 미신일 뿐이다. 학생부종합전형만큼이나 수능시험 또한 부유한 학생과 가난한 학생이 같은 출발선에서 시작하는 경쟁이 아니기 때문이다. 그럼에도 수능은 공정하다고 믿으면, 그 점수에 따라서 갈라지는 인생의 길, 그로 인한 사회경제적 불평등도 모두 공정한 것으로 믿게 된다. 그래서 대입 경쟁에서 이긴 자에게 모든 가치를 몰아주고, 패배한 자에게는 오히려 많은 기회를 박탈하는 사회적 불평등을 당연하게 여긴다.

사람들은 공정성에 대해 이중적인 잣대를 가지고 있다. 나를 제외한 타인들은 공정하기를 바라지만, 나는 그 속에서 특별히 유리하기를 바란다. 우리는 공정한 경쟁을 요구하지만, 일단 공정한 경쟁의 규칙이 확정되면 그 규칙을 그대로 준수하며 경쟁하는 것에 만족하지 않는다. 그 규칙 가운데 나에게 유리한 요소를 극대화하고 불리한 요소는 최소화할 수 있는 방법을 찾아 나선다. 공정성과 불공정성의 경계선은 모호하다. 한 번의 시험으로 모든 것이 결정되는 규칙에서는 그 시험에서 가장 유리해지는 방법을 찾게 마련이다. 선행학습도 그 방법 중 하나다. 선행학습이 어느 수준을 넘어선 결과 지금 우리나라 학부모들의 등골을 휘게 만드는, 사교육에 압도된 교육이 만들어진 것 아닌가.

학생부종합전형 또한 공정성을 목표로 한 제도였다. 1년에 단 하루 동안 치러지는 시험의 결과로 어떤 학생이 진학할 수 있는 대학을 결정하는 제도가, 그 학생이 고등학교 3년간 보여준 능력과 자질을 종합적으로 평가해서 어떤 대학에 진학할 수 있는지를 결정하는 제도보다 더 공정하다고 말할 수 있을까? 수능시험은 그 학생이 어떤 환경에서 공부했는지를 고려하지 않는 획일적인 평가도구이지만, 학종은 (교사가 제대로만 한다면) 그 학생의 성장배경까지 고려해서 잠재력을 평가할 수 있는 제도가 아닌가. 학종뿐 아니라 지금까지 시행된 모든 선발제도는 공정성을 목표로 했다. 하지만 그 모든 제도도 제도 자체의 결함 때문이 아니라, 그 공정한 제도를 불공정하게 악용하는 사람들 때문에 무력화되고 변질되었다.

어쩌면 지필시험의 공정성에 대한 믿음은 사람에 대한 불신의 거울상인지도 모른다. 그것이 무엇이든 사람의 손을 타야 하는 평가도구는 반드시 변질되지만 지필시험은 사람이 더 이상 손을 댈 수 없는, 결정화된 도구이기 때문에 그와 같은 변질로부터 안전하다는 것이다. 정말 그렇다면 한국은 전 세계에서 인공지능에 대한 수요가 가장 높은 국가일지도 모른다. 인간이 아닌 기계가 나를 평가하고 선발하는 것이라면 믿을 수 있다는 사람들이 가장 많은 나라일 것이기 때문이다.

4

가장
똑똑한 청년,
가장
멍청한 중년이 되다

지금껏 거듭 이야기했듯 우리 사회는 지식이 많은 사람이 훌륭하다는 인식이 뿌리 깊게 박혀 있다. 지식을 겨루는 집단이 아니라 할지라도 지식이 있는 사람은 한국 사회 어디에서나 대접받는다. 그러면 시험을 잘 보는 학생은 정말 지식이 많을까? 그 지식은 얼마나 의미 있는 지식일까?

공부를 할수록 뒤처지고 있다?

1장에서 한국의 학생들뿐 아니라 청년들마저도 엄청나게 긴 시간을 학습에 투입하고 있음을 살펴보았다. 40대 중년층보다 중고등 학생들이 더 잠을 적게 자며 공부하는 나라는 전 세계에서 한국이 유일했다. 그렇다면 우리나라 사람들의 지식 수준은 높아야 한다. 그만큼 오랫동안 공부를 했으니 세계 어느 나라 사람보다도 많은 것을 알고 있어야 한다. 또한 이렇게 열심히 공부하는 국민들이 가득한 나라라면 그만큼 지적 생산성도 높아야 할 것이다.

과연 그럴까? 다들 이 질문의 대답을 알 것이다. 한국인의 노동시간이 전 세계에서 가장 길지만 노동생산성은 오히려 가장 낮은 것처럼, 공부에 있어서도 비슷한 현상이 나타난다. 과학계에서 두각을 나타내는 뛰어난 한국인 학자들이 있지만, 전 국민의 공부시간을 고려해보면 그 숫자는 너무도 적다.

시험공부가 실제 지식이나 기술의 향상으로 이어지지 않는 일상의 사례로는 '영어 구사력'을 생각할 수 있다. 영어는 우리나라의 거의 모든 입학시험과 채용시험에 포함되어 있는, 수험생이라면 누구나 공부해야 하는 필수과목이다. 당연히 한국인 개개인이 일생 동안 축적한 영어 공부시간은 그 어떤 나라보다도 길 것이다. 그러나 그렇게 오래 공부한 만큼 한국인의 영어 실력이 향상되었던가? 이 질문에 대한 대답은 모두가 짐작할 것이다.

한국 성인 데이터의 특징은 연령대 간 차이가 매우 크다는 점이었다. 전체적으로 젊은 연령대의 역량은 높지만 24세 이후 연령대부터는 급속히 낮아진다. 물론 고등학교 의무교육도 실현되지 않던 시기에 젊은 시절을 보낸 50대 이후 세대는 평균학력도 낮고 교육의 질도 낮았으므로 지금 젊은 세대보다 지적 역량도 낮은 것이 당연하다. 하지만 조사가 실시된 2013년의 30대는 고용 불안에 시달리며 각종 시험 준비를 해왔던, 현재의 청년들과 크게 다르지 않은 세대였다. 그런데 이들의 능력도 평균보다 낮았다. 결국 시험공부의 효과가 지속되지 않는다는 이야기다.

그렇다면 지금도 열심히 공부하고 있는 중고등학생을 대상으로 조사한 PISA 결과를 보자. 2015년 조사 결과 한국의 중고등학생들은 읽기에서는 4~9위(517점), 수학에서는 6~9위(524점), 과학에서는 9~14위(516점)에 해당하는 점수를 얻었다. 물론 여전히 높은 순위다. 하지만 3년 전인 2012년 PISA에선 읽기는 1~2위(536점), 수학은 1위(554점), 과학은 2~4위(538점)를 차지했었다. 사실상 우리나라 중고등학생이 이 조사에서 3위권 밖으로 밀려난 건 2015년이 처음이다. 공부시간은 여전히 전 세계에서 가장 긴데, 성적은 갈수록 낮아지고 있다.

다른 국제비교조사인 국제민주시민교육연구(ICCS) 결과를 보자. 중학교 2학년생을 대상으로 실시한 이 조사에서 우리나라 청소년의 시민지식 수준은 2009년 3위에서 2016년 6위로 하락했다. 여기서 말하는 시민지식은 시민사회와 시민권에 관한 핵심 내용들을 얼마나 잘 알고 있는지, 그리고 실제로 이를 적용하고 처리할 수 있는 능력을 의미한다. 한국 청소년들의 시민지식 점수는 조사 대상 국가 중 덴마크, 대만, 스웨덴, 핀란드, 노르웨이 다음인 6위에 해당했다. 우리나라 평균인 551점은 2016년 조사에 참여한 전체 국가 평균인 517점에 비해서 매우 높은 수준이지만, 2009년 3위를 했던 것에 비하면 낮아진 것이다.

영어만이 아니라 국어나 수학 능력도 상태가 좋지 않다. OECD 가입국 대상 국제성인역량조사(PIAAC)의 2013년 결과를 보면, 우리나라 성인의 문해력(글을 읽고 관련 문제를 해결하는 능력) 점수는 OECD 평균인 268점보다 약간 높은 273점, 수리력(수학적 문제해결력)은 OECD 평균인 263점이었다.[16] 심지어 컴퓨터 기반 환경에서의 문제해결력이 높은 성인 인구의 비율은 OECD 평균인 34퍼센트보다 낮은 30퍼센트로 나타났다.[17] 특히 우리나라는 비슷한 수준의 다른 국가들에 비해서 청소년들 간 시민지식 수준 차이가 큰 편이었다. 시민지식 수준이 가장 낮은 D레벨 이하의 청소년 비율은 한국이 6퍼센트로 나타났는데, 이는 비슷한 시민지식 점수 평균을 보인 노르웨이(4.5퍼센트), 에스토니아(3.4퍼센트)보다 상당히 높았다.[18]

이 결과들이 공통적으로 말해주는 사실은 한국의 지식 수준이 오래 공부하는 것에 비하면 충분히 높지 않거나 낮아지고 있으며, 아예 공부를 포기한 집단은 늘고 있고, 시험공부를 중단한 시점부터는 급속하게 낮아진다는 것이다. 그렇다면 그 오랜 시험공부를 통해서 우리는 뭘 배운 걸까? 왜 이런 일이 일어나는 걸까?

우리가 해야 하는 질문은 이것이다

1장에서 잠깐 다루었던 유네스코의 '시험문화' 연구보고서로 돌아가보자. 유네스코에서는 동아시아 국가들에서 주로 나타나는 시험 중심의 교육문화에 주목해왔다. 그래서 한국을 비롯한 관련 국가들의 연구기관과 합동으로 시험문화의 실태와 원인, 그 결과에 대한 국제 연구를 진행했다. 우리나라에 대한 연구 결과는 2017년 한국교육개발원 서예원 박사 연구팀을 통해서 〈한국의 시험문화와 학습자에 대한 영향〉으로 발표되었다.[19] 이 보고서에서는 우리나라 시험문화의 기원을 고려 시대 이후 거의 천 년 동안 지속되어 온, 과거시험을 통한 공직자 등용의 전통에서 찾는다. 그리고 이러한 시험문화의 바탕에는 지식에 대한 숭상이 깔려 있다고 말한다. 보고서에서는 이를 '숭문주의'라고 일컬었다. 숭문주의는 지식, 그것도 인문학적 지식의 수준으로 인간의 수준을 평가하는 가치관을 말한다. 보고서를 살펴보자.[20]

> 한국은 전통적으로 지식을 존중하며 끊임없이, 평생에 걸쳐 인간 성장을 이루어야 한다는 깊은 신념을 가지고 있다. 이러한 전통은 인간이 교육을 통해서 완벽해질 수 있으며, 가장 지적인 사람이 국가와 사회를 다스려야 한다는 오랜 유교적 믿음에 기

인한다. 천 년 가까이 공직자 또는 관리가 되기 위한 시험을 통해 사회적인 주요 권력을 가질 수 있었기에 시험에서의 성공은 한 가문의 명성과 운을 결정하곤 했다. … (조선 시대부터) 교육기관의 가장 주요한 기능은 학생들이 과거시험을 볼 수 있도록 준비시키는 것이었다. 공식적인 교육부터 시험 준비와 관련하여 이루어졌다는 것이다.

이 인용구는 단지 우리나라 문화가 지식을 숭상했다는 이야기만 하는 것은 아니다. 그 지식의 수준을 오래전부터 시험을 통해서 평가했고, 그 결과 교육기관이 점차 시험 준비기관으로 변해가게 되었다는 점도 정확히 지적하고 있다.[21] 여기서 과거 숭문주의의 의미나 장단점에 대해서 논할 생각은 없다. 우리가 다룰 것은 과거 조선 시대에 시험을 통해서 등용될 관리들의 인문학적·철학적 지식의 수준을 향상시키려던 노력이 현재의 고부담 시험문화 속에서도 유효하냐는 문제다. 그러니까 우리가 해야 하는 질문은 이것이다. 고부담 시험문화는 학생들이 지식을 키우는 데 얼마나 도움을 줄까? 시험이 자신의 능력을 확인하는 도구로 활용되지 않고, 다수 가운데 소수를 추출하기 위한 도구로 사용되는 환경에서 학생들은 무엇을 배우게 될까? 시험성적이 능력이 아니라 시험 기술을 반영한다면, 그때 학생들이 배우는 것은 어떤 지식일까? 그 지식은 과연 그들에게 유용할까?

앞서 말한 한국교육개발원의 연구보고서에서는 "(고부담) 시험 문화는 세계적 교육 흐름과 역행하는 측면이 있으며, 교육 본연의 목적을 왜곡하는 경향이 강하다"[22]고 지적한다. 고부담 시험의 준비 과정은 학습보다는 훈련에 가깝다. 이는 고부담 시험 자체의 역할 때문이다. 고부담 시험은 많은 응시자를 대상으로 그 중 일부만을 선발하기 위해 치러지는 경우가 대부분이다. 이런 시험은 시험문제 자체의 난이도 조절이 매우 어렵다. 문제의 난이도가 조금만 낮아져도 '천장 효과(ceiling effect)'가 발생해 시험의 '변별력'이 줄어든다. 시험의 변별력이란 아주 잘하는 사람과 적당히 잘하는 사람을 감별하는 능력이고, 시험에서 천장 효과는 고득점자가 지나치게 늘어나는 현상을 말한다. 110점을 받을 사람도 100점을 받고, 90점을 받을 사람도 100점을 받게 되는 상황이다.

이렇게 천장 효과로 변별력이 줄어든 시험에서는 한두 번의 실수에서 오는 타격이 매우 크다. 예를 들어 문제가 조금 쉬워져 평소 90점을 받을 응시자도 100점을 받는 그런 시험을 생각해보자. 이 시험에서 평소에 100점을 받던 응시자 A가 컨디션이 좋지 않아 실수로 한 문제를 틀린다면, 결국 90점의 능력을 가진 응시자들은 100점을 받고, 100점의 능력을 가진 A는 그보다 낮은 점수를 받게 된다.[23] 만약 이 시험이 매년 단 한 번 주어지는 고부담 시험이라면, A는 한 번의 실수 때문에 B와의 경쟁에서 밀려나고 말 것이다. 그렇다고 이런 천장 효과를 피하기 위해서 문제를 너무 어렵게 출제하면 또 다른 문제가 발생한다. 시험 자체의 타당성이 흔들리는 것이다.

타당성은 시험이 측정하고자 하는 능력을 제대로 측정하고 있느냐의 문제다. 예를 들어 고등학생 대상 시험에 특정 전공 대학교 3~4학년 학생이나 풀 수 있는 문제를 출제하면 응시자들이 들고 일어날 것이다. 지금도 수능 영어시험 문제는 영어를 모국어로 쓰는 원어민들도 잘 이해하지 못한다는 지적이 있는데, 이는 변별력을 위해 문제의 난이도를 높이려다가 시험 자체의 타당도를 잃은 경우라고 할 수 있다. 즉 고부담 시험의 출제 작업은 난이도가 너무 높아서 말이 안 되거나, 그렇지 않으면 변별력이 약해지면서 실수의 효과가 지나치게 커지거나, 그 사이에서 아슬아슬하게 균형을 유지하는 일이다. 시험도구 개발자들은 이 문제를 해결하기 위한 방법을 여럿 고안했는데, 그중에서 가장 많이 사용되는 수단 가운데 하나가 시간 압박이다.

난이도가 낮은 문제라도 답을 찾기 위해 쓸 수 있는 시간의 절대량을 줄이면 난이도가 높아지기 때문이다. 물론 문제를 얼마나 빨리 풀 수 있느냐도 응시자의 능력을 평가하는 기준이다. 특히 문제의 난이도를 타당한 수준으로 유지하면서도 변별력을 높이는 방법 가운데 하나는 문제당 배분 시간을 줄이는 것이다. 하지만 모든 시험 문항이 짧은 시간 안에 풀어야 하는 문제들로 구성되어 있다면, 응시자가 좋은 성적을 얻기 위해서는 단지 해당 문제가 측정하는 지식이나 기술을 습득한 것만으로는 부족하다. 이런 스피드 문제에 대응하는 기술을 따로 훈련받아야 한다. 순발력 훈련이라고 해야 할 이 기술 훈련의 기초는 결국 반복 숙달이다. 비슷한 유형과 내용의 문제를 여러 번 반복해서 풀어봄으로써 특정한 문제를 만났을 때 거의 기계적으로 응답을 하게 만드는 것이다. 이런 시험 훈련에서 지식을 습득하고 깊이 이해하는 과정의 비중은 점차 줄어들기 마련이다. 그 결과, 특정 과목의 시험점수가 높은 학생이 반드시 지식의 수준이 높거나, 해당 과목에 대한 이해도가 깊다고 말할 수 없는 상황이 벌어진다. 이는 측정이 평가와 혼동되는 상황을 유발한다. 다시 말해서 A라는 학생에게 시험지를 통해 '측정'한 점수만을 가지고 그 학생의 능력을 '평가'할 수 없다. 그런데도 시험점수가 곧 학생의 능력이라고 간주해버린다.

특히 우리나라에서 시행되는 대부분의 고부담 시험은 문제의 난이도가 높은 데다 문항 수까지 많아 시간 압박 수준이 높다. 한 문제를 푸는 데 배분할 수 있는 시간의 길이가 매우 짧은 것이다. 2018년 수능 국어시험은 31번 문항이 특히 논란을 일으켰다. 한 문제를 풀기 위해서 읽어야 하는 지문의 길이도 길었지만 문제는 그 지문의 내용이었다. 물리학의 만유인력 법칙에 대한 것이었기 때문이다.

2018년의 수능 국어시험은 전체적으로 시간 압박이 높았는데, 수험생들은 시험지 16장을 80분 만에 읽고 45문항을 풀어야 했다. 한 문제당 배분할 수 있는 시간은 평균 1분 47초, 그중에 긴 지문을 읽는 데 소요되는 시간을 빼면 50초 안에 풀어야 제한 시간 안에 모든 문제를 한 번이라도 풀어볼 기회를 얻을 수 있다. 수학과 영어도 사정은 비슷해서 문제당 배분된 시간은 107초인데 지문이나 난이도 높은 '킬러 문항'에 더 많은 시간을 배분해야 한다는 점을 생각하면 대략 문제당 30초 안에 답을 찾아야 했다.[24] 이를 보도한 신문 기사의 제목은 '스피드 테스트로 변질된 수능'이었다. 이는 다른 시험에서도 비슷한 양상으로 나타난다. 2019년 해양경찰 공무원시험 또한 문제 자체는 어렵지 않으나 박스형으로 제시된 보기 가운데 정답이 몇 개인지를 고르라는 문제가 늘어나면서 시간 압박이 높았다는 지적이 있었다.[25]

이런 조건의 시험에서 좋은 성적을 얻으려면 교육이 아니라 훈련이 필요하다. 문제의 내용을 이해하고 그동안 축적한 자신의 지식을 적용해서 해결하는 과정이 아니라, 여러 가지 유형의 문제-정답의 패턴을 반복해서 숙달함으로써 거의 생각에 이르지 않고 기계적으로 반응하는 훈련 말이다. 시험 중심의 교육이 교육 자체의 질을 저하시킨다는 지적은 앞서 언급한 한국교육개발원의 유네스코 보고서에서도 지적한 바 있다. 보고서의 내용을 살펴보자.[26]

> 전통적으로 시험은 학생의 학습 수준과 교과에서 명시된 학습 목표 달성도를 평가하기 위한 것이다. … 그러나 시험에 따라 교육과정이 변화되고 구성됨으로써 일종의 '역류 효과(washback effect)'를 발휘하기도 한다. … 이종승과 허숙(2003)은 한국에서 교육과 시험이 완전히 본말 전도되어 교육을 잘하기 위한 시험이 아닌, 시험을 잘 보기 위한 교육이 목적이 되었으며, 이로 인해 '시험선수'들을 배출하는 사회가 되었다고 지적한다. 시험에서 점수를 잘 받기 위해 '측정 주도 수업(measurement-driven instruction)' 현상이 일어나며, '시험점수를 높이는 수업(teaching to the test)'이 이루어지는데, 이것은 고부담 시험인 경우에는 더욱 강력하고 노골적으로 나타난다.

이 책은 시험 자체를 비판하거나 반대하려는 것이 아니다. 시험이 교육을 집어삼켜서 위에서 말하듯, '교육을 잘하기 위한 시험이 아니라 시험을 잘 보기 위한 교육'이 되어버리고, '시험점수를 높이는 수업'을 통해 '시험선수'들을 배출하는 교육이 되어버린 현상. 그리고 이를 당연하게 여기는 세상. 당연한 정도를 넘어서 더 심각한 시험선수를 만들어내려고 이를 이른바 경쟁력의 강화라고 착각하게 되어버린 한국 사회에 경고하려는 것이다. 물론 이런 현상은 더 이상 한국만의 문제는 아니다. 고부담 시험의 비중이 큰 환경이라면 어디에서나 일어날 수 있는 일이다. 맬컴 해리스(Malcom Harris)의 《밀레니얼 선언》에 따르면 미국에서도 부시 정부 때 비슷한 현상이 벌어진 바 있다. 부시 정부에서 추진한 〈낙오학생 방지법〉은 주 정부 차원에서 모든 학생들에게 표준화된 시험을 치르게 하고, 그 시험에서 낙제한 학생의 비율이 높은 학교들에게 불이익을 주도록 했다. 그 결과, 학교에서는 학생들을 더 잘 가르치기보다는 시험점수를 높이는 기술을 훈련시키기 시작했다. 우선 표준시험에 포함된 교과목인 수학이나 읽기 과목 시간은 늘리고 예술이나 음악 과목 시간은 줄였다. 그리고 교사들은 학생들에게 답안지에 정확하게 마킹하는 방법이나, 객관식 문제에서 선택지를 줄여나가는 추리 방법 따위를 설명하는 데 시간을 할애하기 시작했다. 말 그대로 '시험 기술을 가르치는 시험 훈련'을 한 것이다.[27]

선행학습이 앗아간 즐거움

시험 그 자체는 매우 유용하고 필수적인 교육도구다. 측정도구로서의 시험은 적절히 사용하면 학생과 교사 모두에게 도움이 된다. 전 세계 어디에도 시험을 사용하지 않는 교육 현장은 없으며, 시험 없이 교육 목표를 달성할 수도 없다. 시험은 교육을 진행하고 그 효과를 확인하는 가장 보편적이고 유용한 방법이다. '시험 효과(testing effect)'는 교육 분야에서 가장 오래전부터 알려진 개념으로, 시험 그 자체가 학습 효과가 있다는 것이다. 시험을 통해서 학생들은 자신이 배운 것을 얼마나 기억하고 적절히 사용할 수 있는지 스스로 깨달으며, 자신에게 부족한 점을 발견하고 이를 보완할 기회도 얻는다. 시험을 치르는 과정에서 학생들은 배운 것을 머릿속에서 다시 떠올려서 문제해결에 사용하게 되는데, 이것은 학습심리학에서 '인출(output)'이라고 부르는 과정으로, 단기기억을 장기기억으로 전환시키기 위해서 반드시 필요하다. 단지 외우는 것에서 그치지 않고 외운 것을 다양한 상황에서 다시 기억해내는 일을 반복해야 외웠던 기억이 공고하게 머릿속에 자리 잡는다.

또한 시험은 학생들에게 자신의 현재 상태에 대한 메타인지(meta-cognition)를 제공한다. 자기가 실제로 무엇을 알고, 모르는지를 깨닫게 되는 것이다. 그 결과 자신의 능력을 측정하기 위한 시험은 반복할수록 학생들에게 도움이 된다. 자기 측정으로서의 시험을 치러본 학생들은 대부분 그 시험에서 좋은 성적을 얻고자 하는 동기를 부여받는다. 그 자체가 학습을 촉진한다. 게다가 시험은 개인적으로도 자기효능감을 높이는 수단이 될 수 있다. 자기효능감 형성을 위해서는 두 가지 요소, 즉 자기 스스로 노력해서 성취하는 경험과 그 성취에 대한 정확한 피드백이 필요하다. 측정으로서의 시험은 이 두 요소 중에서 정확한 피드백을 제공한다. 저부담 시험, 자신의 능력 측정을 위한 시험과 그에 곁들여지는 가벼운 경쟁은 교육과정에서 반드시 필요하며 학생들에게 정말로 도움이 된다. 만약 어떤 학생이 이전에 본 시험의 결과를 분석하고, 스스로 부족한 점을 보완하기 위해 연습하고 노력해서 마침내 다음번 시험에서 앞서 시험보다 더 좋은 성적을 얻어낸다면, 그것은 교육이 시험을 통해서 의도한 최상의 결과다. 우리는 여기서 시험 자체를 문제 삼지 않는다.

하지만 시험성적을 높이기 위해서 원래 그 학년에 계획된 교육과정을 앞질러 배우는 것, 즉 선행학습을 하기 시작하면 문제가 된다. 선행학습은 시험선수들을 길러내는 하나의 과정으로, 우리나라에서 가장 보편적인 고부담 시험의 대응 전략이다. 아파트 단지 산책로에서 본 광고는 조금 섬뜩할 정도였다. 단지 안에 거주하는 개인 과외교사가 내건 그 광고에는 '수능 영어를 중

3까지 완성!'이라고 적혀 있었다. 선행학습의 범위가 한 달이나 한 학기를 넘어 자그마치 3년, 한 단계의 교육과정을 뛰어넘는 수준에까지 이른 것이다. 교육을 조금이라도 아는 사람이라면 중학생에게 고3까지의 영어 교과를 전부 가르치겠다는 약속이 얼마나 현실성이 없는지 알 것이며, 당연히 이런 광고를 하는 과외교사에게 자기 자녀를 맡기지는 않을 것이다. 하지만 이 광고를 보는 누군가는 솔깃할 것이기에, 과외교사는 비용을 써가며 광고를 하는 것이 아닌가.

선행학습은 효과가 있을까? 반복이 완벽을 만든다. 남들보다 더 많이 반복할수록 더 익숙해지고 실수할 가능성도 줄어든다. 남들은 처음 배우는 교과 내용을 그보다 먼저 한 번이라도 보면 조금이라도 더 익숙할 것이고, 남들보다 더 빨리 숙달할 수도 있을 것이다. 물론 이런 효과를 발휘하는 학습의 방법이 있다. '예습'이 그것이다. 앞으로 배울 내용을 미리 살펴보는 예습은 실제로 공부 잘하는 학생들이라면 거의 모두 사용하는 매우 효과적인 학습 방법이다. 선행학습은 이 예습의 범위를 내일 배울 내용을 미리 살펴보는 수준을 넘어 한 학기나 몇 개 학년 앞까지 확장한 것이다. 그렇다면 선행학습도 예습처럼 효과가 있을까?

그렇지 않다. 선행학습에 대한 연구 결과는 이 질문에 대해 회의적이다. 대부분의 연구에서 선행학습 자체만으로는 성적 향상 효과가 발견되지 않았다. 반면에 학습 동기나 흥미는 줄어드는 효과가 나타났다. 박현미와 강완의 연구 결과를 보자.[28] 이들은 초등학교 3학년 학생들을 대상으로 수학 과목의 선행학습 실태를 조사했다. 연구 결과, 수학에 대한 흥미는 선행학습을 하지 않은 학생이 선행학습을 한 학생보다 오히려 높았다. 수학의 학업 성취도에서는 현재 배우고 있는 내용에 대해서 선행학습을 한 학생과 선행학습을 하지 않은 학생 간에 큰 차이가 없었으며 오히려 선행학습을 하지 않는 학생의 점수가 조금 높을 정도로 선행학습이 학습 내용에 도움이 되지 않았다. 고등학생들을 대상으로 선행학습이 수학 학업성취도에 미치는 효과를 분석한 연구에서도 선행학습은 학생들의 수학 학업성취도에 통계적으로 유의미한 변인으로 작용하지 않았다. 이 연구에 따르면 학생들의 수학 학업성취도에 진짜 영향을 미치는 변인은 (선행학습이 아니라) 가정환경, 수학에 관한 학습 태도, 전년도 학업성취 수준 등이었다.[29]

한 일간지에서도 비슷한 내용을 기획 기사로 보도한 적이 있다. 비록 그 기사에서 언급한 연구 논문들은 선행학습이라기보다는 사교육 전반의 효과에 대한 분석이었지만, 11편 중 9편의 논문에서 사교육의 효과가 발견되지 않았고, 그나마 효과가 발견된 2편의 연구에서도 대부분은 학습시간이 길어진 결과로 해석할 수 있다고 결론지었다.[30] 흔히 알려진 '강남 8학군'의 신화도 허수가 많다. 성기선의 연구에 따르면 고등학교 입학 당시 학생들의 학업성적 차이를 제외하면 8학군과 다른 학군 간의 차이가 통계적으로 나타나지 않았다. 다시 말해 강남 8학군 학생들의 시험성적이 우수한 이유는 원래 공부를 잘하는 학생들이 그곳으로 모여들었기 때문이라는 이야기다.[31] 1970년대부터 2000년대 초까지 30년간 서울대학교 입학생들의 사회경제적 배경을 조사한 다른 연구보고서에 따르면 서울대 입학에 가장 중요한 변인은 부모의 학력과 직업이었다.[32] 강남 8학군 출신이 서울대에 많이 입학하는 것은 사실이지만 그 이유는 사교육의 결과가 아니라 원래 공부를 잘하는 학생들이 많고, 부모의 학력과 경제적 수준이 높은 가정 출신이 많기 때문이라는 것이다.

선행학습은 학습에 도움이 되지 않는 수준을 넘어 학습을 장기적으로 방해한다. 일단 선행학습은 새로운 것을 배우고 익히는 즐거움을 깨달을 기회를 빼앗는다. 선행학습은 학생들의 연령별 능력 수준에 맞추어 세심하게 설계한 교육과정을 무시하는 학습이기 때문이다. 수준에 맞는 학습은 너무 어렵지도 않고, 너무 쉽지도 않은 학습을 말한다. 왜 학생의 수준에 맞는 교육이 필요한지는 '부조화-해소 이론(incongruity-resolution theory)'[33]을 통해서 설명할 수 있다. 이 이론에 따르면 우리가 뭔가 새로운 것을 배

학습의 과정

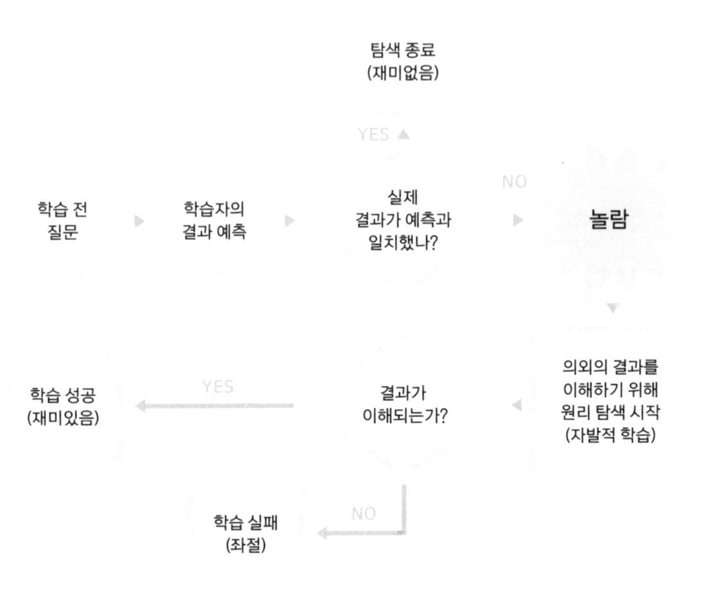

우기 위해서는 학습을 하기 전에 학습자가 먼저 질문을 하고 스스로 그 질문에 대한 답을 예측해야 한다. 그리고 그 예측이 실제 결과와 어긋나야 한다. 이렇게 불일치한 예측과 결과가 '놀라움'이라는 감정을 유발하고, 이에 자극받은 뇌는 불일치한 경험을 통합하기 위해 새로운 규칙을 탐색한다. 그 결과 '재미'를 경험한다. 보통 통찰학습을 연구하는 학자들이 말하는 '아하 경험(aha experience)'이 이 과정인 셈이다. 그림을 보면서 살펴보자.

1 학습을 하기 전에 어떤 상황의 결말에 대한 질문을 한다.
2 학습자는 이 초기 설정을 근거로 나름대로 질문에 대답한다.
3 실제 나온 결과가 학습자가 예측한 대답과 일치한다면, 더 이상 학습은 진행되지 않는다. 학습자는 이 경험에서 아무것도 배우지 못한다. 보통 말하는 '뻔한 경험'을 하고 마는 것이다. 너무 쉬운 수준의 학습이 여기에 해당한다.
4 그러나 경험의 결말이 학습자의 예측을 벗어난다면 학습자는 우선 '놀란다'.
5 학습자는 처음의 상황에서 어떻게 그런 결과가 나오는지를 이해하기 위해 원리를 탐색한다. 자발적인 학습이 시작된다.
6 만약 학습자가 결과를 이해할 수 있는 새로운 원리를 찾지 못한다면, 학습은 실패한다. 그 경험은 그저 '황당한 경험' 또는 '좌절 경험'이 된다. 너무 어려운 수준의 학습이 여기에 해당한다.
7 만약 학습자가 결과를 설명할 수 있는 규칙이나 패턴을 찾아낸다면, 성공적으로 학습이 이루어진 것이다. 학습자는 재미를 느끼고 새로운 질문을 찾아간다.

요컨대 우리는 예측하지 못했던 결과를 보며 놀라고(아하!), 이를 설명하려고 노력하는 과정에서 학습을 한다. 지식은 이렇게 나를 놀라게 한 경험을 이해하는 과정을 통해서 마음속에 자리 잡는다. 그 과정에서 사고구조가 변화하고, 인식의 틀이 확장되며 지식이 축적된다. 진정한 지적 성장이 이루어지는 것이다. 이를 통해 세상에 대한 인식의 틀이 확장되고 새로운 지식이 축적된다. 인지심리학자 장 피아제(Jean Piaget)는 이를 새로운 경험에 맞추어 인지적 틀을 변형시키는 조절(accommodation) 과정이라고 설명했다. 무엇보다 이런 학습 과정은 학습자로 하여금 '재미'를 느끼게 만든다. 공부의 재미는 학습자가 자발적으로 계속 공부를 하도록 만드는 가장 근본적인 내적 동기다. 자신의 예측이 틀렸을 때, 학습자는 이번에는 또 어떤 새로운 사실을 깨우치게 될지 기대하며 흥미와 호기심으로 가득 찬 상태가 된다. 그리고 오랜 탐색 결과 새로운 지식을 습득하면서 재미와 성취감을 경험한다. 그러고는 다시 새로운 배울 것을 찾아 나선다. 시키지 않아도 공부하는 학생들, 외적인 보상이 없어도 자발적으로 현상 뒤에 숨은 원리를 탐색하고 이에 대해 동료들과 함께 모여 수다를 떨며 즐거워하는 학자들은 모두 이런 순환을 경험하는 사람들이다. 이런 풍토에서 학문은 발전하고, 학생들은 시험과는 상관없이 자기가 원해서 계속 공부하게 된다.

중요한 것은 학습자의 수준에 적절한 학습과제가 주어질 때만이 이런 학습이 가능해진다는 점이다. 너무 쉬운 학습과제의 경우를 생각해보라. 쉬운 과제는 학습자가 그 과제를 접하고 예측한 답이 실제 답과 맞아떨어지는 수준의 과제를 말한다. 이렇게 예측과 결과가 일치하면 학습자는 놀랄 이유가 없다. 흥미는 사라지고 학습은 더 이상 진행되지 않는다. 앞서 그림에 따르면 3단계에서 멈추는 것이다. 반대로 너무 어려운 과제는 어떨까? 그런 과제는 학습자의 예측을 벗어난 결과를 보여줌으로써 놀라움을 안겨주는 데는 성공한다. 하지만 왜 그런 결과가 나왔는지를 학습자가 스스로 납득하지 못한다. 학습자의 수준에서 그 과정을 이해하기가 '너무 어렵기' 때문이다. 따라서 학습자는 학습에 성공하지 못하고 황당함이나 좌절감만을 맛본다. 앞서 그림에 따르면 6단계에서 멈추는 것이다.

선행학습을 받는 학생들로 돌아가보자. 선행학습은 말 그대로 자기 나이와 수준보다 더 앞서가는 학습을 말한다. 당연히 선행학습자는 늘 자기 능력에 버거운 문제를, 자기 힘이 아니라 선행학습 과외교사의 도움을 받아가며 해결한다. 매번 황당함과 좌절감을 느끼거나, 어떻게 학습에 성공했더라도 그걸 스스로 해결했다고 느낄 수가 없다. 누군가에 의해 등 떠밀려서 좀 더 빨리 달리거나 누군가의 등에 업혀서 장애물을 건너간 사람이 그것을 자기가 해냈다고 느끼지 못하는 것과 마찬가지다. 자기효능감이나 성취감은 내가 스스로 문제를 해결해냈을 때 얻어지는 것이다.

선행학습은 그럴 기회를 빼앗는다. 그 결과, 선행학습과 고부담 시험은 학습의 재미는 날려버리고, 시험이 효능감 형성에 기여할 수 없게 만든다. 선행학습의 이런 부정적인 효과는 국제비교조사를 통해서도 확인할 수 있다. 2015년 PISA 결과에서 우리나라 고등학교 1학년 학생들은 과학 성적은 일본, 에스토니아, 핀란드, 캐나다에 이어 OECD 국가 중 다섯 번째로 높았지만 흥미도는 26위로 OECD 평균 이하 수준이었다.[34] 우리나라 학생들은 공부 시간이 긴 덕분에 성적은 좋지만 공부에 대한 흥미나 관심은 매우 낮았다. 공부가 지겨워진 것이다.

'역설적 의도'라는 심리학 용어가 있다. 인간의 마음이 우리의 의지와는 정반대의 작용을 하는 경우를 말한다. 밤이 늦어서 빨리 자야 한다고 생각할수록 잠이 달아나고, 반대로 자면 안 된다고 생각할수록 잠이 쏟아진다. 실수하면 안 된다고 바짝 긴장할수록 실수를 하고, 상대방의 호감을 사고 싶은 마음이 간절할수록 관계가 엉켜버린다. 역설적 의도의 예들이다. 그런데 우리나라에서는 자녀 교육에 있어서 이 역설적 의도들이 난무한다. 원래 공부는 즐겁고 재미있으며 자신감까지 키울 수 있는 활동이다. 시키지 않아도 대부분의 아이는 공부에 흥미를 보이게 되어 있다. 몰랐던 것을 알게 되는 경험 자체가 인간 본성에 잠재된 성장 욕구를 자극하기 때문이다. 그런데 한국에서는 부모들이 자녀를 무지막지한 선행학습과 경쟁의 도가니에 밀어 넣어버림으로써 이 공부의 즐거움을 빼앗아버린다. 그 결과, 공부는 안 하고 게임만 하는 아이들이 만들어진다. 그런 아이를 공부하게 만들려면 강제력을 쓸 수밖에 없다. 협박하고 때리거나, 아니면 얼토당토않은 보상을 제시한다. 그러다 보면 부모 자녀 관계를 포함한 집안의 모든 것이 비정상이 되어버린다. 역설적 의도 그 자체다.

놀라움과 재미가 없는 텅 빈 공부

시험 (잘 보는) 훈련도 교육의 일부다. 하지만 우리가 다음 세대에게 제공하려는 교육은 아니다. 교육 또는 학습과 반복 훈련은 정신 과정에서 근본적인 차이가 있기 때문이다. 우리가 뭔가 새로운 지식을 습득하는 교육(학습) 과정은 내적인 정신구조가 질적으로 변화하는 정신의 성장 과정이기도 하다. 앞에서 살펴본 바와 같이 이 과정을 이끌어가는 심리적인 요소는 '놀라움'과 '재미'라는 감정이다. 정상적인 교육과정에서 학생들은 우선 자신이 예상하지 못했던 결과들을 마주하면서 놀라움을 경험하고, 호기심을 가지고 그 배경에 깔린 원리를 탐색한다. 또한 교사가 적절히 이 탐색을 안내

하고 도와줌으로써 학생이 그 원리를 이해하고 납득하게 된다. 요컨대 의외의 결과로부터 예전에 몰랐던 무엇인가를 새로 배우고 이를 통해 자신의 사고 과정과 지적 체계를 성장시키는 것이다. 이 과정 자체가 호기심의 충족 과정이고, 즐거운 탐색이다. 이런 경험이 반복될수록 학생들은 공부에 재미를 붙이게 된다. 그런데 이와 같은 학습이 진행되기 위해서는 몇 가지 조건이 갖추어져야 한다.

먼저 안전이 보장된 놀라움이어야 한다. 원래 놀라움은 두려움과 흥미라는 양면성을 가지고 있다. 과거 수렵채집을 하며 살아가던 우리 선조들을 상상해보자. 그들에게 의외의 경험, 놀라는 경험은 무엇일까? 예상하지 못한 곳에서 맛있는 열매를 발견하는 것도 놀라움을 주었겠지만, 마찬가지로 예상치 못한 의외의 장면에서 맹수와 맞닥뜨리는 상황 또한 놀라움을 주었을 것이다. 전자의 놀라움은 새로운 경험의 축적으로 이어졌을 것이다. 하지만 후자의 놀라움은 대다수에겐 심각한 부상이나 죽음으로 이어지고, 싸워 이기거나 간신히 그곳에서 도주에 성공한 소수의 운 좋은 자들만이 살아남아 무서운 존재가 있음을 부족에게 알릴 수 있었을 것이다.

의외성, 놀라움의 이런 양면성은 길거리에서 곰이나 사자를 마주칠 가능성이 거의 없는 지금에도 유효하다. 우리는 놀랄 때 도주하거나 탐색하거나 둘 중 하나를 선택하게 된다. 내 주변이 안전하다는 확신이 있고, 이 놀라움이 위험이 아니라고 믿을 수 있을 때 우리는 의외성의 원인을 탐색한다. 하지만 의외성이 언제든 나를 집어삼킬 위험으로 돌변할 수 있는 상황에서 우리는 탐색할 여유를 누리지 못한다. 그저 자신의 앞길에 놀랄 일이 없기를 바라며 안전한 곳만 찾아갈 것이다. 요컨대 생경하고 놀라운 경험과 뜻밖의 상황이 벌어져도 나는 안전하다는 인식이 풍부한 학습이 이루어지기 위한 조건이다. 반면에 내 예측이 틀리면 나락으로 떨어질 수 있다는 불안감은 학습자를 더 긴장하게 만든다. 적당한 수준의 긴장은 집중력을 높여서 기술을 습득하고, 습득한 기술을 발휘하는 데 도움이 된다. 하지만 학습에 에너지를 공급하는 건 불안감에서 유발되는 긴장감이 아니라, 이번에는 또 무슨 뜻밖의 일을 경험하게 될지 궁금해하는 기대감과 호기심이다. 다시 말해서 학생들이 교실에서 느껴야 하는 감정은 의외성에 대한 불안감이 아니라 여유와 안도감에 근거한 탐색의 욕구다.

저부담 시험, 스스로 자신을 측정하기 위해서 치르는 시험은 내가 나를 평가하기 때문에 이런 여유 있는 탐색의 욕구를 자극한다. 하지만 그 결과가 내 인생의 성공과 실패를 가르는 고부담 시험은 불안감을 자극한다. 흥미나 호기심보다는 기피하고 싶은 마음만 키우는 것이다. 그렇다면 시험 훈련은 어떨까? 시험 훈련은 어떤 조건을 만들어낼까?

모든 훈련은 반복을 통한 숙달의 과정이다. 뜻밖의 경험을 하기란 쉽지 않다. 반복 훈련은 호기심보다는 인내심과 자기통제력을 필요로 한다. 비슷한 유형의 문제를 반복해서 학습할수록 숙달 수준은 높아지지만 그에 비례해서 지루함도 커지기 때문이다. 반복 숙달의 과정을 완수하려면 지루함을 이겨내고, 산만해지는 주의력을 채찍질해가며 끝없는 자신과의 싸움에서 승리해야 한다. 시험 훈련의 궁극적인 목표는 해당 시험에서 출제될 가능성이 있는 모든 유형의 문제를 예측하고 미리 준비하는 것이다. 즉, 시험 훈련은 예측하지 못한 상황이 나타나지 않도록 하는 것이다. 비록 그 훈련 과정에서 새로운 문항 유형을 제시함으로써 주의력을 끌어올리는 단계가 포함될 수는 있지만, 시험 훈련과 학습은 추구하는 방향이 정반대라고 봐야 한다. 시험을 보는 응시자의 입장에서 예측하지 못한 결과란 결국 응시자가 준비하지 않은 문제를 만나는 상황이거나, 응시자가 선택한 답이 정답이 아닌 상황이다. 학습 상황에서는 이럴 때 학습자가 놀라고 왜 이렇게 된 건지 호기심을 가지고 탐색을 시작한다. 하지만 시험을 치르는 도중에 이런 상황이 벌어진다면, 그건 이 시험을 망쳤다는 뜻이다. 전혀 답을 모르는 문제를 만나서 찍은 답이 틀린, 끔찍한 상황이니 말이다. 시험 훈련을 할 때 예상하지 못한 결과는 놀라움이나 호기심이 아니라 공포심이나 좌절감으로 이어진다. 공포심은 도주 반응을 일으키고 좌절감은 분노를 일으킬 뿐, 학습의 다음 단계인 탐색으로 나아갈 어떤 동기도 제공하지 못한다. 결국 시험 훈련을 통해서 얻는 것은 지식이 아니다. 지식처럼 보이는 문제 풀이 기술이다.

보통 TIMSS라고 부르는 수학·과학 성취도 추이변화 국제비교연구 결과를 보자. 2015년 조사에서 우리나라 중학교 2학년생은 수학 과목 점수는 참여한 49개국 중 2위였지만 수학 과목을 공부하려는 내적인 동기인 흥미도는 거꾸로 뒤에서 2위였다. 과학 과목은 더 심해서 성취도는 참여국 중 4위였지만, 흥미도는 아예 제일 낮았다. 그런데 이 중학교 2학년생들이 초등학교 4학년이던 2011년 조사 결과와 비교해보면 상황은 더 심각하다. 애초에 초등학생 시절에도 공부에 대한 흥미는 낮았지만, 4년이 지나자 그 낮았던 흥미마저 더 낮아졌다.[35] 앞에서 언급한 PISA 조사 결과도 이와 거의 일치했음을 기억할 것이다. 우리나라 학생들은 억지로 떠밀려 훈련된 덕분에 시험은 잘 치르지만, 공부 자체에 대한 흥미나 관심은 오래전에 잃어버렸다. 교육개발원 연구에서도 비슷한 지적을 한다.[36]

고부담 시험제도는 학생들에게는 학습 의지를 저하시키고 심한 경우 공부를 포기하게 만드는 독으로 작용한다. 교사들도 시험에 통과하거나 시험을 잘 볼 가능성이 높은 학생들에게는 교육을 집중하나 그렇지 않은 학생들은 교육을 열심히 하지 않거나 심지어 포기하는 경우도 발생한다.

우리나라에서는 공부에 흥미를 잃어버리는 현상이 더 이상 새롭거나 놀라운 일이 아닌 것 같다. 2000년대 초반에 한국에서 유행하던 개념 중에 '에듀테인먼트(edutainment)'가 있었다. 교육(education)과 놀이(entertainment)의 합성어인 이 용어를 사용하던 당시 전문가들은, 처음부터 '공부는 재미가 없는 것'이라는 전제를 깔고 있었다. 그들 대부분은 외국에서 오랫동안 공부를 하고 박사 학위까지 받은, 공부 분야의 전문가들이었다. 그런데 그들조차도 공부는 재미없기 때문에 컴퓨터 게임 같은 재미있는 활동과 결합시킴으로써 어떻게든 재미를 부여해야 한다고 주장했다. 마치 쓴 약에 설탕을 입히듯, 공부는 그렇게 재미로 코팅을 해야 아이들이 받아들일 수 있는 어떤 것이었다. 이런 용어들이 통용되는 현상 자체가 '재미없는 공부'라는 개념이 한국 사회에 만연한 상식임을 실감하게 한다.

시험 훈련은 텅 빈 지식만을 제공하는 것에서 멈추지 않고, 학습 자체에 흥미를 잃게 만들어 더 이상 시험을 치르지 않아도 되는 상황이 되면 공부를 해야 할 이유도, 필요도 느끼지 못하게 만든다. 그 결과, 그 지겨운 공부를 중단한 한국의 어른들은 빠른 속도로 멍청해진다. OECD 가입국 중 최상위에 해당하는 문제해결력을 발휘하는 젊은 세대와 정반대로 문제해결력 최하위로 전락한 중년 세대가 그렇게 탄생한 것이다.

시험 훈련 중심의 교육을 통해서 얻어진 것은 이를 배운 학생의 삶이나 사고방식에 근본적인 영향을 미치지 못하고, 심리적으로나 사회적으로나 내적 성장에 올바른 도움을 주지 못하는 지식을 가장한 공허한 지식일 뿐이다. 인문학적 지식을 측정하는 수많은 시험에 둘러싸여 성장한 한국인들로 구성된 한국 사회에서 인문학자의 자생력이 미약한 이유도 마찬가지다. 인문학자들조차도 스스로 질문하고 답을 찾기보다 외국에서 수입한 지식을 번역하거나 전달하는 역할에 머무는데, 이것이 시험 훈련을 통해서 우리가 습득한 최선의 능력이기 때문이다.

5

매뉴얼과 공략법, 순종의 결과

[redacted]

고부담 시험 훈련은 단지 공허한 지식만을 제공하는 것에서 멈추지 않는다. 시험에는 정답이 있고 그 정답을 따라야 한다는 가치관도 배운다. 논술이나 면접, 인성검사와 학종까지 시험이 삶의 영역을 측정 대상으로 삼을수록 우리 삶은 명확한 정답으로 구성된다. 정답이 있다면 '공략법'을 만들 수 있다. 즉, 시험에 익숙해진 사람들은 정답을 더 잘 찾아내는 방법인 공략법을 만드는 데 몰두한다. 원래 자연스러운 학습 과정에서 새로운 사실을 발견하고 창의적인 탐색을 하는 데 활용되었을 정신 과정이 시험이라는 틀에서 더 잘 적응하는 방법을 모색하는 데 사용되는 것이다. 이렇게 정답을 따르려는 태도는 순종적인 인간을 길러낸다고 볼 수도 있다. 하지만 그 순종의 양상은 변화에는 극렬히 저항하는 정반대의 모습으로 나타나기도 한다. 즉 시험 훈련으로 만들어진 시험인간들이 많은 사회는 변화가 멈추고, 문제를 제기하거나 저항하는 길도 가로막히는 말 그대로 고인 사회가 될 수 있다.

모든 답은 '전과' 속에

학교에 갓 입학해서 처음으로 학교생활을 해나가는 초등학교 학생들에게 숙제란 쉽지 않다. 이전까지는 부모와 함께 학습 과정을 진행했다면 초등학교 입학 후에는 처음으로 자기 힘으로 해나가야 하기 때문이다. 과학이나 수학처럼 정답이 있는 과목이라면 수월하지만, 국어나 도덕처럼 초등학생의 입장에서 정확히 판단하기 힘든 부분은 숙제를 해내기가 쉽지 않다. 그런데 한국 사회에서는 초등학교 시절부터 자기 학습을 통해 겪게 되는 시행착오를 기다려주지 않는다. 그렇다면 어떤 과정으로 숙제를 하고 정답률을 높여갈 수 있었을까?

필자들을 포함해 대부분의 70~80년대 초등학생들에게 해답은 바로 '전과'였다. 당시 한국에는 두 출판사에서 학기마다 내놓은 전과의 양대 산맥인 《동아전과》와 《표준전과》가 있었다. 전과는 원래 학생을 위한 학습참고서였다. 실제로는 참고서가 아니라 진정한 교과서였다. 학교에서 내주는 모든 숙제는 이 전과에 있었고, 그 숙제의 답 또한 전과에 있었다. 교사도 아이들도 모두 전과에 근거해서 문답을 하고 있었던 것이다. 물론 이것은 정부나 학교의 공식 입장과는 달랐다. 학교의 공식적인 지침에 의하면 교과서를 잘 읽고 교사의 설명만 잘 듣고 학생 스스로가 열심히 생각하면 숙제를 마칠 수 있어야 했다. 그런데 실상은 그렇지 않았다. 숙제를 위해 교과서가 아니라 전과가 필요하다는 사실은 현재 30, 40대들에게는 너무나 당연했다. 교사도 아이들이 교과서가 아니라 전과를 보고 있으리란 전제 아래 아이들을 가르치고 숙제를 내주었다.

전과를 통해 학습하는 사람들에게는 이미 문제와 답이 정해져 있기 때문에 의문을 가질 필요도 없었고, 답을 생각해내야 할 필요도 없었다. 전과는 학생들에게 안정감을 주는 대신, 스스로 생각하고 이해하는 즐거움을 빼앗았다. 모두 전과에 적힌 대로만 하면 되는 것이었다. 전과는 학생의 생각을 요구하지 않는다. 전과라는 시스템에 빨리 적응하는 학생이 필요할 뿐이다. 이 전과 시스템은 우리 사회에서 '그림자 교육'의 시작이었다. 전과는 현재 한국 학생들이 접하는 모든 사교육에 비하면 깃털 한 움큼에도 미치지 못하지만, 모든 사교육은 기본적으로 이렇게 존재하지만 존재하지 않는 것처럼 간주된다. 그리고 서서히, 확고하게 교육의 뿌리를 침범하고 갉아먹는다.

스스로 탐색하는 학습에서 전과에 의존하는 학습으로 전환하는 과정은, 다른 관점에서 보자면 복종의 새로운 가치를 발견해 가는 과정의 일부다. 복종은 자유의지와 선택의 권리를 포기하는 굴욕처럼 부정적인 면만 있는 것이 아니다. 복종은 우선 개인에게 매우 편리하다. 《설득의 심리학》의 저자 로버트 치알디니(Robert Cialdini)는 권위에 대한 복종은 인간의 본능이라고 말한다. 인류는 협력을 통해 성공할 수 있었는데, 그 협력을 가능하게 한 인간의 본성 가운데 하나가 권위자에 대한 복종이었다. 일단 공동체의 리더를 정하고 나면, 인간은 그 리더의 명령을 충실하게 수행하려는 경향을 본능적으로 가지고 있다. 요컨대 권위에 복종하는 본능은 인류의 생존과 번영의 기초였다.

> 인간의 사회조직을 잠깐만 살펴보면, 권위에 복종한다는 원칙이 우리의 행동에 왜 그처럼 엄청난 영향력을 행사하고 있는지 쉽게 이해할 수 있다. … 권위의 체계를 통해서 우리 사회는 자원의 생산, 교환, 그리고 방어에 필요한 복잡하고도 정교한 구조들을 형성할 수 있기 때문이다. 권위체계의 정반대는 무정부 상태다. … 따라서 우리는 어려서부터 적절한 권위에 복종하는 것이 옳으며 불복종은 잘못이라고 교육받으며 자란다.[37]

복종에는 심리적인 이득도 있다. 바로 책임의 면제다. 책임은 선택의 자유에 필연적으로 동반하는 개념이다. 내가 자유의지로 어떤 행동을 했다면, 그 행동의 결과에 대한 책임은 온전히 내 몫이다. 그래서 우리는 자유 앞에서 머뭇거리기 마련이다. 내가 올바른 선택을 했다면 자유의 성취감을 누릴 수 있지만, 그 선택이 잘못된 경우에는 죄책감 속에서 실질적 손실의 대가를 감수해야 한다는 부담이 따르기 때문이다. 반면 내 행동이 어떤 지시나 명령에 복종한 결과였다면, 그 행동에 따르는 책임은 내가 아니라 바로 그 명령이나 지시의 몫이다. 내 행동에 대한 책임을 지지 않아도 된다는 것, 내가 생각할 필요 없이 누군가의 지시를 수행하기만 하면 된다는 것은 많은 사람들에게 상당한 유혹이다.

시험은 우리가 복종하기에 매우 적당한 시스템이다. 앞서 살펴보았듯, 시험의 문항과 채점 시스템은 오랜 시간을 거치며 수많은 전문가에 의해 다듬어져왔다. 인문학 분야에서 시험처럼 세련된 과학적인 체계는 찾기 어렵다. 시험은 그 자체로 과학이라는 권위를 스스로 획득한 존재다. 뿐만 아니라 국가표준 시험은 국가가 부여한 권위마저 가지고 있다. 게다가 시험에 더 잘 복종할수록, 우리는 보상을 받는다. 좋은 시험점수는 우리에게 더 많은 기회를 제공하고 경쟁에서 우위를 부여하며, 어쩌면 행복한 인생을 제공할 수 있을지도 모른다. 우수한 시험성적은 이 사회의 어느 누구로부터도 인정받는 성취이기도 하다. 시험에 길들여진 사회일수록 시험에 복종함으로써 얻을 수 있는 보상은 더 다양하고 포괄적이다.

이렇게 시험에 익숙해진 사람들은 삶의 다른 영역에서도 복종할 시험문제들을 발견한다. 마치 《표준전과》나 《동아전과》를 찾듯, 인생을 잘 살아가는 전과를 찾아내려고 한다. 그런 삶의 전과는 대개 '처세술' 또는 '매뉴얼'이라는 이름으로 불린다. 20세기 후반 일본이 그런 시험문화의 최첨단에 있었다. 그 당시 일본 사람들은 삶의 모든 영역을 매뉴얼화했다. 지금도 매뉴얼의 문화는 여전히 남아 있다. 이제 우리나라 청소년들이 그와 같은 매뉴얼을 찾거나 만들어서 공유한다. 이를 '공략법'이라고 부른다. 이 공략법은 컴퓨터 게임을 하면서 주어진 과제(퀘스트라 불리는)를 더 빨리, 더 효과적으로 완수하는 방법을 찾아내고 공유하면서 사용하던 단어였다. 하지만 이 개념의 적용 범위는 갈수록 넓어졌다. 삶에서 접하는 모든 문제에 그에 해당하는 공략법을 찾을 수 있을 정도다. 문제는 단지 공략법을 만드는 것에서 끝나지 않는다는 점이다. 공략법은 동조, 순종의 틀로 사람들을 얽매기 시작한다. 공략법을 따르지 않는 사람들에게 온갖 형태의 압박이 가해진다. 한국 사회에서는 대학에 입학해야 할 나이만 있는 것이 아니라 결혼해야 할 나이, 아이를 낳아야 할 나이, 집을 사거나 차를 사야 할 나이가 있고, 각 나이에 적절한 자동차 등급까지 매뉴얼처럼 존재한다. 모두 순종의 결과다.

이렇게 인생의 모든 면에서 매뉴얼, 공략법을 찾는 경향은 취업시장의 풍토가 부추긴 면도 있다. 특히 일본과 우리나라에만 있다는 대기업의 공개채용은 수능시험과 유사한 지필시험으로 합격자를 선발한다. 대기업 공개채용 시험의 선례가 된 삼성그룹의 직무적성평가도구인 GSAT를 살펴보자. 이 검사는 지능검사를 기초로 일부 변형한 문항들로 구성되어 있다. GSAT는 크게 언어논리, 수리논리, 추론, 시각적 사고의 4개 영역으로 구성되어 있다. 2017년까지는 여기에 '직무상식' 영역이 하나 더 있었는데 2018년부터 이 영역을 삭제했다. 이들 영역은 지능검사에서 측정하는 언어지능, 논리-수학적 지능, 공간지능과 중복된다. 지능검사가 단순한 지식이나 기술의 배후에 존재하는, 그 사람의 포괄적인 지적 능력을 측정하기 위한 검사라는 점을 고려하면 GSAT 목적도 비슷할 것으로 추정된다. 수능시험처럼 지필시험이고, 내적인 논리를 가진 지능검사의 응용 형식인 GSAT를 준비하는 과정은 유사한 특성을 가진 수능시험 준비 과정과 상당히 비슷하다. 시중에는 GSAT를 준비하기 위한 학원, GSAT 기출문제집, 이를 해설하는 교재들이 마치 수능 준비 학원과 문제집처럼 존재한다. 현재 인터넷 서점에서 판매하는 GSAT 관련 교재와 문제집만 100종이 넘는다. 심지어 매년 GSAT 시험이 종료되는 날이면 주요 일간지에서 문제해설 기사까지 다룬다는 점에서도 비슷하다.

이렇게 대입 수능 준비 과정과 대기업 입사 준비 과정이 비슷하다는 점은 응시자들에게는 편리한 측면도 있다. 새로운 뭔가를 알아두고 적응할 필요 없이 이미 익숙한 형식의 시험을 익숙한 방식으로 준비하면 된다니 얼마나 다행인가. 비현실적으로 높은 경쟁률을 자랑하는 공무원시험에 많은 응시자가 몰려드는 이유도 이런 익숙함과 무관하지 않다. 문제는 대학입학까지 12년간 익숙해진 프레임이 대학을 졸업한 이후 성인기로 진입하는 관문인 취업 과정에도 적용됨으로써 '고부담 시험'이라는 개념이 우리 삶의 절반 이상을 지배하게 된다는 점이다. 이 사회에서 주어지는 그 어떤 자격이든 그것이 가치가 있다면 반드시 지필시험을 통해서 주어질 것이고, 지필시험이 존재한다면 반드시 학원이 있을 것이고, 당연히 기출문제집과 이를 해설해주는 강사가 존재할 것이라는 기대가 사회 전체에 일반화되는 건 어쩌면 당연한 일이다. 모든 답이 전과 속에 있던 세상은 초등학교 시절의 추억이 아니라 지금도 유효하다.

인생이 시험이라면 정답도 있기 마련이다. 그리고 시장은 이 정답을 내려주는 방식으로 우리를 조작할 수 있다. 그로 인해 학생이 되어서 각자 알아서 공부하는 게 아니라 수많은 학원이 제공하는 시험 훈련 서비스가 정답이라고 생각하게 된다. 이 학원들은 진학이나 조기유학 컨설팅도 제공하는데, 그것은 각 학생의 점수에 적절한 대학 선택지를 제공하는 서비스다. 선후배 인맥, 부모 인맥, 그리고 공채를 통해 각자 알아서 하던 대학 졸업 후의 취업도 정답이 있고, 이를 찾아주는 리크루트 회사들이 있다. 언제부터 결혼에 정답이 있었던가? 지금은 결혼정보회사와 웨딩플래너가 정답을 알려준다. 덕분에 한국에서 결혼하는 비용은 기하급수적으로 늘어났다. 퇴직 후 자영업을 하려면 프랜차이즈 업체가 정답을 제공하고, 그렇게 살다 죽으면 상조회사가 온다. 극단적으로 말해서 한국인의 삶은 요람에서부터 무덤까지 정답이 정해졌다. 이런 변화는 최근 약 20년 전부터 야금야금 시작되어 어느 순간 대세가 되었다. 한국인의 인생은 정답이 정해진 시험의 연속이다. 그 시험을 통과하는 동안 우리는 하나둘씩 낙오자가 된다.

이렇게 굳어버린 경제 환경에서 청소년들이 특정한 기업에 매몰된 진로 목표를 형성하게 되는 것은 지극히 당연한 결과다. 실제로 교육부의 2014년 조사 결과에 따르면, 전체 직업 1만 개 가운데 청소년들이 희망하는 상위 10개 희망직업의 비율이 매우 높았다. 초등학생 중 60퍼센트 이상(남 67.7퍼센트, 여 60.9퍼센트)이 상위 10개 직업을 원했고, 중학생은 약 50퍼센트 정도(남 50.9퍼센트, 여 47.7퍼센트), 그리고 고등학생 중 40퍼센트 정도(남 44.2퍼센트, 여 37.1퍼센트)가 상위 10개 직업을 원했다. 또한 15세에서 18세 사이 청소년들이 선호하는 직장의 유형에서 공공기관이 차지

청소년(15~18세)들이 선호하는 기업 유형 비율의 연도별 변화

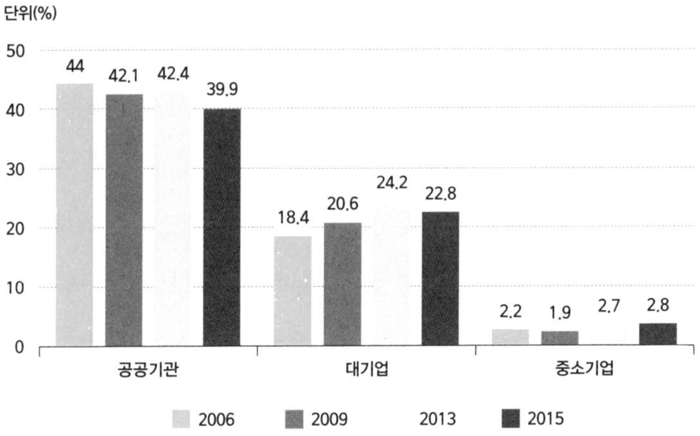

출처: 통계청, 〈각 연도, 사회조사〉.

하는 비율은 2006년부터 2015년까지 계속 40퍼센트 선을 유지하고 있으며, 대기업이 차지하는 비율은 2006년의 18.4퍼센트에서 2015년에는 22.8퍼센트로 증가했다. 반면에 중소기업을 선호하는 청소년은 2006년 이후 계속 2퍼센트 선을 벗어나지 못하고 있다.

최근 대기업의 채용 관행에서 일괄적 공채가 점차 사라지면서 채용시험의 영향력은 조금씩 줄고 있다. 하지만 마치 수능시험을 축소하자 학생부종합전형이라는 더 복잡한 선발제도가 자리를 차지한 것처럼, 이제 취업시장에서는 공채시험이 사라진 자

리를 각종 자격증시험과 스펙용 지표, 그리고 '경력'이라는 새로운 평가지표가 채우고 있다.

생각하지 않을수록 점수는 높아진다

시험 훈련의 다른 문제는 비판적인 사고력을 키울 기회가 줄어든다는 점이다. 비판적 사고는 문제의 정답이 과연 정답인지에 대해 의문을 제기할 때나 필요한 정신 과정이다. 그런데 수능시험처럼 문제당 30초 이내에 답을 적어 내야 하는 훈련 과정에서 비판적 사고는 방해가 될 뿐이다. 이는 단지 수능시험만의 문제가 아니다. 우리나라 대학 교육에서도 마찬가지다. 교육과혁신연구소 이혜정 소장은 서울대 2, 3학년 학생 중에서 2학기 이상 평점 올 A^+를 받은 학생 150명 중 (조사에 응한) 46명을 포함해 다수의 서울대생을 대상으로 그들의 학습법을 분석했다.

그 결과 공부시간 자체는 중요한 변인이 아니었다. 공부를 열심히 오래한 학생이라고 해서 반드시 학점이 높지 않았다. 핵심은 노트 필기에 있었다. 강의 내용을 필기할 때 자기 나름대로 요약해서 정리하거나 키워드 중심으로 필기한 학생들은 성적이 높지 않았다. 하지만 '교수가 말한 걸 그대로 따라 적는 형태의 노트 필기를 하는 학생'들은 성적이 높았다. 2학기 연속 올 A^+를 받은 상위 1퍼센트의 학생들은 거의 대부분 (사실상 한 명의 예외도 없이) 교수의 말을 그대로 받아 적는 학생들이었다. 덧붙여 학점이 낮은 학생들일수록 비판적 사고력 점수는 (낮은 것이 아니라) 높았다. 조사에 참여한 학생 46명 중에 41명은 '주어진 질문에 대해 내가 아무리 좋은 대답을 가지고 있더라도 그 대답이 교수님의 생각과 다르다면 답안지에 쓰지 않겠다'고 말했다. 이 소장은 연구 결과를 이렇게 요약했다.

> (서울대학교에서는) 너만의 어떤 생각도 가져서는 안 되고, 네 생각이 아무리 좋아도 교수님 생각과 다르면 버려야 하며, 교수님의 말씀을 단 한 마디도 빼놓지 않고 적어야 좋은 성적을 받는다.[38]

이 연구는 '서울대생 1,100명을 심층조사한 교육 탐사 프로젝트'라는 부제를 달고 《서울대에서는 누가 A^+를 받는가》라는 제목으로 출판되어 교육계에 작은 파문을 일으켰다. 이 소장의 연구 결과는 대학에서 치르는 시험은 시간 압박도 덜하고, 단순하게 기계적으로 답을 요구하는 질문의 비중이 적음에도 불구하고 이렇게 무비판적이고 순종화되는 양상이 명백하게 벌어진다는 사실을 밝혀냈다. 그곳이 우리나라에서 가장 수준 높다는 대학일지라도 말이다. 측정을 평가와 혼동하는 교육제도에서는 결국 비슷한 양상이 벌어지기 마련이다.

이러한 결과는 시험 시스템 자체의 속성을 생각해보면 당연한 결과다. 시험문제에는 언제나 기대되는 정답이 있다. 우리가 할 일은 그 정답을 찾는 것이다. 그렇다면 시험의 정답은 누가 정할까? 적어도 학생들은 아니다. 응시자가 아무리 다른 것이 정답이라고 합리적으로 주장을 해도 시험지의 정답을 바꿀 수 없다. 시험이라는 시스템에서 최적의 적응을 하는 방법은 내 주장을 내세우기보다는 정해진 답에 나를 맞추는 훈련을 하는 것이다. 시험관의 입장, 출제자의 관점에 맞추어 축적된 조건반사 훈련이 이끄는 대로 움직이는 것이 가장 빠르게 답을 찍는 길이다. 이제 자신만 그렇게 하는 것이 아니라 다른 이에게도 똑같이 정답에 맞추라고 요구하는 순간 정답은 권력이 된다.

물론 정답이 있는 환경에서는 이와 같은 방식이 적절하다. 법령이나 규정을 다루는 사람이라면 정답을 알고 이를 시행할 수 있어야 한다. 따라서 이런 업무를 담당하는 공무원들을 시험으로 선발하는 건 타당한 방법이라 할 수 있다. 하지만 우리 주변에는 정답이 없거나, 정답이 계속 바뀌는 영역도 있다. 산업이나 비즈니스 분야에서는 특히 그렇다. 정답에서 벗어나는 것이 혁신이고, 새로운 기회와 시장이 창출된다.

1990년대까지 디스플레이 업계에서는 색채를 정확하게 구현하기 위해서 음극선관(CRT) 방식의 모니터를 사용할 수밖에 없다고 믿었다. 이는 '브라운관'이라 불리는 전자총과 인광 화면을 포함한 진공관에 전자를 쏘아 색을 구현하는 방식이다. 그나마 CRT 모니터에 가장 가까운 평판 디스플레이는 '플라즈마 디스플레이'뿐이라고 생각했다. 그것이 당시 업계의 정답이었다. LCD 기술이 존재했지만, 기술적 완성도가 낮았기 때문에 색채 재현에도 제약이 많았고 움직이는 영상을 적절히 보여주지 못하는 한계도 있었다. 그래서 소니 같은 메이저 회사에서는 브라운관을 최대로 키우는 개선 방식에 많은 투자를 했다. 하지만 이 정답은 시간이 흐름에 따라 바뀌었다. 모니터의 면적이 넓어질수록 앞뒤로도 길어져야 하는 브라운관의 한계는 갈수록 명확해졌고, LCD 방식의 디스플레이는 끊임없는 기술 개발을 통해 색채 재현과 움직임의 구현 수준을 계속 높여갔다. 지금은 그 LCD조차도 다른 대안 기술방식에 자리를 물려주는 상황이다. 스마트폰도 마찬가지다. 애플 사에서 '아이폰'을 시장에 소개하기 전에도 스마트폰은 존재했다. 당시 아이폰이 가지고 있던 기능들은 모두 이전부터 기술적으로 구현 가능한 것이었고, 이를 하나의 기기에 압축한 제품들이 휴렛팩커드나 팜 등의 업체를 통해 시장에 나와 있었다. 하지만 이 기기들을 소비하는 사람들은 특정 분야에 국한되어 있었다. 바로 그 때문에 당시 휴대전화 시장을 지배하던 대표적인 기업들은 스마트폰은 휴대전화의 미래가 아니라고 오해하고, 이 분야에 투자를 하지 않았다. 그 결과, 이들은 스마트폰이 대세가 되자 급속도로 시장 지배력을 잃었다. 모토롤라, 노키아뿐만 아니라 우리나라의 LG도 이 시기를 기점으로 큰 타격을 입었다. 이런 예는 수없이 많다.

지난 20년을 돌이켜보자. 인터넷과 함께 시작된 실시간 양방향 통신이 우리 삶을 바꾸어놓기 시작한 지 20년이 넘어가지만 그 이후로도 세상은 사람들의 예상을 넘어선 속도로 변화하고 있다. 첫 아이폰이 출시되었던 10년 전만 해도 모든 사람들이 주머니에 넣을 수 있는 작은 단말기를 들고 다니며 전 지구적 네트워크에 연결된 타인들과 영상 및 음성데이터를 실시간으로 공유하는 일상을 당연하게 받아들이는 세상이 올 거라고 예측한 사람은 거의 없었다. 2016년 2월까지만 해도 사람들은 인공지능이 '바둑'이라는 가장 복잡한 게임에서 사람을 능가하는 사건이 벌어질 것이라고 예상하지 못했다. 2017년 1월 다보스 세계경제포럼의 '일자리의 미래 보고서'는 그해 초등학교에 입학하는 세대의 65퍼센트는 지금은 존재하지 않는 직업을 갖게 될 것이라고 예측했다.

미국 하버드대학교 사회과학연구소의 새뮤얼 아브스만(Samuel

Arbesman)은 지식의 생명주기를 연구한 학자다. 지식의 생명주기란 어떤 분야에 대한 인류의 지식이 처음 발견되고 만들어지기 시작해서 점차 체계를 갖추어가며 성장하다가 정체되고, 필요성이 사라지는 등의 이유로 소멸해가는 과정을 말한다. 그는 자신의 연구 결과를 소개하며 '지식의 반감기'라는 말을 만들어냈다. 이는 특정 분야 지식의 절반이 틀린 것으로 드러나는 데 걸리는 기간을 말한다. 그의 연구 결과에 따르면 현재 심리학 분야에서 정설로 받아들여지고 있는 지식 중 절반은 대략 7.2년 뒤에는 틀린 것으로 확인되어 새로운 지식으로 대체된다고 한다. 경제학 분야에서 이 기간은 9.4년, 수학에서는 9.2년이다. 가장 수명이 긴 지식은 물리학 분야로 13.1년이다.[39] 이 주장을 그대로 받아들인다면, 우리가 초등학교에 입학하던 시절에 당연한 것으로 통용되던 물리학 지식 중 절반 이상이 고등학교를 졸업할 때쯤에는 무의미해진다는 이야기다.

이런 세상에서는 어떤 결론을 정답이라고 믿는 자가 제일 확실하게 망한다. 여기서 살아남고 번영하기 위해서는 현재 정답이라고 제시된 것들을 의심하고, 비판적으로 검토하며, 그 대안을 완전히 다른 각도에서 찾아보는 '창의적 문제해결력'이 필요해진다. 이 능력은 이미 결정되어 있는 정답을 찾아내는 시험 훈련을 통해서 키울 수 없다. 그렇다면 이런 상황에서 고부담 시험에 매달리는 교육은 어떤 결과를 가져올까? 진지하고 구체적으로 생각해볼 문제다.

고인 물들의 고인 학문

시험, 특히 선다형 시험의 경우 정답은 하나다. 만약 그렇지 않으면 큰일이 벌어진다. 1964년 중학 입시 문제 중에 엿기름 이외에 엿을 만들 수 있는 재료를 묻는 문항이 있었다. 답은 디아스타제였으나 보기에 있던 '무즙'으로도 엿을 만들 수 있었다. 정답이 둘이었던 것이다. 그 결과 교육부의 정문은 그 시험문제에 엿 먹은 학생의 부모들이 무즙으로 만든 엿으로 떡칠이 되었다. 정답이 하나라면, 정답을 알고 나면 더 질문할 필요가 없다. 그것으로 끝이다. 승패만 남을 뿐이다. 답을 맞힌 자는 승자, 답을 맞히지 못하면 패자가 된다. 이런 논리에 길들여지면 다른 곳에서도 정답을 찾으려 한다. 모자 쓰기나 바지 입기의 좋은 예와 나쁜 예, 대학 들어가기의 좋은 예와 나쁜 예를 찾는다. 그리고 '다른'을 '틀린'으로 착각하며 그것을 사실로 만들어버린다. '다른' 답을 말한 자는 모두 '틀린' 자, 패배한 자가 되는 것이다. 그런데 이런 태도가 학문에서도 적용된다면 어떤 일이 벌어질까?

하버드대학은 다른 모든 분야에서와 마찬가지로 인문사회과학 분야에서도 창의적인 이론과 뛰어난 학자들을 배출해온 명문대학이다. 하버드대학의 비결은 뭘까? 물론 처음부터 뛰어난 사람들이 이 학교로 모여든다는 것이 가장 큰 이유일 것이다. 하지만 그들이 더 훌륭한 업적을 만들어내도록 이끄는 하버드대학만의 조건도 있을 것이다. 국내 대학 출신으로 이 학교에서 공부한 교수의 말을 들어보면, 그 조건 중의 하나는 편안한 교류와 소통의 분위기에서 찾을 수 있다. 교과서로만 보던 이론의 창안자를 하버드대학에서 직접 만나게 된 그는 그 이론을 어떻게 만들게 되었는지 물었다고 한다. 놀라운 발견의 비밀을 엿보려는 심정이었을 것이다. 그러나 교과서에 실린 그 대가의 답변은 허탈했다. "동료 교수들이랑 차를 마시면서 대화하다가 이런 이야기는 어떨까 제안했고, 다들 재밌다고 해서 함께 책으로 썼습니다."

이 이야기는 학술 분야에도 소통할 수 있는 공동체가 필요하다는 것을 보여준다. 한국에서도 물론 학회를 통해 논문을 발표하고 소통하는 창구가 있다. 그러나 학회에서 논문이 발표되더라도 질문을 하는 경우도 많지 않다. 잘못하면 질문이 시빗거리로 비화할 가능성을 염두에 두기 때문이다. 학회를 벗어나 대학사회를 들여다보면 자유롭게 의견을 교환할 학술 공동체는 더 어려워진다. 한국 사회에서 교수들은 느슨하고 여유롭게 자기 학문의 아이디어를 교환하는 일이 드물다. 각자가 속한 연구실을 챙기며 행정 일로 바쁜 것도 있지만, 같은 학과 교수들도 자주 만나 교류하는 일이 드물다.

학문의 세계가 더 깊어질수록 정답과 오답의 경계를 선명하게 만들기 어렵다. 오히려 더 많은 사람이 동의하는 이야기와 그렇지 않은 이야기가 존재할 뿐이다. 그렇기 때문에 토론이 필요하다. 토론을 통해 나만의 해석보다 타인의 낯선 시선으로 연구 주제를 바라봄으로써 더 나은 방향으로 진행할 수 있다. 생물학적 진화는 고립된 상태에서 돌연변이가 태어나서 이루어지는 경우보다, 비슷하지만 약간씩 다른 존재들 간의 빈번한 교류를 통해서 이루어지는 경우가 더 많다. 갈라파고스 제도의 동물들이 독특한 형질을 유지하게 된 이유는 그 섬들이 다른 생태계로부터 고립된 상태로 오랫동안 지속되었기 때문이다. '갈라파고스'라는 말이 변화하는 시대의 흐름을 따르지 못하고 자기들만의 세계에서 안주하는 현상을 상징하는 것도 그 때문이다. 학술적인 진화도 마찬가지다.

어떤 학문의 발전은 그 주제를 연구하는 학자들이 얼마나 활발하게 각자가 발견한 것을 공유하고 서로의 의견을 받아들이고 다시 발전시키기 위해서 참여하느냐에 달려 있다. 대개 학술지나 학술대회가 이런 공유의 장으로 활용되지만, 평소에 자신이 찾아낸 질문에 함께 답을 찾아볼 동료를 얼마나 많이 확보하고 있느냐도 중요하다. 고립된 학자가 발전할 수 없는 것도 그 때문이다. 그런데 한국의 학자들은 대부분 외롭다. 단지 남들과 소통을 기피하는 정도를 넘어 남이 내 영역에 들어오지 못하도록 장벽을 두르기도 한다. 우리나라 인문학계가 스스로 생산을 하지 못하고, 외부로부터 유입되는 이론이나 학설에 의존하는 경향이 큰 이유도 이런 고립성과 관련이 있는지도 모른다.

우리 역사를 돌이켜보면, 이런 고립의 전통은 아주 오랜 역사를 가지고 있음을 알 수 있다. 조선 시대 유학자들은 여러 계파로 나뉘어 있었다. 이 계파들은 유학의 어떤 질문에 대한 정답이 무엇인지에 대한 견해에 따라 나뉘어 있었다. '당파'로 불리던 이들 계파는 다른 계파와 교류하기보다는 대립하고 차별화하기 위해 노력했다. 계파 간의 대립과 차별화는 갈수록 심해져서 나중에는 서로 죽이는 '사화'로 이어졌다. 어떤 사안에 대한 의견이 조금만 달라도 적으로 간주하는 풍토에서 일상적이고 자유로운 의견의 교류가 가능했을 리 없다. 그런데 이런 풍토가 조성되는 과정에도 시험이 중요한 자리를 차지한다. 조선 시대의 과거시험은 공자나 맹자 같은 중국의 학자들이 제시한 철학을 얼마나 깊이 내면화하고 있는지를 측정하는 절차였다. 이 과거시험에 통과하기 위해 주자학을 깊숙이 공부한 결과, 당시 유학자들에게 주자학은 단순한 철학이 아니라 종교가 되었다. 그 결과 어떤 주제에 대한 견해 차이를 토론으로 해결하지 못했다. 자신의 견해가 단지 견해가 아니라 아주 오래전에 누군가가 만들어놓은 만고불변의 진리라고 믿는 사람들이 토론을 할 수 있을 리 없었다. 어떤 이론이나 의견을 내가 만든 것이면 내가 수정하고 발전시킬 수 있다. 하지만 그 철학이 애초에 자신의 것이 아니면 내 마음대로 바꿀 수도 없다. 어느 누구도 자신이 가진 답의 타당성을 상대방에게 설득할 수 없고, 그렇다고 상대가 정답이라 내세우는 의견을 내 것으로 받아들일 수도 없다. 감히 누가 그런 불경을 저지르겠나. 당파 싸움은 자신이 발견한 생각을 더 발전시키기 위한 싸움이 아니라, 자신이 받드는 누군가의 생각을 지키기 위한 싸움이었다. 사소한 견해의 차이로 갈라진 당파는 마침내 극단적인 투쟁으로 치달았다. 소통으로 해결할 수 없는 견해 차이를 완전히 해결하는 방법은 나와 다르게 생각하는 자들을 멸절하는 것뿐이었다. 물론 소위 '실학'이라 불리는 스스로 질문하고 답을 찾아보려는 노력이 없었던 것은 아니지만 그 실학자들도 결국 주자학 신봉자들에게 밀려나거나 죽임을 당했다.

우리가 시험 훈련을 통해서 습득하는 지식의 질 문제는 향후 우리나라의 경제와 산업의 발전 가능성을 결정하는 매우 중요한 문제다. 우리나라는 6·25전쟁의 참화를 극복하고 경제개발을 시작한 이후 얼마 전까지, 빠른 추격자(fast follower)였다. 선진국에서 오랜 시간에 걸쳐 이룩한 기술적·산업적 성취들을 그 어떤 나라보다 빨리 따라잡기 위해 노력했으며, 실제로 이 노력들은 많은 분야에서 매우 훌륭하게 성공했다. 삼성과 LG는 이제 전자제품 분야에서 각자 세계 1, 2위를 다투는 기업이 되었고, 현대와 기아도 자동차 분야에서 비슷한 자리에 올랐다. 문제는 그 다음이다. 이제 한국은 선진국의 위치에 올라섰다. 더 이상 따라 할 대상은 없고, 우리를 따라잡으려는 나라들만 있다. 남이 이룩한 것을 보고 따라 하는 것은 누구보다 잘했지만, 모범답안이 없어진 상황에서는 새로운 전략과 능력이 필요하다. 시험 훈련으로는 얻을 수 없는 진짜 지식과 기술, 그리고 역량이 필요한 시점이다.

3장

대답 대신
대안을
상상하다

1

시험 너머를 상상하다

[redacted]

우리나라 청년 대부분은 대학에 진학하고, 대졸자들은 취준생의 대다수를 구성한다. 청년 취업이 어려운 이유 중 하나로 언급되는 것이 일자리 부조화 문제다. 대학을 졸업한 사람은 많은데 노동시장의 일자리는 대학을 나올 필요가 없는 경우가 대부분이어서 수급 불일치가 발생한다. 이러한 문제는 고졸 취업이 활성화되면 해결할 수 있지 않을까? 고졸 취업이 활성화되면 대학 진학을 둘러싼 과도한 경쟁도 완화될 것이고, 10대들이 시험 부담 대신 자신의 적성과 흥미에 맞는 일자리를 찾기 위해 노력하는 경우도 늘 것이다.

고졸 취업이 잘되기 위해서는 고등학교 졸업자가 괜찮은 직장에 들어갈 수 있는 길이 열려야 하고, 취업 시 적정한 보수도 보장되어야 한다. 동시에 고졸자들도 인재가 될 수 있는 교육 시스템이 필요하다. 이러한 측면에서 새롭게 시도된 것이 '마이스터고등학교'다. 마이스터고는 2008년 기술 명장을 육성한다는 목표로 등장했다. 이 학교는 직업계 고등학교지만 특성화 고등학교가 아니라 과학고, 외국어고 같은 특수목적 고등학교에 해당한다. 마이스터고에 진학한 학생들은 수업료와 입학금, 학교 운영비는 물론 급식비도 내지 않아도 되는 혜택을 받는다. 기숙사가 있으면 이 또한 무료로 이용할 수 있다. 무엇보다 도입 초기 대기업은 물론 공기업 취업이 상대적으로 잘 이루어졌다는 점에서 크게 주목받았다.

그렇다면 현재 마이스터고는 여전히 대안이 될 수 있는 선택일까? 학교 졸업예정자들에 대한 인터뷰에서 마이스터고 재학생 2명과 특성화고 재학생 5명을 대상으로 면접을 진행했다.[1] 마이스터고에 다니는 고3 학생들은 6월에 인터뷰를 했는데, 이미 취업이 확정되어 있었다. 졸업하기도 전에 취업이 내정된 점에서 마이스터고의 강점이 여전함을 확인할 수 있었다. 보수도 연봉 2,400만 원 내외로 고졸자라는 점을 고려할 때 나쁘지 않았고, 이미 진출한 선배들을 통해 사내 복지가 좋다는 평도 들었다.

문제는 마이스터고 내부와 외부에서 균열이 발생하고 있었다는 것이다. 두 학생은 자신들의 사례가 일반적이지 않다고 설명했다. 컴퓨터 분야를 전공한 신수진 학생[2]은 전교생 120명 중 다섯 번째로 취업이 되었다. 로봇 분야를 전공한 박지원 학생[3] 또한 130명의 학생 중 현재 취업이 확정된 경우는 8명에 불과하다고 말했다. 다른 학생들도 졸업 전에만 취업이 된다면 나쁠 것이 없다. 그런데 두 학생에 따르면 몇 가지 변수가 발생했다.

내부적 변수는 전공과목을 정해놓고 학과 중심으로 운영하는 방식에서 일탈하는 사례가 많아졌다는 것이다. 수진 학생이 다니는 학교는 웹 디자인, 웹 백엔드 프로그래밍, 웹 프런트엔드 프로그래밍 등 전공을 정하고 입학하는데, 절대 전과가 불가능하다. 전공을 바꾸기 위해서는 자퇴를 한 뒤 다시 입학하는 방법밖에 없다. 왜 이런 일이 생긴 걸까? 학교와 교사 입장에서 전공 지망생이 어느 한쪽으로 몰리면 여러 문제가 발생하기 때문이다. 한 예로 수학을 어려워하는 학생이 많은데 상대적으로 수학에 대한 부담이 덜한 분야가 웹 디자인이다. 이에 웹 디자인과에 대한 선호도가 매우 커 학생들의 전과를 막을 수밖에 없었다는 것이다.

친구들 중에 전공이 맞지 않아 고민하는 경우가 많아요. 결국 자퇴를 한 친구도 있고, 계속 다니고 있지만 소프트웨어 분야가 아닌 자신이 원하는 다른 곳으로 취업을 준비하는 친구도 있죠. 처음에 입학할 때는 전공에 대해 잘 모르고 들어오잖아요. 그러니까 부분적이라도 전과를 허용해야 한다고 생각해요.

외부적 변수는 2017년 제주도의 생수공장 현장실습 도중에 학생이 사고로 사망하는 사건이 발생한 것이다. 이 사건이 터지면서 현장실습은 3학년 여름방학부터 시작하지 않고 3학년 2학기 말에 진행하는 것으로 바뀌었다. 그 결과 조기 취업에 제동이 걸렸다. 현장실습에 참여하는 기업들은 2016년 31,160개에서 2019년 1월 현재 12,266개로 절반이 넘게 줄어들었다.[4] 당연히 실습에 참여한 학생도 같은 기간 60,016명에서 22,479명으로 줄었다. 취업이 결정된 앞의 두 학생은 예비취업 상태에서 현장실습을 받게 되는데 여름방학 이후 실습을 나가던 것이 2학기 중반 이후로 미루어졌다. 이제는 상반기 중에 채용 의사를 전달해오는 기업도 줄어 소수만 조기 취업이 결정되는 결과로 이어졌다. 그나마 마이스터고는 양호한 편이다. 마이스터고의 취업률은 2018년도에도 93퍼센트였다. 그런데 전체 직업계고 가운데 마이스터고는 50여 곳에 불과하다. 지난 10년 동안 20개 학교만이 늘어나 향후 마이스터고가 크게 증가할 가능성도 없어 보인다.

직업계고의 대부분을 차지하는 특성화고의 상황은 너무 좋지 않다.[5] 학생 정원을 채우지 못하는 학교가 크게 늘었다. 2016년 정원 미달 특성화고는 140개로 전체 가운데 24.1퍼센트였으나, 2018년 281개로 늘어 48.4퍼센트가 정원을 채우지 못하는 사태가 발생했다. 2018년 특성화고의 취업률은 50.8퍼센트로 절반을 간신히 넘겼다. 게다가 직업계열로 분류하는 일반고등학교의 직업과정(직업반) 학생들의 취업률은 22.4퍼센트에 불과할 정도로 낮았다.

특성화고 3학년 학생들을 대상으로 한 인터뷰에서 우리는 뚜렷하게 진로를 정한 학생을 찾을 수 없었다. 5명 중 3명이 전과를 희망했는데 모든 학교가 전과를 허용하지 않았다. 창업을 희망하며 경영계열의 특성화고에 입학한 학생은 비서가 될 생각이 전혀 없는데 왜 비서 실무를 배우고 있는지 모르겠다고 말했다. 의상 디자인을 공부하고 싶은 학생은 원하지 않는 제품 디자인을 배우고 있었다. 현장실습은 더 큰 문제였다. 현재 전공하고 있는 분야로 현장실습을 나가는 경우가 드물고, 단순반복적인 업무를 하는 데 시간을 허비하는 학생들이 많았다. 교사들이 가끔 근무하는 회사로 오기는 하지만 현장실습 중에 겪은 어려움을 호소할 수는 없었다. 최근 12시간 이상 장시간 노동과 사내 폭력에 시달리다 스스로 목숨을 던진 현장실습생의 현실을 다룬 책도 나왔다.[6] 이 책은 현장실습생이 남긴 노트와 SNS에 남긴 기록을 바탕으로 부모와 가족, 사건을 담당했던 노무사, 교사, 재학생과 졸업생들의 인터뷰를 통해 우리나라에서 직업계고를 다니는 젊은이들의 삶을 재구성해 보여주고 있다.

이처럼 직업계고는 지금 청소년들에게 괜찮은 대안이 되지 못한다. 오히려 혼란한 상황이 지속되고 있다. 독일, 스위스 같은 직업계고 모델이나 직업 훈련 학교와 기업 간의 학생 추천 및 채용을 일종의 실적으로 다루는 일본 같은 상황은 우리나라에 적용하지 못하는 걸까. 단지 직업계고만의 문제는 아니다. 핀란드, 뉴질랜드 같은 나라들은 일반고 교육과정에 있어서도 우리가 눈여겨봐야 할 다양한 시도를 진행하고 있다. 그렇다면 다른 나라들은 과연 어떻게 하고 있는지, 그들의 사례에서 무엇을 참고하고 배워야 할지 살펴보자.

북유럽에서 시작된 교육혁명

핀란드의 고3 수험생인 요한나는 오전 8시 30분까지 학교에 간 후 오후 3시 30분이면 하교를 한다. 아무리 늦어도 밤 12시면 취침해 하루 7시간에서 8시간 사이로 잠을 잔다. 요한나는 수도인 헬싱키에서 100킬로미터 떨어진 소도시 살로에 살고 있는데, 이곳에는 학원도 독서실도 없다. 대학 진학을 앞두고 있지만 요한나는 학교 수업시간 외에 따로 공부하는 경우가 거의 없고 강아지와 산책을 하거나 친구를 만나고 책을 읽는 시간이 하루 일과의 대부분을 차지한다. 지구 반대편 한국의 고3 이지영 학생은 요한나보다 1시간 일찍 등교를 하고 6시가 넘어서야 하교한다. 이지영 학생은 학교를 나온 후 편의점에서 대충 끼니를 해결하고 학원으로 가서 9시까지 강의를 듣는다. 학원이 끝나면 집 근처에 있는 독서실로 향하고 새벽 1시가 넘어서야 귀가한다.

이것은 〈경향신문〉 홍진수 기자가 2009년에 직접 핀란드를 방문해 취재한 인터뷰 기사에 등장하는 두 명의 고3 수험생 이야기다.[7] 우리나라와 핀란드의 교육 여건이 얼마나 다른지를 잘 보여주고 있는데, 10년 지난 이야기지만 지금도 변함없이 지속되고 있는 현실이라 안타깝다.

2000년대 후반 핀란드를 비롯한 북유럽 국가들이 우리 사회에서 큰 주목을 받았는데 국제사회에서 실시하는 한 시험 결과 때문이었다. OECD는 2000년부터 3년마다 회원국의 15세 학생을 대상으로 국제학업성취도평가를 실시하고 있다.[8] 앞에서도 여러 번 언급한 이 평가는 단순한 암기보다는 실생활에 적용할 수 있는 역량을 평가하는 것을 목표로 하고 있으나, 전 세계적으로 평가가 이루어지고 일률적으로 비교해야 한다는 점에서 지필고사 방식을 탈피하지 못하고 있다. 이 평가에서 핀란드는 OECD 국가들 중 가장 좋은 성적표를 받았다. 현재까지 핀란드는 중국(상하이), 홍콩, 베트남 등 새롭게 조사가 이루어진 비OECD 국가를 제외하고 여섯 차례 이루어진 평가에서 최상위권 점수를 보여주었다. 스위스의 국제경영개발원(IMD)이 발표하는 국가경쟁력 순위 중 교육경쟁력 순위에서 최상위권을 보여주고 있는 곳도 핀란드다. 핀란드는 2019년 전 세계 63개국 중 3위를 차지했다.[9] 반면 우리나라는 30위를 기록했다.

핀란드가 보여준 더욱 놀라운 결과는 두 번째로 높은 성적표를 보여준 한국보다 학습시간이 절반에도 미치지 않는다는 점이다. 많은 공부시간을 투자하지 않아도 좋은 성과를 보여주자 핀란드의 성공 비결이 전 세계적인 궁금증으로 떠올랐다. 요한나의 사례에서 알 수 있듯이 핀란드의 교육경쟁력은 우리나라처럼 과도한 경쟁과 긴 학습시간에 기반한 노력의 산물이 아니다. 그렇다면 어떤 요인이 핀란드를 교육 성공 국가로 만들고, 핀란드 학생들이 높은 학업성취도를 보여주도록 만들었을까?

핀란드의 성공 사례에 대해서 여러 연구가 진행되었는데 연구자들은 공통적으로 네 가지 요인을 제시했다.[10] 먼저 경쟁교육이 아닌 평등교육이다. 교육의 수월성을 높이기 위해서는 경쟁이 중요한데 어떻게 평등을 강조해서 교육의 경쟁력을 높일 수 있었을까? 이는 핀란드가 가진 환경적 조건이 작용한 결과였다. 핀란드는 인구가 550만 명밖에 안 되는 작은 나라다. 게다가 인적자원 외에는 기댈 것이 없는 나라로, 교육에 대한 투자를 최대한으로 하지 않으면 국가경쟁력을 갖출 수 없는 곳이었다. 학교 교실에서 어느 한 명도 낙오자가 되지 않고 승리자가 되어야 한다는 이념은 이런 핀란드의 현실로부터 나왔다. 게다가 생각해보면, 한 교실에 학생이 10명 남짓한 작은 교실에서 1등과 10등을 만드는 것은 어리석은 짓이기도 하다.

두 번째 요인은 종합학교 형태의 학교 운영이다. 종합학교(comprehensive school)는 1960년대 영국에서 먼저 실시하였는데 교육 목적이나 교육 내용, 교육 수준과 상관없이 통합적으로 교육을 실시하는 학교다. 이와 대조되는 방식이 진학이나 취업 중 어떤 것을 목적으로 삼느냐에 따라 학교 자체를 나누는 것이다. 우리나라 또한 이런 방식을 취하고 있어 일반계 고등학교와 직업계 고등학교로 구분되며 어느 쪽으로 가든 고교 공통 교육과정을 제외하고 다른 교육을 받을 수 없다. 계열을 바꾸려면 학교를 그만두고 전학을 가야만 한다. 이러한 계열화의 확대는 전문성과 분업이 강조된 근대화의 산물이다. 동시에 계열화의 장점은 동일한 목적과 유사한 자질과 능력을 가진 학생들이 모여 있을 때 성과를 최대한 끌어올릴 수 있다는 논리에 기반하고 있다. 반면, 핀란드에서 옛날 방식이라고 할 수 있는 종합학교가 도입된 것은 맞춤형 교육의 단위를 학교가 아닌 교실로 옮기는 것이더 효과적이라고 봤기 때문이다. 학생들의 특성에 맞는 맞춤형 수업이 교실 안에서 이루어지면 계열화가 갖는 장점과 더불어 단점을 보완할 수 있다. 어린 시기에 보여주는 능력이나 자질은 물론 흥미와 관심은 항상 변한다. 특정 시기에 학생이 발휘하는 능력과 흥미에 기초해 특정 목적의 학교에 그 학생을 배치할 경우 항상 변할 수밖에 없는 개인을 가두게 되는 부정적인 결과를 가져올 수 있다. 종합학교는 학생의 변화에 유연하게 대처할 수 있다는 점에서 장점이 있다. 종합학교의 또 다른 장점은 사회성을 키우는 데 있다. 우리가 해나가야 할 사회생활은 이질성이 높은 집단 속에서 이루어진다. 교실의 구성이 이질적일수록 다른 사람을 이해하고 공감하며 필요에 따라 리더십을 발휘하고 집단의 일원으로 동참하는 경험을 통해 사회성을 높일 수 있다.

세 번째 요인은 학생들의 자기주도성을 강조한다는 점이다. 핀란드에서는 문제를 푸는 것이 아니라 문제를 제기하는 것을 중시한다. 답을 찾는 것에 방점을 두기보다 스스로 문제를 내는 것에 주목한다. 시험문제를 푸는 학생들은 시험에 갇히지만 시험문제를 내는 학생들은 시험을 넘어설 수 있기 때문이다. 이는 전통적으로 강조하고 있는 지식의 습득이나 양보다 지식에 대한 해석과 질을 강조하는 자세라고 볼 수 있다. 이러한 방식의 교육이 가능하기 위해서는 학습 내용 이상으로 학습 방법이 중요하며 경직된 평가가 아닌 유연한 평가체계가 갖추어져야 한다.

네 번째 요인은 교사를 전문가로 신뢰할 수 있는 체계를 갖추고 있다는 점이다. 우리나라처럼 핀란드에서도 교사가 되기 어렵다. 한국에서 교사가 되기 어려운 이유가 많은 수험생들이 교사가 되고 싶어 하는 과도한 경쟁 때문이라면, 핀란드는 다른 이유가 존재한다. 핀란드에서는 전문성을 갖추지 않으면 교사가 되기 어렵다. 핀란드 교사는 우리나라처럼 학사 졸업이 아니라 석사 이상의 학력을 갖추어야 한다. 교대나 사범대와 같은 특정 영역에서 교사를 선발하는 것이 아니라 대학에서 어떤 분야를 전공했더라도 교사가 될 수 있다. 이처럼 진입 자격은 넓히는 대신 교원 자격을 얻는 것은 매우 어렵게 설계되어 있다. 교사가 되기 위해서는 교육학부에서 160학점을, 전공과목 심화과정으로 55학점 이상을 수강해야 한다. 이처럼 교사의 전문성을 높이는 이유는 교사에게 자율성과 신뢰를 부여하기 위한 과정이다. 교사에게 자율성을 부여하고 교사를 신뢰해야만 평가의 권한과 책임을 교사에게 맡길 수 있는데, 그 출발점을 교사가 가지는 전문성에서 찾은 것이다.

핀란드와 함께 북유럽 국가인 덴마크나 스웨덴, 노르웨이 또한 교육 강국으로 평가받는다. 덴마크는 앞서 소개한 교육경쟁력 순위에서 1위를 차지했고 스웨덴은 7위, 노르웨이는 10위를 차지했다. 이 중에서 스웨덴은 흔히 세 단계 평가로 알려진 새로운 교육평가 제도로 유명하다. 스웨덴의 학생 평가는 절대평가로 이루어지며 단 세 가지 형태인 '통과', '우수', '매우 우수'로 나뉜다.

이는 다른 북유럽 국가들과 비슷하나 점수로 환산하여 평가 결과를 제시하는 다른 국가들과는 달리 점수가 아닌 글로 평가 내용을 작성하여 제시하는 방식을 취하고 있다.

북유럽 국가들은 전 세계적으로 교육 강국으로 인정받고 있다. 교육만이 아니라 전체 국가경쟁력에 있어서도 가장 좋은 평가를 받고 있는 곳이 북유럽 국가들이다. 우리나라 또한 이 국가들처럼 경쟁보다는 평등을 강조할 수 있을까? 학교를 나누지 않고, 학교 내에서 다양한 교육을 제공할 수 있을까? 교사를 믿고 학생 평가에 대한 권한과 책임을 맡길 수 있을까? 상대평가가 아닌 절대평가와 시험방식을 탈피한 정성적 평가가 이루어질 수 있을까? 이러한 질문에 대한 답변은 다음으로 미루고 우선 다른 도전 사례들을 살펴보자.

교육과정을 바꾼 뉴질랜드의 도전

무엇이 인생을 살아가는 데 핵심적인 역량인지를 규명하려는 논의가 2000년대 들어서면서 본격적으로 이루어졌다. 이러한 논의의 출발점 중 하나는 OECD에서 야심차게 추진한 핵심역량(DeSeCo : Defining and Selecting Key Competencies)에 대한 연구 프로젝트다.[11] 7년 동안 장기간에 걸쳐 여러 국가들이 참여해 이루어진 이 프로젝트는 전 세계적으로 역량 중심 교육과정을 확산시키는 데 기여했다.

역량 중심 교육은 이제 전 세계적으로 보편적이고 당연히 이루어져야 할 접근으로 받아들여지고 있지만 2000년대 이전까지 생소한 실험이었다. 대부분의 국가는 우리나라처럼 어떤 과목에 대한 교과서를 만들고, 그 과목을 가르칠 수 있는 자격을 갖춘 교사에게 해당 과목의 교과서를 토대로 학생들을 가르치는 교육을 유지해왔다. 이러한 교과 중심 교육은 근대의 산물이자 가장 효율적이고 효과적인 방식으로 인정받아왔다. 그런데 밀레니엄의 시작인 2000년대 이후 교과 중심 교육은 시대를 따라가지 못하는 고장 난 자동차라는 비판에 직면했다. 미래학자 앨빈 토플러(Alvin Toffler)는 《부의 미래》에서 근대의 산물인 학교제도가 교육 확대로 근대화를 이끌었지만 이제는 미래에 필요하지 않은 지식을 배우고 가르치는 데 너무 많은 시간을 할애하고 있다고 비판했다.[12]

뉴질랜드는 비교적 초기에 해당하는 2009년 역량 중심 교육을 전면 도입한 대표적인 나라다. 2009년 당시 필자는 역량 중심 교육을 연구하던 중에 뉴질랜드에 방문할 기회를 가질 수 있었다.[13] 이곳에서 만난 뉴질랜드교육연구소의 로즈메리 힙킨스(Rosemary

Hipkins) 박사는 역량 중심 교육의 본질을 이해하는 데 큰 도움을 주었다. 우리 연구진이 뉴질랜드까지 직접 방문해 물어보고 싶을 정도로 궁금했던 것은 도대체 어떻게 역량 중심 교육을 정착시킬 수 있었느냐는 것이다. 기존의 교과 중심 교육의 문제점에 대해서는 이미 오래전부터 세계 각국의 교육학자들 사이에서 많은 공감대가 있었다. 그러나 문제를 지적하는 것과 대안을 찾고 이를 실천하는 것은 전혀 다른 일이다. 이는 기존 교육제도를 전제로 만들어진 교재와 교사 그리고 평가 시스템의 변화를 의미한다. 또한 수많은 관계자, 특히 학생과 교사, 학부모를 설득하는 작업이 필요하다. 그런데 뉴질랜드는 실제로 그 일을 해냈다. 도대체 어떻게?

이 질문에 대한 대답은 지극히 상식적인 것이었다. 뉴질랜드도 단시간에 그런 변화를 이루어낸 것이 아니었다. 이들은 거의 7년 전 이 작업을 시작했다. 그 오랜 시간 동안 힙킨스 박사와 그의 연구팀은 역량 중심 교육의 개념을 계속 설명하고 이해시키기 위해 노력했다. 6년쯤 지나자 분위기 반전이 일어나면서 마침내 사람들의 인식에 변화가 나타나기 시작했다. 초기 단계에 뉴질랜드 팀이 직면한 문제들은 지금 우리가 해결해야 하는 것과 거의 비슷했다. 학습이란 시험을 통과하기 위한 것이라는 생각이 일반화되어 있었고, 그 관점에서 봤을 때 역량 중심 교육은 아무것도 제대로 가르치지 않는 것처럼 보였다. 그래서 교사들은 "이렇게 가르쳐서 뭘 배우겠나?", "이렇게는 아무것도 못 가르친다!"라고 불평하곤 했다.

이에 대해 힙킨스 박사팀은 워크숍과 여러 가지 경로를 통해서 교육 문제를 인식시키고 해결책이 필요하다는 점을 이해시키기 위해 나섰다. 우선 뉴질랜드교육연구소에서는 기존 교육제도가 지금껏 의도한 교육 목표를 실제로 충분히 성취한 적이 없다는 사실을 보여주었다. 즉, 무조건 많이 가르친다고 많이 배우는 것은 아니며, 기존 교육 시스템이 점차 그 기능을 잃어가고 있음을 구체적이고 명백한 자료를 통해 보여준 것이다. 그리고 역량 중심 교육이 아무것도 가르치지 않는 것이 아니고, 다양한 맥락 속에서 단순히 지식이나 기술만이 아니라 자신이 그 지식과 기술을 어떻게 사용해야 하는지에 대한 체험, 그리고 이를 다루는 데 있어서 자신감을 갖는 것임을 보여주었다.

그리고 역량이라는 개념을 학술적인 개념이 아니라 실제 생활 속에서 누구나 쉽게 이해하고 사용할 수 있는 개념으로 전환시키는 데 주력했다. OECD의 데세코 프로젝트(DeSeCo Project)에서 정의한 '자율적으로 행동하기'를 뉴질랜드 사람들이 더 쉽게 이해할 수 있는 '자기 관리하기(managing self)'로 바꾼 것이 바로 그 예다. 이런 과정을 통해서 교육 관계자들이 먼저 새로운 교육

체계를 받아들일 준비가 되었고 교사들이 적극적으로 협력하기 시작했다. 마지막으로 중요한 것은 수행평가였다. 새로운 교육제도에 맞게 시험제도를 바꾸지 않으면 교사들은 불안해하기 마련이다. 따라서 역량 중심 교육에 적절한, 설득력 있는 평가체계를 개발하고 제시하는 것이 새로운 문제였다.

다음에 만난 뉴질랜드 교육부의 소냐 글로고스키(Sonya Glogowski)는 역량 중심 교육의 개념을 전국 학교에 설명하고 의사소통을 촉진하기 위한 웹 사이트를 개발해 운영하고 있었다. 그 또한 역량의 개념과 필요성에 대해서 힙킨스 박사처럼 명쾌하게 설명했다. 그는 특히 평가에 대해서 좀 더 자세하게 설명해주었는데, 보통 교육은 시험, 등급, 점수가 있을 것이라고 가정하지만 역량 중심 교육에서는 그렇지 않다고 설명했다. 역량 중심 교육에서의 평가는 검사(assessment)라기보다는 모니터링(monitoring)에 가까운데, 개별 학생들의 성취 과정을 기록한 전자 포트폴리오(e-portfolios)가 대표적인 사례라고 할 수 있다. 예를 들어 수영 능력을 평가할 때, 전자 포트폴리오는 학생의 현재 수영 능력뿐만 아니라 수영을 처음 배울 때부터 지금까지의 과정을 간결하게 기록한다. 이를 통해서 수영 능력뿐만 아니라 학생이 무엇을 새로 배우는 데 있어 발휘하는 역량인 도전정신을 확인하고 평가할 수 있다는 것이다.

우리 연구진이 뉴질랜드의 교육 현장을 지켜보며 특히 인상 깊었던 것은 연구나 행정, 실행 기관들에 깊이 뿌리내린 자율적인 태도였다. 힙킨스 박사는 절대로 상부에서 지침을 내리지 말라고 강조했다. 교육개혁은 일선 학교와 교사들의 적극적인 참여 없이는 결코 성공할 수 없다는 것이다. 교육부에서 할 일은 교사들에게 역량의 필요성과 개념을 이해시키는 것이며, 이를 각자의 상황에서 구현할 수 있도록 각 학교와 교사, 학생들에게 권한을 부여하는 것(empowerment)이다. 물론 교감이나 교장을 모아서 한꺼번에 이해시켜 일을 좀 더 순조롭게 추진하는 것도 필요하다. 그러나 모든 것은 자발적인 참여를 기초로 해야 한다.

실제로 뉴질랜드 교육부에서는 학교에 구체적인 운영지침을 전달하지 않았다. 각 학교에서 각자의 가이드라인을 만들어서 시행할 뿐이었다. 그래서 어떤 학교는 기존의 교육방식을 전면적으로 바꾸는 반면, 어떤 학교는 자기들의 교육방식으로도 핵심역량을 충분히 교육할 수 있다고 판단하고 지극히 부분적인 변화만을 계획하고 있었다. 교육부와 각 학교 사이의 독립적 관계는 오래된 전통이라서 우리가 학교 방문 관찰을 협의할 때도 교육부는 일정을 조율했을 뿐, 수업 관찰과 녹화 여부를 결정하는 것은 전적으로 학교의 권한이었다. 이런 자율적인 기반에서 역량 중심의 교육이 이루어진 것은 어찌 보면 당연한 일이었다.

힙킨스 박사와 글로고스키 씨가 지적했듯이, 역량은 단순히 어떤 능력을 가지고 있는 것만이 아니라 자신이 그 능력을 발휘할 수 있다는 자신감을 갖는 것을 의미한다. 그 자신감은 말 그대로 일상에서 실천을 통해서 형성되고 확고해진다.

뉴질랜드 교육계가 역량 중심 교육을 준비하고 정착시키는 과정은 그 자체로 뉴질랜드 사회 구성원들의 역량을 드러내는 과정이었다. 자율적인 행동도 지적 도구의 활용도, 이질적인 집단 구성원과 의사소통하는 능력도 모두 거기에 담겨 있었다. 그곳에서 이루어낸 것보다 그것을 이루어낸 과정이야말로 우리가 배워야 할 가장 중요한 교훈이었다. 힙킨스 박사는 이렇게 말했다. "변화를 일으키기 위해서는 자국의 상황을 먼저 잘 이해해야 하고, 자국의 교육계와 적극적으로 소통해야 합니다."

이것이 이제 우리가 해야 할 일이다.

살아가는 힘을 강조한 일본

우리 연구진은 역량 중심 교육을 살펴보기 위해 뉴질랜드에 이어 일본을 방문했다.[14] 지금은 한국이 대표적인 사례로 꼽히지만 입시 지옥(examination hell)이라는 표현이 처음으로 등장한 곳은 일본이다.[15] 그림자 교육[16]이라는 학술용어가 쓰였을 만큼 1980년대까지 사교육 열풍의 대표적인 사례로 소개된 곳도 일본이었다. 이러한 선입견 때문에 우리 연구진도 처음에는 일본으로부터 배울 것이 있을까라는 의문을 가졌다. 이러한 의문에도 불구하고 일본을 방문한 이유는 우리나라와 유사한 교육제도를 가지고 있는 일본에서 추진하고 있는 역량 중심 교육을 살펴봄으로써 한국적인 모델의 가능성을 발견할 수 있을 것이라는 기대 때문이었다.

일본에서는 꽤 오래전부터 역량 개념을 교육에 도입했다. 1998년 〈학습지도요령〉 개정으로 '살아가는 힘'이라는 교육 목표를 제시한 것이다. 여기에서 살아가는 힘이란 스스로 과제를 발견하고, 스스로 학습하고 사고하며, 효과적으로 문제를 해결하는 능력, 자율적인 통제 능력, 타인에 대한 배려와 협조, 감동할 줄 아는 풍부한 인간성, 건강한 신체와 체력 등으로 정의하고 있다. 이는 OECD에서 2003년 데세코 프로젝트의 결과로 제시한 핵심역량의 개념과 매우 유사하다. 일본의 교육 연구 분야에서 대표적인 학자인 도호쿠대학 미즈하라 가쓰토시(水原克敏) 교수는 우리 연구진과 함께 참여한 국제 심포지움에서 일본의 '살아가는 힘'이 OECD가 제안한 핵심역량에 대한 논의를 '앞서간 것'이라고 자신감을 내비쳤다. 이러한 자신감에 대해 부분적으로만 수긍이 갔다. 그 이유는 2006년 PISA 결과가 발표된 직후 일본에서 제기된 학력 저하 논쟁과 '여유로운 교육관'에 대한 비판이 2008년 교육 개정에 영향을 미쳤다는 점을 알고 있었기 때문이다. 실제로 2010년 4월부터 적용된 교육에서 '살아가는 힘'이라는 교육 목표를 구현하는 종합적인 학습시간이 일주일에 1시간으로 줄어들었다.

이러한 의문에 대해 미즈하라 교수는 일본 언론에서 2008 교육과정 개정을 여유 교육에서 학력 중시 교육으로 전환한 것이라고 보도하고 있지만 종합적인 학습과 각 교과목을 연결하는데 있어서 필수불가결한 교과목의 활용 능력, 특히 언어 능력의 육성을 모든 교과목에 걸쳐서 요청하고 있으므로 '살아가는 힘'을 지향하는 교육과정의 기준은 오히려 더 강화되었다고 지적했다. 그렇다면 교육 현장은 어떨까? 이를 확인하기 위해 방문한 곳은 센다이시에 있는 쇼케이가쿠인 중학교였다. 연구진이 이 학교에 방문하여 관찰한 수업은 중학교 1학년 학생을 대상으로 하는 탐구형 학습으로 과학 과목과 우리나라의 창의적 체험활동에 해당하는 교외학습 시간이었다.

먼저 과학 수업은 인간의 몸에 존재하는 세균을 알아보는 내용이었다. 수업이 이루어지는 교실은 조별 학습이 가능하도록 큰 책상이 4개 배치되어 있었으며, 한 책상당 7~8명이 앉아 있었다. 탐구형 학습 담당 교사는 수업 진행을 맡았고, 과학 담당 교사는 뒤편에서 질문이 있는 학생들이나 수업에 몰입하지 못하는 학생들을 지도했다. 이 수업에서 특징적인 것은 국립대인 도호쿠대 의대 교수가 참여하여 강의와 세균 체험을 지도한 점이다. 이는 일본 정부가 추진하는 과학 파트너십 프로젝트(Science Partnership Project)의 하나로 진행된 것으로, 담당 교사는 이러한 대학 연계 교육이 매우 오래전부터 이루어져왔다고 알려주었다. 이날 수업 진행은 조별로 학생들이 먼저 세균에 관해 조사한 내용을 발표하고 질의응답이 이어졌다. 이어서 교수가 세균에 관한 간략한 강의를 진행한 뒤 학생들이 자신의 몸에 붙어 있는 세균을 직접 채취하는 체험 형식으로 이루어졌다.

중학교 1학년 탐구형 학습의 두 번째 수업은 교외학습 시간으로, 우리가 방문한 시기에 이루어진 것은 각 조별로 진행한 탐구활동을 중간 발표하는 자리였다. 이날 발표는 중학교 1학년뿐만 아니라 2, 3학년이 모두 참여한 가운데 이루어졌다. 1학년 학생들의 발표는 지역사회의 문제점을 인터넷 등을 통해 조사하고 문제점을 해결하기 위한 방안을 마련해 제시하는 내용으로, 주로 파워포인트를 활용해 발표했다. 2학년 학생들은 아오모리현과 아키타현 등 주변 지역에 대한 탐방 내용을, 3학년 학생들은 홋카이도 지역 탐방을 통해 아시아 문화와 역사, 인권 문제, 홋카이도 개척의 역사에 관한 내용을 발표했다. 이 수업에서 인상 깊었던 것은 학년별 발표가 끝난 뒤 후배나 선배가 발표하는 내용에 대해 서로 논의하는 시간을 가진 점이다. 동시에 모든 수업의 진행을 학생들이 직접 수행했다는 점도 인상 깊었는데, 교사들은 뒷자리에 앉아 있다가 질의응답 시간에 다른 학생들처럼 손을 들어 질문을 하거나 단순히 참관만 했다.

4시간가량 진행된 탐구형 학습을 관찰하면서 현장에서 확인한 일본의 교육은 우리가 갖고 있는 의문을 일부 해소해주었다. 물론 '아직 배울 것이 많다'는 탐구형 학습 담당 교사의 지적처럼 주입식 교육에 익숙해져 있는 교사의 체질 개선도 필요하고, 모든 교과목에 적용하는 것이 아니라 특정 시간을 할애하는 접근 방식이 가지는 한계는 분명히 있었다. 그러나 일본 지방도시의 평범한 학교에서 관찰한 대학 연계 수업이나 프로젝트 기반 수업(Project Based Learning)은 뉴질랜드의 교과 통합적 접근 이전에 우리나라에서 구현해볼 수 있는 역량 중심 교육의 좋은 참고 사례라고 할 수 있다.

미네르바와 특이점 실험

교육 혁신은 주로 중등교육 단계에서 교과 중심의 교육 대신 역량 중심 교육으로 전환하는 부분들이 강조되고 있지만 궁극적으로 대학입시와 대학 교육이 바뀌지 않는다면 실현되기 어렵다. 입시 경쟁이 매우 치열한 우리나라에서 대학입시가 현재 상태를 유지한다면 중등교육 단계에서 교육 혁신을 이루기가 매우 어려운 것이 현실이다. 동시에 우리나라 대학 자체의 경쟁력이 높지 않은 것도 풀어야 할 숙제다.

우리나라의 입시 경쟁은 세계 최고 수준이지만 그렇게 어렵게 들어간 우리나라 대학의 경쟁력은 세계 최고 수준으로 보기 어렵다. 1장에서 살펴본 것처럼 QS 결과[17]만 봐도 매우 실망스럽다. 또한 국제경영개발원이 2019년 발표한 국가경쟁력 순위에서 교육경쟁력은 30위였다. 이 지표는 주로 해당 국가의 기업 경영진에게 대학이 사회나 기업에서 요구하는 것을 얼마나 반영하고 있는지 설문조사한 결과를 토대로 한다. 교육 분야는 전체 국가경쟁력 순위(28위)보다 낮았으며, 2010년 이후 한 차례 반등이 이루어진 뒤 다시 내려앉은 결과여서 안타깝다.

이러한 결과들은 우리나라 교육에 있어 대학 혁신이 얼마나 필요한 과제인지 말해주고 있다. 그렇다면 과연 우리가 참조할 만한 대학 혁신 사례는 무엇이 있을까? 이와 관련한 새로운 도전들이 전 세계적으로 일어나고 있다.

먼저 미네르바 스쿨(Minerva School)이 눈에 띈다.[18] 온라인 강의로 수업이 이루어지는 방식은 방송통신대와 같은 공개 대학(open university)이나 2000년 이후 확산된 디지털 대학(digital university)과 유사하다. 그러나 일방적으로 영상이 제공되고 이를 수강한 사실을 단순히 증빙하는 방식으로 이루어지던 기존의 온라인 강의와는 다르게 진행된다. 정해진 시간에 컴퓨터를 켜면 화면에 교수와 수업에 참여하는 학생들이 나오고, 수업은 토론식으로 이루어진다. 수업은 컴퓨터 화면에 나오는 다른 학생들의 얼굴을 보면서 서로 의견을 주고받는 방식으로 진행된다. 물리적으로 한 교실에서 같이 있지 않을 뿐 사실상 오프라인에서 수업이 진행되는 것과 같은 방식으로 이루어진다는 점에서 이전 온라인 방식 수업과 확연하게 차이가 있다. 또한 온라인이지만 실질적으로 소수가 참여하도록 설계되어 한 수업의 정원은 20명 미만이다.

미국 샌프란시스코를 시작으로 한국 서울, 인도 하이데라바드, 독일 베를린, 아르헨티나 부에노스아이레스, 영국 런던, 대만 타이베이, 전 세계 7개 도시를 돌아다니면서 기숙사 생활을 한다는 점도 특이하다. 이는 학생들에게 단순히 여러 나라를 체험해보는 기회를 주기 위한 것이 아니다. 글로벌 인재로 키워야 한다는 뚜렷한 목표 아래 다양한 현장실습을 통해 세계 7개 도시의 문화와 산업을 체험할 수 있도록 돕기 위한 방편이다. 이러한 접근은 글로벌 인재로 세계 여러 나라를 경험해보면서 학문을 쌓는 방식으로, 이전에 찾아볼 수 없던 새로운 시도라고 할 수 있다.

미네르바 스쿨의 혁신적인 접근은 입학 절차와 평가방식에 있다. 입학 전형은 중등교육 단계의 성적증명서 외에 어떤 시험점수도 기재할 필요가 없다. 미국에 설립된 대학이면 당연히 갖추어야 할 미국 대학입학자격시험 SAT나 미국 대학입학성취고사 ACT 성적을 요구하지 않는다. 우리로 치면 수능시험 성적 없이 대학에 입학이 가능하다. 자기소개서도 필요 없다. 입시 과정에서 질문한 내용에 대해 영어로 글을 써서 에세이를 제출하거나 영상을 녹화해 제출하면 된다. 평가방식은 우리가 대학 교육에서 흔히 보는 A학점, B학점과 같은 등급제가 아니며 상대평가로 이루어지지 않는다. 평가는 발표와 토론 중심으로 수업 중 성취도 평가를 통해 이루어진다. 교수는 과목보다는 개념과 습관에 중점을 두어 학생들이 교육에 참여해 실천하도록 하며 학생들이 모두 토론에 참여할 수 있도록 지도하고 저장된 수업내용을 보며 학생들을 평가한다.

특이점 대학(Singularity University)은 또 다른 방식으로 혁신적인 접근을 하고 있는 곳이다.[19] 미래학자인 레이 커즈와일(Ray Kurzweil)은 블랙홀의 극점을 의미하는 특이점을 통해 전혀 다른 세계로 이동하는 것과 같이 기계(인공지능)가 인간의 지능 수준을 능가하는 시점에 혁명적인 변화가 이루어질 것이라는 책을 펴냈다.[20] 그는 우리 사회가 상상하기 어려운 새로운 변화에 직면해 이를 대비하기 위해서는 어떤 변화가 일어나고 있는지를 탐구하는 새로운 대학이 필요하다고 지적했다. 이러한 그의 제안에 인터넷 기반 다국적 기업인 구글과 미국 항공우주국(NASA)이 후원에 나섰다. 특이점 대학은 미국 캘리포니아주 마운틴뷰에 있는 나사 에임스 센터(NASA AMES Center)에 2008년 설립되었다. 구글 공동 창업자인 래리 페이지(Larry Page)가 2010년 특이점 대학 입학식에 참석해 "내가 지금 대학생이라면 특이점 대학에서 공부할 것이다"라고 밝힐 만큼 기대를 모았다.[21]

이곳은 미네르바 스쿨과는 달리 학부 과정이 없고 개인, 스타트업, 기업 등 대상별로 맞춤형 교육과정이 이루어진다. 개인 대상은 기업 경영자들을 위한 프로그램(Executive Program), 기하급수적 혁신 프로그램(Exponential Innovation Program) 등으로 길게는 6일에서 짧게는 3일 동안 단기 과정으로 운영된다. 단기 과정은 기업의 CEO, 정부 관료, 시민단체 대표, 연구개발 분야 전문가, 대학원생 등이 참여하며 미국 캘리포니아뿐만 아니라 파트너 국가로 참여하는 덴마크, 캐나다, 네덜란드, 핀란드를 비롯해 남아프리카공화국 등에서도 진행하고 있다. 10주간 이루어지는 창업예비자 과정(Incubator Journey)은 스타트업을 희망하는 젊은 이들을 대상으로 하고 있으며 일종의 대학원 계절 학기처럼 운영된다. 이 과정은 기숙사 생활을 하면서 집중적으로 이루어지는데, 다양한 학문 영역을 다루는 학제 간 수업으로 이루어진다. 다루는 분야는 미래학, 법학, 경영학과 같은 인문사회과학 분야와 컴퓨터공학, 생명공학, 인공지능, 에너지공학, 나노공학 등 자연과학 분야가 포함된다. 학제 간 수업이 끝나면 3주간에 걸쳐 '인류를 위한 도전'이라는 주제로 팀별 프로젝트 수업이 이어진다. 이 프로젝트 수업은 당장 실용화할 수 있는 새로운 기술을 다루는 것이어서 수업의 결과로 실제 스타트업 기업을 창업하기도 한다.

그렇다면 우리나라에서도 중등교육만이 아니라 고등교육 단계에서도 이러한 교육 혁신이 이루어질 수 있을까? 이에 대한 해법은 우선 어떻게 교육 혁신이 다른 나라에서 가능했는지를 살펴보면서 실마리를 찾을 수 있다. 전 세계적으로 이루어지는 변화는 교육 혁신을 요구한다. 선진국을 중심으로 저출산의 영향으로 젊은 인구가 빠르게 감소하고 있다. 인구 감소는 기존의 기업들이 대량 생산체계에서 소량의 맞춤형 생산체계로 생산방식을 바꾸게 했듯이 교육제도의 개편을 요구하고 있다. 4차 산업혁명으로 불리는 과학기술의 급격한 변화는 모든 사람들을 정보의 홍수 속에 살아가는 새로운 생활방식으로 이끌었다. 이러한 변화에 대해 교육계가 응답하기 시작했고, 기업이 직원 채용에 있어서 새로운 시대에 걸맞은 인재를 찾기 시작했다. 이어서 시험을 보는 방식에서 탈피하고 있는 채용 과정의 변화를 살펴보자.

인공지능이 채용을 대신하다

기업에서 직원을 채용하는 방식이 바뀌고 있음을 처음 인식한 것은, 2009년 보건복지부로부터 수탁받은 연구과제를 수행할 때였다.[22] 당시에도 청소년들의 행복도가 지금처럼 국제적으로 가장 낮은 수준이어서 청소년들이 행복해지려면 어떤 변화가 필요한지를 밝히는 연구를 진행했다. 연구진은 과도한 입시 부담과 치열해진 취업경쟁이 청소년들을 힘들게 하는 주된 원인이라고 생각했다. 이 문제를 해결하기 위해 청소년들에게 불필요한 시험 부담을 없애면서 대학이나 기업이 실리를 챙길 수 있는 새로운 제도를 살펴보기로 했다. 특히 채용제도의 개선 방안을 검토하기 위해 해외 사례들을 수집하다가 글로벌 기업들에서 변화가 이루어지고 있음을 발견했다.

부즈 앨런 해밀턴이라는 컨설팅 회사가 2006년에 글로벌 기업들의 채용 경향을 분석한 보고서[23]를 내놓았는데, 이 보고서를 통해 세 가지 채용 경향을 읽을 수 있었다. 먼저 인터넷을 활용한 채용이 늘고 있으며 임직원 추천제(employee referrals)와 같은 인적 네트워크를 활용하거나 인턴십(internship) 방식으로 기업과 개인 간의 탐색 기간을 갖는 채용이 늘고 있었다. 우리나라에서도 이러한 채용방식이 2009년부터 본격적으로 적용되어 임직원 추천제나 인턴십이 확산되었는데, 외국과는 달리 이러한 접근은 한국에서 성공을 거두지 못했다. 두 방식 모두 사회적 신뢰를 바탕으로 이루어져야 하는데, 채용 비리나 열정 페이로 악용되면서 부정적인 이미지만 갖게 되었다. 특히 임직원 추천제는 우리나라 금융권에서 인사권자의 낙하산 인사를 부추기고 혈연, 지연, 학연으로 연결된 파벌을 만드는 문제점이 드러나 폐지되는 운명에 놓였다.[24]

인터넷은 채용 절차를 간소화할 수 있고 대기업조차도 소수를 수시로 모집하는 채용방식이 늘면서 활용도가 높아지고 있다. 2009년 당시에도 단순히 채용 공고를 하는 매체를 넘어서 이력서나 자기소개서에 대한 분류 및 검증을 인터넷으로 처리하는 기업들이 늘어나고 있었다. 이제는 이력서만이 아니라 면접에 대한 분석은 물론 인터넷 및 SNS 상의 개인 기록을 분석하는 단계로 이어지고 있다.

인공지능 면접은 구직자가 지원한 회사에 방문하지 않고 카메라가 설치된 컴퓨터 앞에서 주어진 질문들에 답변을 하면 인공지능이 이를 분석하는 면접을 의미한다. 면접의 평가 항목은 답변한 내용이 핵심이지만 시선을 어떻게 처리하는지, 얼마나 정확하게 의사를 표시하는지, 자신의 감정을 어떻게 표현하는지를 인공지능이나 빅데이터 분석을 통해 파악한다. 이러한 작업이 가능해진 이유는 인공지능이 텍스트와 영상에 대한 분석을 통해 개인의 성향이나 자질을 추론할 수 있는 기능을 갖추었기 때문이다. IBM에서 개발한 인공지능 왓슨은 대화를 할 수 있는 로봇 기능은 물론 언어, 음성, 이미지, 감정을 분석하는 서비스를 제공하고 있다. 구글이나 IBM 등 글로벌 기업들에서 먼저 도입한 인공지능 면접은 국내 대기업과 공공기관으로 확산되고 있다.[25]

구직자가 자신이 인터넷이나 SNS에 올린 영상, 문서, 댓글 등에 관한 분석에 동의한다면 별도의 시험은 물론 면접과 같은 채용 절차 없이도 직원을 뽑을 수 있는 시대가 오고 있다. 페이스북은 회사에서 직원들 간에, 자신들의 친구들 간에 서로 교류할 수 있는 워크앳(Work@)이라는 앱을 개발했다.[26] 이 앱은 회사에서 신규 채용 정보를 올리면 이를 직원들이 확인하고 주변 지인들에게 알리고 정보를 입력하는 기능도 포함되어 있다. 직원들은 자신의 친구가 해당 직무 수행 능력을 갖췄는지를 파악 가능한 문서를 받아볼 수 있다. 이는 직원들을 위한 서비스로 보이지만 동시에 인공지능이 가장 적합한 인재를 뽑기 위한 데이터를 수집하는 것이기도 하다. IBM에서는 왓슨을 기반으로 한 채팅로봇인 와블리를 제공 중인데, IBM 입사에 관심이 있는 사람들이면 24시간 언제, 어디서나 채용에 관련된 궁금증을 질문하고 답변을 받을 수 있다. 이 또한 구직자를 위한 서비스지만 왓슨은 대화 기능만이 아니라 대화 분석을 통해 지원자의 성향이나 자질을 파악할 수 있는 정보를 수집하게 된다.

현재까지는 특별하게 개발된 개별 기업들에 제공된 텍스트나 영상을 분석해 구직자의 성향이나 자질을 평가하고 있다. 만약 개인이 자신이 올린 영상, 문서, 댓글 등에 대한 분석을 허용한다면 전통적인 채용 절차는 사라질 것이다. 인터넷에 필기시험이나 몇 차례 면접만으로는 파악할 수 없는 지원자들의 객관적이고 정확한 정보가 담겨 있어 선발만을 위한 평가는 무의미해지기 때문이다.

물론 인공지능이 만능 열쇠는 아니다. 인공지능 채용과 관련하여 아마존은 2014년부터 운영해오던 인공지능 채용 프로그램을 최근 폐지한 바 있다.[27] 이는 인공지능을 통해 수집해 분석하는 기초 데이터 또한 인간들의 편견이나 잘못된 관행에서 벗어날 수 없기 때문이다. 예를 들어 프로그래머 업무는 남성에게 맞는 직업이라는 편견을 인공지능 채용 시스템에서 사실로 받아들여 여성을 당사자가 가진 능력이나 자질과 무관하게 배제하는 알고리즘을 적용한다면 잘못된 결과를 가져올 수 있다.

기업들이 새로운 기술을 활용해 채용 과정에서 혁신을 이루려는 이유는 여러 가지다. 인공지능과 같은 기술은 채용 과정에서 비용을 절감하고, 더욱 객관적이고 공정하게 지원자를 선별하는 데 도움을 주기 때문이다. 그러나 무엇보다도 기업이 원하는 인재를 뽑기 위해 더 나은 방법을 찾는 과정에서 새로운 기술이 도입된다고 볼 수 있다. 그렇다면, 기업이 원하는 인재는 누구일까? 미국의 대학과 기업들의 협의체(NACE: National Association of Colleges and Employers)에서는 매년 기업을 대상으로 대학 졸업생들에 대한 채용 계획과 채용 기준을 조사해 발표하고 있다.[28] 2018년 조사에서 기업들이 지원자들에게 요구하는 자질이나 능력은 해당 분야의 전문 지식이나 기술만이 아니었다. 가장 높은 순위를 기록한 자질은 문제해결 능력과 함께 일하는 능력이었다. 한국 또한 기업 대상 조사 결과를 보면, 채용 과정에서 지원자의 업무 지식도 중요하게 생각하지만 조직 적응력이나 적극성과 같은 태도와 행동을 중시한다.[29] 이는 기업이 실제 원하는 능력이 무엇인지를 말해 주고 있으며, 취업에 있어서도 역량 중심 교육이 얼마나 필요한지를 말해주고 있다.

그들은 왜 시험방식을 탈피했는가

2

앞서 살펴본 교육 혁신이나 새로운 채용방식 사례들은 몇 가지 큰 사회적 변화에 대응한 결과라는 공통점이 있다. 그 변화는 과연 무엇인지 하나씩 살펴보자.

저출산, 경쟁의 장점을 무너뜨리다

먼저 인구 변화 문제다. 세계 인구는 근대 이후 단 한 번도 줄어든 적이 없다. 1800년 9억 명이던 전 세계 인구는 1990년대 20억 명을 넘어섰고, 2010년에 70억 명을 넘어섰다. 2019년 국제연합(UN)의 세계 인구 전망 보고서(World Population Prospects)[30]에 따르면, 세계 인구는 꾸준히 증가해 2050년 97억 명을 넘어선 뒤 2100년 100억 명을 기점으로 감소할 것으로 보인다.

이처럼 전 세계 인구 감소가 80년 뒤에나 이루어질 것으로 예축되고 있지만 선진국들은 이미 30년 전부터 저출산의 영향으로 인구 감소가 시작되었다. 우리나라 또한 2001년 합계출산율이 1.31명으로 초저출산 현상을 겪는 국가 대열에 합류했다. 이후 합계출산율은 정부의 다양한 저출산 대책에도 계속 낮아져 2018년에는 급기야 1명이 되지 않는 0.98명까지 떨어졌다. 합계출산율이 0명대인 곳은 한국이 유일하며 과거에도 찾아보기 어려운 결과다.

교육 혁신의 사례로 소개한 핀란드는 2017년 기준으로 합계출산율이 1.49명으로 낮고, 북유럽 국가 중에 제일 높은 출산율을 보여주는 스웨덴도 1.78명에 불과해 2명을 넘지 못하고 있다. 일본은 소자화(少子化)로 불리는 저출산 현상의 대표적인 국가로, 출산율을 끌어올리기 위해 노력하고 있지만 2017년 합계출산율이 1.43명으로 여전히 낮은 편이다. 역량 중심 교육을 초기에 도입한 뉴질랜드나 새로운 대학 혁신이 주로 이루어지고 있는 미국은 인구 부족으로 이민정책을 초기부터 추진한 국가들로, 2017년 합계출산율은 각각 1.81명과 1.77명으로 인구 유지를 위해 필요한 대체출산율인 2.1명에 미치지 못한다. 그렇다면 인구 감소를 이끄는 저출산 현상과 교육 혁신과는 어떤 연관성이 있을까?

60명과 10명의 학생들을 각각 1명의 교사가 가르치는 두 개의 교실을 상상해보자. 60명을 가르치는 교사는 일방적으로 이루어지는 강의식 수업을 준비하는 게 효율적이고 효과적이다. 토론식 수업과 같이 새로운 교육 방법을 적용하는 것은 사실상 불가능하다. 평가 또한 점수를 매길 대상자가 많다 보니 기계 등을 이용해 비교적 손쉽게 채점할 수 있는 사지선다형 시험문제와 OMR카드를 활용하는 것이 불가피하다. 반면 10명을 가르치는 교사는 다양한 교육 방법을 교실에서 적용하기가 용이하다. 평가 또한 10명을 평가하기 위해 학생이나 교사가 OMR카드에 기입하고 돌리는 번거로움을 택할 이유가 없다.

근본적으로 학생 수의 감소는 경쟁교육이 가지는 교육적 목표와 효과를 무너뜨린다. 경쟁교육을 하는 이유는 두 가지다. 한 가지는 사회를 발전시킬 수 있는 우수한 인재를 걸러내 키우는 데 있다. 다른 한 가지는 학생들의 동기부여를 통해 열심히 공부할 수 있도록 유도하는 데 있다. 첫 번째는 엘리트주의로 해석해 볼 수 있는데, 인구가 많을 때는 사회적 원리로 작용할 수 있으나 인구가 적다면 이야기가 달라진다. 인구가 감소할수록 한 명 한 명의 능력이 커지지 않으면 이전의 능력치를 유지할 수 없다. 100명 중에 한 명의 낙오자가 생기면 그 몫은 99명이 나누면 되지만 10명 중 한 명의 낙오자가 발생하면 9명이 한 명의 몫을 나누어야 하기 때문에 그만큼 모두가 소중해지는 상황이 전개된다. 다르게 생각하면 모두를 우수하게 키우는 평등교육을 실현할 수 있는 가능성은 인구가 감소할수록 커진다. 두 번째는 개인의 욕구에 기반한 것인데 한 교실에 학생이 적을수록 경쟁에 대한 욕구를 자극할 가능성이 작아진다. 이 또한 반대로 생각하면 교실 안에서 소통이나 협력의 필요성이 커진다고 말할 수 있다.

학생 수의 감소는 교사의 역할을 완전히 바꾸어놓는다. 수업의 주도권을 교사가 아닌 학생에게 줄 수 있다. 10명의 학생이 있는 교실에서 대규모 학생을 대상으로 하는 일방적인 강의식, 주입식 수업이 이루어질 필요가 없다. 10명의 교실에서 학생들이 한 마디씩 거들거나 질의응답을 할 수 있는 시간은 충분하다. 반면 60명이 함께하는 교실에서 모든 학생들에게 1분씩 짧은 답변을 듣기 위해서는 1시간이 필요하다. 수업시간은 길어도 50분을 넘지 않고 3시간 연속 수업이라 하더라도 150분에 불과하니 60명의 교실에서는 질의응답을 하는 최소한의 시간조차 확보하기 어렵다. 10명의 교실에서 교사는 교육 방법을 바꾸겠다는 의지만 있다면 간단한 질의응답에서 학생들의 수업 참여를 확대하는 방향으로 나아갈 수 있다. 한 걸음 더 나아가 학생 스스로 학습을 진행하고 교사는 이를 뒷받침하는 참여형, 프로젝트형 수업이 가능해진다. 이와 관련해 민간단체인 미래교실네트워크에서 추진하고 있는 거꾸로 교실이나 거꾸로 캠퍼스는 수업 주도권을 교사로부터 학생으로 넘기는 한국의 대표적인 사례로 등장했다.[31] 거꾸로 캠퍼스가 이런 좋은 취지에도 불구하고 많은 학생들을 대상으로 수업을 하지 않고 소규모로 수업을 진행하는 이유도 비슷하다.

인구 변화는 새로운 채용방식에도 영향을 미쳤다. 기업들은 더 이상 대규모 인원을 한꺼번에 모집해 뽑는 방식보다는 수시로 소수의 인원을 채용하는 방식을 택하고 있다. 우리나라에서 한 해 태어나는 출생아 수가 30만 명에도 미치지 못하고 있다. 모든 기업이 비슷한 시점에 직원을 뽑는다면 우수 인재 영입이 아니라 충원 미달을 걱정해야 할지 모른다. 기업들이 소수를 수시로 채용하는 방식을 선호하는 것은 인구 감소 때문만은 아니다. 신규 졸업자보다는 경력직 채용으로 눈을 돌린 탓도 있다. 신규 졸업자들은 특정 시기에 한꺼번에 졸업을 하지만 이직을 고민하는 취업자들은 언제 회사를 그만둘지 모른다. 경력직을 채용하려는 기업은 당연히 필요할 때 수시로 사람을 뽑는 방식을 선택할 수밖에 없다.

우리나라는 전 세계 어느 나라보다 빠르게 인구가 감소하고 있으며 부부가 평생 동안 1명 이상의 자녀를 낳지 않는 국가가 되었다. 출산율을 높이는 것이 국가적으로 중요한 과제라고 볼 수 있지만 저출산 문제는 우리 사회에 교육과 취업에 새로운 혁신을 요구하는 출발점이 되고 있다.

정보의 홍수가 가져온 변화

교육 혁신과 채용방식의 변화를 가져온 두 번째 사회적 변화는 4차 산업혁명으로 불리는 정보기술의 발전이다. 특히 인터넷을 통한 온라인 시대의 개막과 스마트폰의 보급과 관련이 있다. 그동안 인간의 지식을 보관하고 제시하는 매체는 책이었다. 책의 시대에는 도서관이 아니면 필요할 때 알고 싶은 지식을 바로바로 찾기 어려웠지만 인터넷이 등장하면서 필요한 지식을 온라인 접속이 이루어지는 곳이면 어디서든 접할 수 있게 되었다. 다른 사람과 소통하기 위한 목적으로만 사용되던 전화기가 스마트폰의 등장으로 인터넷 매체로 활용할 수 있게 되면서 지식과 정보의 습득은 도서관에서 컴퓨터로, 이제는 개인의 손으로 옮겨왔다. 온라인에 쌓이는 데이터의 양은 기하급수적으로 늘었고, 인간의 지능 수준에 육박하는 인공지능의 등장으로 빅데이터 분석을 통해 인간보다 기계가 더 현명한 결정을 내릴 수 있는 시대로 넘어가고 있다.

정보기술의 변화는 교과서, 교실, 교사라는 교육의 3대 요소에 영향을 미치고 있다. 교과서의 변화는 직업사전 사례를 통해 살펴보자. 미국을 시작으로 우리나라를 포함한 여러 국가들은 자국의 직업을 소개하는 직업사전(DOT : Dictionary of Occupation Titles)을 발행해왔다. 개인이 수행하는 직무 수준에서 직업이 1만 개 가까이 되기 때문에 길게는 10년에 한 번, 짧게는 5년에 한 번씩 개정판이 나왔다. 1990년대를 지나면서 두꺼운 책자 형태의 직업사전은 온라인 직업정보 시스템(OIS : Occupation Information System)으로 바뀌었다. 미국의 O*NET을 시작으로 많은 국가에서 온라인 직업정보 시스템을 통해 정보를 제공하고 있으며, 우리나라 또한 워크넷(www.work.go.kr)이라는 고용노동부 플랫폼에서 제공하고 있다.

책자 형태의 직업사전이 미국부터 사라졌지만 학교 수업에서 교과서가 이와 동일하게 사라질 것 같지는 않다. 교과서는 여전히 교육 방향의 기준을 제시하는 위치를 유지하고 있다. 다만, 과거처럼 유일한 교육매체라기보다 다양한 교육매체 가운데 하나로 바뀌었다. 동시에 과거와는 달리 사회적 변화가 빠르게 이루어지고 있어 교과서에 담긴 내용을 바꾸어야 하는 필요성이 커졌고, 이는 책자가 아닌 전자교과서로의 전환을 앞당기고 있다.

정보기술의 발달이 가져온 가장 큰 변화는 교육 공간에서 나타나고 있다. 필요할 때 언제, 어디서나 이루어질 수 있는 적시학습(just-in-time learning)이 가능해진 것이다. 이는 교실 밖에서도 배울 수 있는 환경이 조성되고 있음을 의미한다. 전자교과서의 등장으로 인터넷이 연결된 곳이면 어디든 학습이 이루어질 수 있다. 교육매체 가운데 동영상이 중요하게 등장하면서 명사들의 강연을 다루는 테드(TED)[32] 나 오픈형 온라인 공개수업인 코세라(Coursera), 에덱스(edX), 우리나라의 K-MOOC 등을 통해 어느 곳에 있든 스마트폰만 갖고 있다면 학습이 가능한 시대가 열렸다. 정보기술의 발달은 교사에게도 영향을 미치고 있다. 많은 교사들이 온라인 교육 환경을 활용하는 교육 방법을 적용하여 수업을 진행하고 있다. 수업시간에 교과서만을 다루는 것이 아니라 교육 내용과 연결되는 동영상을 틀어주기도 하며 온라인 공개수업을 진행하기도 한다. 나아가 교사들 중에는 자신의 수업 영상을 녹화해 블로그에 올려 공유하거나 자신의 영상을 보면서 문제점을 찾고 개선하는 데 활용하는 이도 있다.

정보기술의 발달이 가져온 교육 분야의 변화는 단지 테크놀로지를 교육에 접목하는 에듀테크(edu-tech) 환경 조성에 머물지 않는다. 가장 근본적인 변화는 지식이나 정보의 습득과 기억에 관한 부분이다. 인류 역사에 있어 가장 기본이 되는 교육 방법은 암기다. 암기는 어떤 분야에 대한 지식이나 정보를 찾고 이를 습득한 뒤 자신의 머릿속에 저장하는 과정에서 이루어진다. 이는 어떤 지식이나 정보를 자동적으로 기억해낼 정도로 반복적으로 이루어지는 과정이며 지식이나 정보의 양이나 난이도에 따라 오랜 시간이 걸리기도 한다. 이러한 작업을 굳이 해야 하는 이유는 우선 평가나 진학, 취업 등을 위해 이루어지는 시험을 대비하기 위함이다. 다른 이유는 우리가 실제 생활을 할 때 어떤 지식이나 정보를 활용해야 하는데 기억을 못하면 활용할 수 없기 때문이다. 정보기술의 발달은 암기에 대한 두 번째 필요성을 없애버렸다. 실생활에서 우리는 필요할 때 스마트폰을 비롯한 정보매체를 활용해 실시간으로 지식과 정보를 얻을 수 있다. 시험을 위한 암기 또한 점차 불필요해지고 있다. 사지선다형 시험을 통한 입학이나 채용이 선진국을 중심으로 점차 사라지고 논술이나 면접, 발표와 같은 방식이 늘어나고 있다.

직원 채용에 있어서 구직자에게 요구되는 능력이나 자질이 변하고 있다. 지식이 넘쳐나고 정보의 홍수 속에서 꼭 필요한 정보를 찾고 다양한 지식이나 정보를 융합적이고 복합적으로 재구성하는 능력이 중요해지고 있다. 이는 지식이나 정보를 습득하는 능력보다는 이를 활용하는 능력이 더 중요해졌음을 의미한다. 암기는 지식이나 정보를 습득하는 능력이며, 융복합적 재구성은 지식이나 정보를 다루는 능력이라고 할 수 있다. 이제 암기의 시대는 끝이 났다. 지식이나 정보를 장난감 다루듯 가지고 놀 수 있는 능력이 더 중요하다는 사실을 정보기술의 발달이 우리에게 말해주고 있다.

지식 대신 태도와 행동에 주목하다

교육 혁신과 채용방식 변화의 중심에는 무엇이 살아가는 데 핵심적인 역량인지에 대한 논의가 있어왔다. 이러한 논의의 출발점 가운데 하나는 OECD에서 2000년대 들어서면서 발표한 핵심역량에 대한 연구 프로젝트, 즉 뉴질랜드 사례에서 언급한 데세코 프로젝트가 있다.[33] 7년 동안 장기간에 걸쳐 여러 국가들이 참여해 이루어진 프로젝트 결과, 삶을 살아가는 데 꼭 필요한 세 가지 역량을 제안했다.

데세코 프로젝트가 제안한 핵심역량[34]은 관계에 주목했다. 우리가 살아가면서 관계를 맺는 대상은 대체로 세 가지로 구분된다. 첫 번째는 다른 사람이다. 부모나 형제자매와 같은 가족부터 학교나 직장에서 만나는 사람들을 비롯하여 길거리에서 마주치는 모르는 사람들에 이르기까지 다양한 사람들과 만남이 이루어진다. 이러한 만남에서 필요한 역량이 사회성이다. 사회성은 일대일 관계에서 요구되는 의사소통 능력, 배려심, 공감 능력, 설득력은 물론 여러 사람들과의 관계에서 필요한 리더십, 팔로워

십, 협동심, 협력과 사회에 대한 참여나 조직에 대한 소속감, 봉사나 기부와 같은 행위를 포괄한다.

두 번째는 다른 사람이 아닌 자기 자신과의 관계다. 이것은 내가 누구인지를 아는 것에서 출발해 내가 살아가고 있는 세계에서 나의 권리와 의무를 파악하여 이해하고, 이를 토대로 내가 할 수 있는 목표를 정하고 계획을 세워 실천에 옮기는 것을 의미한다. 이때 필요한 역량은 자율성이다. 자율성은 등교 시간과 같이 생활에서 요구되는 다양한 약속을 지키는 자기관리부터 자신의 적성과 흥미를 파악하는 자기이해는 물론 자기주도성, 추진력, 결단력과 같이 계획을 세워 행동으로 옮기는 과정에서 필요한 역량들을 포괄한다.

세 번째는 인류가 만든 유산 중에서 지적인 활동에 도움을 주는 도구들과의 관계다. 사람들은 컴퓨터를 사용하고 책을 읽고 차를 타고 영화를 본다. 인간이 만든 모든 것들은 그것을 가능하게 하는 도구들로부터 비롯되었다. 이러한 인공적인 도구들은 문자와 언어를 비롯한 정보와 기술 등이다. 만약 우리가 이러한 인공적인 도구들을 우리 신체의 일부처럼 자유롭게 다룰 수 있다면 세상을 살아가는 데 큰 어려움이 없을 것이다.

데세코 프로젝트에서 제안한 세 가지 핵심역량은 이후 지속적으로 이루어진 역량 요인을 규명하는 연구들에서 이름을 달리하거나 국가나 사회별로 중요도에 있어서 차이가 존재하지만 공통적으로 다루어지는 요인들이다. 다만, 데세코의 세 가지 핵심 역량에 포함되지 않지만 꾸준히 제기되고 있는 개념은 사고력이다. 사고력은 큰 틀에서 생각하는 힘을 의미한다. 주어진 것을 달리 본다는 측면에서 비판적 사고, 여러 가지 시각이나 접근을 동원해서 생각한다는 측면에서 융합적 사고, 새로운 것을 추구한다는 의미에서 창의적 사고로 나누어진다. 대중적으로 사고력은 창의성이라는 용어로 많이 사용된다. 창의성은 데세코 프로젝트에서 접근하는 관계의 문제로 보면 나와 새로운 것과의 관계로 풀어볼 수 있다. 지적인 도구 활용은 그 자체로 존재하는 것과의 관계이며 배우고 익히는 문제라면, 창의성은 주어진 것에 대해 의문을 품고 비판적으로 접근해 융합적 사고로 새로운 것을 도출해내는 창출의 문제라고 할 수 있다.

OECD는 역량 중심 교육에 대한 새로운 도전인 교육 2030 프로젝트(Education 2030 Project)를 추진하고 있다.[35] 2015년부터 시작된 이 프로젝트는 데세코 프로젝트에 대한 후속 작업으로, 개념을 정립하는 문제보다 학교 현장에 어떻게 학생들의 역량을 증진시킬 것인가에 초점을 맞추고 있다. 이 프로젝트는 데세코 프로젝트에서 제시한 역량 개념을 미래 사회 변화에 따라 재구조화하는 작업도 수행하고 있다. 미래 사회에 교육의 대

전환이 필요하다는 판단 아래 제안된 새로운 역량(transformative competencies)은 새로운 가치 창출하기, 긴장과 갈등 조정하기, 책임감 갖기, 세 가지였다.[36]

'새로운 가치 창출하기'는 데세코 프로젝트에서 다루지 못한 사고력의 문제를 확장한 것이다. 사고력은 달리 생각하는 힘을 의미한다. 여기에서 비판적으로 생각하는 힘을 의미하는 비판적 사고력을 토대로 새로운 변화에 적응하고 이미 존재하고 있으나 융합적이고 복합적으로 접근해 새로운 생각이나 가치를 창출하는 창의력으로 이어질 수 있다. 이러한 맥락에서 OECD는 2030년을 준비하기 위해 필요한 역량 중 첫 번째로 새로운 가치 창출하기를 제시하고 있다. '긴장과 갈등 조정하기'는 이질적인 집단에서 상호작용하기의 확장판이다. 미래 사회에서 필요한 역량은 사회성을 갖추는 데 머물지 않고 사회적 변화 속에서 이루어지는 긴장이나 갈등 상황을 극복할 수 있는 능력을 갖추어야 한다. 이는 개인 간의 갈등 관계에 대한 관리를 넘어서는 것으로 나와 세계 간의 관계에서 발생할 수 있는 여러 가지 난관을 극복하는 것까지를 포괄한다.

마지막으로 '책임감 갖기'는 자율적으로 행동하기에 자신의 행동을 성찰하고 평가하는 것까지를 포괄하는 개념이라고 할 수 있다. 나 자신을 알고 내가 속한 사회를 이해하고 스스로 목표를 세워 행동에 옮길 수 있는 역량이 자율적으로 행동하기다. 그런데 이 개념에는 행동한 결과에 대한 평가가 포함되어 있지 않다. 내가 세운 목표가 적절한지, 이를 행동으로 옮겼을 때 어떤 결과를 초래할지에 대한 성찰이 빠져 있다. OECD에서는 목표 설정과 행동 이상으로 스스로 이를 성찰하고 평가하는 것이 미래 사회에서 더 중요한 역량이라고 제안하고 있다.

새로운 시대에 요구받는 역량은 지식 전달을 통해 이루어질 수 없으며 특정한 태도를 갖고 행동할 때 갖출 수 있다. 만약 역량을 어느 정도 갖추고 있는지에 관한 평가를 한다면 어떻게 해야 할까? 분명한 것은 현행 시험방식이 역량을 측정하는 도구가 되기 어렵다는 것이다. 기존 시험방식으로 개인의 역량 수준을 평가할 수 있을까? 결론부터 이야기한다면 평가하기 어렵다. 개인이 갖추어야 할 역량 중에서 글쓰기와 설득력을 예로 들어 살펴보자. 누가 글을 잘 쓰는지는 독후감이나 글짓기 대회 등에서 글을 써보게 하고 이를 전문가가 평가해 파악할 수 있다. 그런데 학교에서는 글을 쓰고 이를 평가하기보다는 자음과 모음, 두음법칙과 같이 글을 쓰는 것과 관련된 지식을 국어라는 과목에서 가르치고 이를 평가한다. 문자와 글의 구성 원리를 모르는 상태에서 글을 쓸 수 없기 때문에 관련 지식을 습득하는 것은 필수적이지만 정작 필요한 글쓰기를 향상시키는 데 현행 시험방식은 아무 도움이 되지 않는다.

설득력을 높이는 데 시험방식의 평가가 도움을 줄 수 있을까? 설득은 다른 사람이라는 대상이 있어야 한다. 시험지는 대상이 아니다. 동시에 설득력은 시험지에서 제시되는 문제로 파악할 길이 없다. 같은 반에 다니는 학생들은 누구나 어떤 친구가 말을 설득력 있게 하는지 알고 있다. 이는 시험을 통한 결과가 아니라 경험에서 나온 것이다. 학생들의 설득력을 높이기 위해서는 말을 잘할 수 있는 지식만이 아니라 말을 하는 태도와 설득을 해야 할 특정한 조건 속에서 간접적이든 직접적이든 말을 해보는 연습이 이루어져야 한다. 태도와 활동은 기존의 시험방식으로 평가할 수 없으며 관찰을 통해 파악할 수 있다.

시험과는 달리 관찰은 수치화된 점수로 환산하기 어렵다. 동시에 평가자의 주관이 개입될 여지가 높다. 이는 관찰을 통한 평가가 역량을 평가하는 데 반드시 요구되지만 실제로 이루어지기 어려운 이유다. 평가에 관한 교사의 재량권이 주어지지 않는다면 평가 결과를 수용하지 못하는 결과를 가져올 수 있다. 관찰과 같은 평가방식이 이루어지기 위해서는 평가자의 전문성을 높이는 것이 필요하다. 전문성은 신뢰를 가져오는 기반이 되며 점수로 표현되는 것 이외의 평가를 가능하게 하는 핵심적인 요소다. 공감 평가 또한 필요하다. 누가 발표를 잘하고 설득력 있게 말했는지를 평가할 때 교사만이 평가자가 될 필요는 없다. 수업에 참여한 학생들이면 누구나 평가에 참여할 수 있으며 이는 평가의 주관성을 극복하는 효과를 가져올 수 있다. 동시에 평가방식의 변화도 필요하다. 역량 평가는 정답과 오답으로 명확히 나누어지지 않는다. 역량 수준과 관련하여 높은지, 낮은지에 관한 기준도 사람마다 다를 수 있다. 그렇기 때문에 상대평가는 어렵고 절대평가가 더 유리하며 평가 등급을 세분화할수록 어려워지기 때문에 평가 등급을 단순화하는 것이 필요하다.

시험은 평가의 일부일 뿐이다. 지금처럼 거의 전부가 되어버린 상황이 지속된다면 정말로 필요한 역량을 높여야 하는 더 큰 과제를 놓칠 수 있다. 평가자의 전문성을 갖출 수 있게 하고, 상호 평가를 통해 평가의 주관성을 줄이고, 누구나 동의할 수 있는 덜 세분화된 평가 등급을 통한 절대평가가 이루어진다면 우리는 낡은 평가도구를 더 이상 고집할 필요가 없을 것이다.

3

탈시험인간,
새로운 사회를
상상하다

지금껏 살펴보았듯 이제 시험인간의 시대는 끝났다. 시험인간으로서의 능력은 미래와 세계가 요구하는 것과 정확히 배치된다. 이제 시대가 요구하는 것은 '시험인간'이 아닌 '탈시험인간'이다. 탈시험인간들이 만들어갈 새로운 세상을 위해 필요한 것은 무엇인지 살펴보자.

문제 풀이에서 문제 내기로

역량 중심 교육은 이제 선택이 아닌 필수가 되었다. 역량 중심 교육이 이루어지기 위해서는 문제를 푸는 교육을 문제를 내는 교육으로 바꾸어야 한다. 문제를 내는 교육은 어떻게 가능할까? 우선 교과목을 중심으로 이루어진 교육과정을 바꾸어야 한다. 교과목을 통해 습득해야 할 지식과 기술은 핵심만 남기고, 나머지는 들어

내야 한다. 이를 통해 확보된 수업시간은 생각하고 체험하며 스스로 문제를 낼 수 있는 도전과 탐구의 시간으로 바꾸어야 한다. 이러한 변화가 가능하기 위해서 초중등 교육과정을 바꾸어야 한다.

우리나라에서 역량 중심 교육이 검토되기 시작해 부분적으로 반영된 것이 2009년 개정 교육과정이다. 이러한 흐름은 계속 이어져 2015년 개정 교육과정은 핵심역량을 반영하고 창의성과 융합성을 강조하는 교육과정으로 개편되었다. 2015년 교육과정에서는 우리나라 교육에 핵심역량이 무엇인지를 개념화하고 제시하기도 했다.[37] 형식적인 면에서는 미래 사회의 변화에 대응하는 새로운 교육과정이 모양새를 갖춘 셈이다. 그렇지만 현재까지 우리나라에서 교과 중심이 아닌 역량 중심 교육이 이루어지고 있다고 믿는 사람은 거의 없다.

이렇게 볼 수밖에 없는 가장 큰 이유는 수업시간이 그대로라는 점이다.[38] 교육과정에서 전체 수업시간은 수업 이수 단위로 표기된다. 1단위는 어떤 과목을 한 학기 동안 받을 주당 수업시수이다. 고등학생의 경우 대략 50분짜리 수업을 한 학기 동안 17번 받는데 이를 시간으로 환산하면 850분, 대략 14시간이 된다. 2015년 교육과정이 현재도 적용되고 있으므로 현재 고등학생이 3년간 받아야 하는 수업시간은 204단위로 2,890시간에 이른다. 그렇다면 과거보다 수업시간이 줄어들었을까? 그렇지 않다.

1992년 시행된 제6차 교육과정의 고등학교 3년간 총 이수 단위도 204단위였다. 30년 가까이 시간이 흘렀지만 전체 수업시간은 달라진 것이 없다.

놀라운 것은 2012년 주 5일 수업제가 도입되어 수업일수가 크게 줄었음에도 졸업 이수 단위는 줄어들지 않은 점이다. 주 5일 근무제가 도입되어 노동시간이 줄어든 데 반해 주 5일 수업제는 평일 수업시간이 늘어나 학생들의 수업시간을 줄이는 데 아무런 영향을 미치지 못했다.

이처럼 수업시간을 줄이지 않으면 학교에서 새로운 변화를 시도하기 어렵다. 한 가지 예를 들어보자. 대학교 수업은 학생들이 학기 시작 전에 수강 신청을 미리 한 뒤 해당 강의실을 찾아가는 방식을 취한다. 반면 초등학교에서 고등학교 수업은 학생들이 소속된 교실이 정해져 있고 교사가 편성된 수업시간에 들어오는 방식을 취한다. 만약 고등학교 수업이 대학처럼 수강 신청을 하는 방식으로 바뀌면 어떻게 될까? 고교학점제는 대학처럼 학생들이 자신의 필요와 적성, 진로에 따라 과목을 선택하고 이수할 수 있는 기회를 제공해주는 제도로, 현재 추진 중이다. 고교학점제가 도입되면 쉬는 시간을 늘려야 하고 신청자가 없어 공강이 발생할 수 있고 자습 방식으로 수업을 채우기도 어려워져 학기당 17주에 이르는 수업시수를 채우는 것이 불가능해진다. 이처럼 학생에게 수업 선택권을 주는 어찌 보면 간단한 교육 혁신 마저도 빽빽하게 채워진 수업시간 때문에 도입이 어려운 상황이다. 만약 대학처럼 학기당 16주로 수업시수가 정해지면 고등학교 수업시간은 170시간이 줄어들게 된다.

수업시간을 줄이는 것과 더불어 수업시간의 배분을 바꾸는 것도 중요하다. 수업시간의 배분은 비교과 수업과 선택과목에 해당하는 문제다. 수업시간 축소에 비해 비교과 수업의 확대는 그나마 그동안의 교육개혁으로 어느 정도 이루어졌지만 여전히 미진한 상황이다. 1988년 교육과정(5차 개정)까지 고등학교에서 비교과 수업인 특별활동은 12단위에 불과했다. 1992년 교육과정(6차 개정)에서 비교과 수업은 4단위가 추가되어 16단위까지 늘었고, 2009년 교육과정에서 창의적 체험활동이 도입되면서 24단위까지 확대되었다. 현재 비교과 수업시간은 30년 전에 비해 두 배 이상 증가한 것이다. 어찌 보면 크게 변한 것으로 볼 수 있지만 창의적 체험활동 시간은 3년 동안 340시간에 불과해 새로운 혁신을 추진하기에는 한계가 있다. 비교과 수업시간을 최소 30퍼센트 이상 늘리는 것이 필요하다.

만약 현행 교과 수업시간을 어쩔 수 없이 유지해야 한다면 국·영·수와 같은 교과 수업시간에 생각하고 토론하고 체험할 수 있도록 가르칠 내용을 대폭 줄여야 한다. 가르치는 내용을 줄이는 것은 쉽지 않은 작업이지만 선택 과목을 늘리는 방식으로 접근할 수 있다. 예를 들어 수학은 필수 과목이지만 대학에서 수학적 지식을 활용하는 정도가 높은 수학 전공 영역은 선택과목으로 분리할 수 있다. 2015년 교육과정에서 필수과목의 단위 수는 94단위이며 선택과목은 86단위이다. 1997년 교육과정(7차 개정)에서 한때 필수과목이 56단위까지 낮아진 적이 있지만 94단위까지 늘어났다. 필수과목의 수업 이수 단위를 7차 교육과정 수준으로 낮추어 필수과목에서 가르쳐야할 내용을 줄여야 한다.

이제 가장 중요한 것은 수업방식과 평가방법의 변화다. 수업방식은 강의식으로 교과 지식을 일방적으로 전달하는 방식에서 토론식으로 본인 스스로 생각하고 친구들과 논의를 통해 이루어지는 방식으로 바꾸어야 한다. 동시에 체험학습이 필요한 부분을 교과 수업시간은 물론 창의적 체험활동 시간을 활용해 강화해야 한다. 마지막으로 학교에서 이루어지는 평가방법을 바꿀 필요가 있다. 중간 및 기말 등 지필고사는 순차적으로 상대평가에서 절대평가로 바꾸고 과목 이수 여부(pass/fail)만으로 평가하는 과목을 늘려야 한다.

수행평가 또한 개선이 필요하다. 수행평가는 학생들이 보고서, 발표, 만들기 등의 과제를 수행하는 과정과 결과를 관찰해 평가하는 것으로, 역량 중심 학습을 위해 가장 중요한 평가방식이다. 그런데 우리나라에서 수행평가는 수업시간에 이루어지는 관찰을 통해 이루어지는 것이 아니라 학생들에게 숙제를 내고 가져온 결과를 평가하는 방식으로 이루어지고 있다. 고등학생들은 일주일에 대략 8개에서 9개 과목을 배우는데 모든 과목에서 수행평가를 적게는 40퍼센트에서 많게는 70퍼센트 비율로 평가에 반영되고 있다. 수행평가가 한 학기에 과목별로 대략 3번에서 4번 이루어지고 있어 학생들은 한 학기에 24번에서 36번까지 수행평가 준비를 해야 한다. 생각만 해도 끔찍한 수준이다. 수행평가는 평가하는 내용이 바람직할지 몰라도 성적에 반영되어 지필고사와 마찬가지로 학생들에게 부담을 주고 정작 필요한 역량을 키우지 못하는 평가방식이 되고 있다. 가장 심각한 폐단은 팀별로 수행평가를 진행하는 것으로, 팀원 가운데 포기자가 나오면 나머지 학생들이 모든 것을 책임져야 해 '수행평가 지옥'이라는 표현이 생겨날 정도다. 이처럼 사회성이라는 핵심역량을 키우는 학습시간이 아니라 사회성을 해치는 결과를 가져오는 것은 최소한 막아야 한다.

수행평가는 수업시간 동안 관찰을 통해 평가되어야 한다. 방과 후 수행평가를 준비하는 시간을 최소화하는 것이 필요하다. 수행평가는 교사가 제시한 문제를 푸는 시간이 아니라 스스로 문제를 만드는 시간이 되어야 하며 학생들 간에 서로 협력해서 새로운 학습을 경험하는 자리로 탈바꿈해야 한다. 이러한 변화가 이루어지지 않으면 우리나라에서 역량 중심 학습의 실현은 영원한 공염불이 될지 모른다.

대입 개편 방향, 시험을 보는 이유에서 찾다

대입제도 개편 논의가 뜨겁다. 입시 비리가 계속되면서 이제는 과거로 돌아가자는 목소리에 힘이 실리고 있다. 여론조사에서 한 번의 지필시험 결과로 대학에 들어가는 정시모집을 확대해야 한다는 의견이 60퍼센트를 넘어섰다.[39] 국민들 대부분은 어떤 반칙도 개입될 여지가 없는 지필시험 방식을 지지하고 있는 것이다.

여론조사대로 정시 확대가 이루어진다면 다시 반복될 역사적 현실이 우려스럽다. 시간을 수시 형태의 모집이 처음 시작된 2000년대 초반으로 되돌려보자. 당시 수학능력시험으로 신입생을 모집한 정시모집의 비율은 70퍼센트 이상이었다. 2003년 사교육비가 천정부지로 증가하자 정부는 EBS 수능방송을 연계한 시험 출제를 주요 내용으로 사교육비 경감 대책을 내놓았다.[40] 당시 사교육비가 증가한 원인으로 수능 중심의 대입제도가 지목되었다. 대부분 정시로 대학입시가 이루어지면서 수능시험에만

초점을 맞추어 사교육을 받았던 학생들이 유리했기 때문이다. 게다가 수능시험이 학교교육과는 달리 여러 교과 내용을 합쳐 통합교과 형태로 출제되면서 학원 의존도를 높이는 결과를 낳기도 했다. 강남 대치동을 중심으로 하는 학원가가 주목받았고, 사교육 열풍은 강남 집값을 상승시키는 원인으로 지목되기도 했다. 과거의 경험은 정시 확대가 단기적인 처방에 그칠 뿐 근본적인 개혁이 될 수 없음을 말해준다.

대입제도 개편은 정말 어려운 문제다. 개편 방향에 따라 수험생들의 유불리가 갈리고 매우 복잡하게 얽힌 이해집단 간에도 첨예한 갈등이 발생하기 때문이다. 그런데 본질적인 질문을 한번 던져보자. 왜 대입시험을 보는가? 대학 입장에서 대입제도는 학교에 입학할 학생을 뽑는 제도다. 학생 입장에서 대입제도는 들어가고 싶은 대학에 입학하기 위해 치르는 시험이다. 교육 주체 입장에서 대입시험을 보는 이유는 분명하다. 그런데 사회 전체적인 관점에서 시험이 가지는 의미는 좀 더 근본적인 질문으로 이어진다.

> 요새 말하기를 과거시험이 글이나 시를 쓰는 형태만 다루어 성균관 학생들이 경서는 읽지 않고 요약한 것만 모아 익히니 전혀 인재를 기르지 못한다고 한다.[41]

좋은 시험제도를 만드는 것은 현재는 물론 과거에도 중요했다. 《조선왕조실록》에서 과거시험에 관한 대목을 살펴보다가 세종대왕이 과거시험에 대해 보강책을 찾는 과정에서 이루어진 문답이 눈에 들어왔다. 세종대왕은 과거시험이 사람을 뽑는 제도에 머물지 않고 인재 양성에 기여하는 제도여야 한다고 지적하고 있다. 현재의 대입제도도 크게 보면 인재 양성을 위한 과정이며 우리가 핵심적으로 질문해야 할 것은 "대입제도가 인재 양성을 위한 역할을 수행하고 있는가?"일 것이다. 만약 인재 양성을 위해 제대로 역할을 수행하고 있지 않다면 대입제도는 아주 간단한 선발 절차로서의 기능을 담당하면 그것으로 충분할 것이다. 동시에 대입제도는 교육의 목적에 부합해야 한다. 〈교육기본법〉 제2조에 나오는 교육이념은 인간다운 삶을 살아가는 데 필요한 능력과 자질을 갖추고 국가 및 인류 발전에 기여하게 하는 데 있다.[42]

그렇다면 교육의 목적에 부합하며 인재를 양성하는 방향으로 대입제도를 어떻게 개편해야 할까? 대입 수능 개편에 관한 가장 진지한 논의는 2018년 국가교육회의에서 제기해 이루어진 대입제도개편 공론화위원회의 공론화 과정이었다.[43] 여기서 논의된 대입제도 개편 방향을 살펴보자. 공론화 과정에 참여한 시민들은 워크숍, 온라인 의견 수렴 등을 거친 뒤 최종적인 의견을 제시했다. 시민참여단은 대입제도 개편 방향으로 결정해야 할 네 가지 공론화 의제를 검토했다. 이 의제는 정시와 수시 선발방식, 수능 절대평가 전환 여부, 수시 최저학력기준 여부에 대한 입장을 달리하는 시나리오로 구성되어 있다. 공론화위원회에 참여한 시민들이 가장 많이 선호한 안은 정시 비율을 45퍼센트 이상 확대하자는 첫 번째 의제로 52.5퍼센트의 지지를 받았다. 그런데 수능 전 과목을 절대평가로 전환하자는 두 번째 의제 또한 48.1퍼센트로 높은 지지를 받아, 공론화위원회는 두 의제에 있어서 통계적으로 유의미한 차이가 없어 최종안을 결정하지 못하고 판단유예 결정을 내렸다.

이 논의에서 주목해야 할 것은 각 의제에서 제시한 입시제도 방향이다. 첫 번째 의제는 개인이 노력한 만큼 정당한 결과를 얻는 것을 중시하는 접근이다. 두 번째 의제는 경쟁과 줄 세우기보다 소질이나 적성, 배움을 실현하는 수업을 강조하는 접근이다. 세 번째 의제는 역량 및 과정 중심 수업에 대한 평가가 이루어지는 것을 강조한다. 마지막으로 네 번째 의제는 사회적 요구에 부응하는 교육을 강조하는 접근이다. 교육 목적에 부합하는 시험제도라는 측면에서 접근하고 있는 것은 두 번째와 세 번째 의제다. 첫 번째 의제는 교육만이 아니라 공정성이라는 모든 영역에서 요구되는 문제에 초점을 맞추고 있으며, 네 번째 의제는 사회적 요구라는 부차적인 기준을 가지고 제도의 방향을 제시하고 있다.

세 번째 의제는 역량 및 과정 중심 수업을 강조하고 있다는 점에서 교육적 목적에 부합하는 것이나 이를 실현하기 위한 시나리오가 적절한지는 의문이다. 게다가 세 번째 의제는 정시와 수시모집 비율이나 수시 최저학력기준 활용 여부는 대학 자율에 맡기고 학생 변별 기능을 확보하기 위해 상대평가 체제를 유지해야 한다는 시나리오를 제시하고 있다. 이 의제는 사실상 대학의 자율성을 강조하고 있는 것으로 대학에 대한 신뢰가 낮은 현실을 반영해 37.1퍼센트의 가장 낮은 지지율을 보여주었다.

시민참여단의 설문 결과는 그들이 어떤 입장에서 대입제도를 바라보고 있는지를 보여준다. 입시제도 개편 방향으로 시민참여단이 가장 중요하다고 본 것은 95.5퍼센트가 중요하다고 응답한 '공정하고 투명한 입시제도'였다. 이는 어떤 제도든 상관없이 반드시 갖추어야 할 요건으로 매우 중요하지만 시민으로서 갖추어야 할 자질과 능력을 갖추고 인재를 양성해야 한다는 교육적 목적에서 볼 때 부차적인 문제다. 공정하고 투명한 입시제도가 이루어진다고 해서 교육적 목적이 달성되지 않기 때문이다. 입시제도 개편 방향에 있어 두 번째로 높은 응답을 보여준 것은 '학교교육 정상화에 기여하는 입시제도'로 92.8퍼센트가 중요하다고 응답했다. 이는 입시제도가 학교교육이 제 기능을 담당할 수 있도록 도울 필요가 있음을 제기하는 것으로 교육적 목적에 부합한다.

교육적인 목적에 가장 부합하는 두 번째 의제에서 제기한 핵심적인 개편 방향은 모든 교과목의 절대평가 적용이었다. 정시 확대 논쟁으로 크게 주목받지 못했지만 절대평가 확대에 대한 시민들의 목소리도 적지 않았다. 의제 선택 외에 시민참여단을 대상으로 설문조사한 결과에 따르면, 수능 절대평가 확대에 찬성한 비율은 53.7퍼센트로 현행 유지(11.5퍼센트)나 상대평가 확대(34.8퍼센트) 의견보다 훨씬 높았다.

수능시험의 절대평가 확대는 대입제도 개편에 있어 핵심적인 방향이 되어야 한다. 이는 역량 중심 교육이 중등교육 단계에서 자리 잡는 데 영향을 미칠 수 있다는 점에서 중요하다. 그렇다면 절대평가 확대가 가져올 부정적인 영향은 없을까? 이에 대한 반대 시나리오인 첫 번째 의제는 전 과목 절대평가가 실시되면 다수의 동점자가 발생해 수능의 변별력이 상실되어 대입 선발 기능이 무력화될 수 있다고 지적했다. 수학능력시험이 무력화되는 것이 안타까울 수 있으나 이는 교육적 목적을 훼손하는 것과는 거의 관련이 없다. 수능이 무력화되면 열심히 공부한 노력의 대가를 보상받지 못하는 문제가 발생한다고 말할 수 있지만 이제 중요한 것은 얼마나 노력할 것인가가 아니라 무엇을 위해 노력할 것인가로 시선이 바뀌고 있다. 성인으로 살아가는 데 꼭 필요한 역량을 키우는 것이 중요한데 지필고사로는 의사소통 능력이나 설득력, 창의력과 같이 꼭 필요한 부분을 평가할 수 없다. 이러한 현실을 고려할 때 불필요한 경쟁을 위한 노력에 치중하지 않도록 대입제도를 설계하는 것이 필요하다.

수능시험 과목의 절대평가 확대는 대입제도 개편의 일부일 뿐이다. 근본적인 문제를 해결하기 위해 대학 교육의 경쟁력을 강화하고 서열구조를 바꾸는 것이 필요하다. 특히 잘못된 방향으로 경쟁을 부추기는 서열구조가 지속되는 한 어떤 교육 혁신이 도입되도 무너져내릴 수 있다. 일부 영미 국가를 제외하고 평준화된 대학 체계를 갖고 있는 외국과는 달리 우리나라는 대학 간의 서열구조가 매우 뚜렷하게 나타나고 있다. 유럽 대부분의 국가는 대학 교육을 일종의 군 복무처럼 국가와 사회를 위해 인재로서 헌신하는 과정으로 이해하고 있어 대학을 공적 기관으로 다룬다. 당연히 국가는 모든 대학의 경쟁력을 높이기 위해 노력하며 국공립 대학 간에 서열구조를 만들 이유가 없다. 영미 국가들은 소수의 국공립대학에 집중해 재정 부담을 덜고 대부분을 차지하는 사립대에 재정적인 지원을 하지 않고 최대한의 자율성을 부여해 경쟁력을 갖추도록 노력하고 있다.

우리나라는 모든 부분이 영미 국가와 유사하지만 사립대에 자율성을 부여하지 않고 대학재정 지원사업 등을 통해 사립대에 많은 예산을 투입하는 나라다. 이처럼 어정쩡한 대학 지원이 다른 나라에서 볼 수 없는 대학 서열구조를 가져온 원인이라고 할 수 있다. 고등교육의 공공성을 강화하거나 반대로 고등교육의 책임성을 강화하는 것 가운데 하나를 선택해야 할 시점에 이르렀다. 대부분의 대학이 사립인 현실에서 후자를 선택하는 것은 불가피하다. 교육부는 국립대학의 경쟁력을 강화하기 위해 재정 투입을 집중하는 것이 필요하며 사립대에 대한 지원을 대폭 축소해야 한다. 한편 재정 지원을 줄이는 대신 사립대에 대한 정부 규제는 점차 풀어주는 방향으로 갈 수밖에 없다.

현재 서울대를 제외한 국립대학의 경쟁력은 매우 낮은 수준으로 무엇보다 다른 국립대학의 경쟁력을 끌어올리는 노력이 필요하다. 경쟁력 있는 지방 국립대학의 등장은 서울 중심의 대학 서열구조에 균열을 가져오는 첫 번째 사례가 될 것이다. 동시에 국립대학 중점 지원은 공공 영역과 민간 영역이 원칙에 맞게 운영되는 출발점이며, 상호 견제와 노력으로 우리나라 대학 전체의 경쟁력을 높이는 길로 나아갈 수 있다.

이미 시작된 채용 혁신, 공공부문에 달렸다

직원의 역량을 중심으로 채용하는 민간부문의 혁신은 이미 시작되었다. 더 이상 필기시험을 통해 입사하는 일은 보기 힘들 것이다. 물론 대기업에서 여전히 인적성검사라는 이름으로 필기시험을 보고 있다. 외국처럼 수시 채용과 경력직 채용을 확대하고, 인턴을 거쳐 직원으로 채용하는 방식이 일반화된다면 대규모 인원을 채용할 때 필요한 절차인 필기시험이 유지될 가능성은 높아 보이지 않는다.

사회환경의 전반적인 변화는 이러한 경향에 힘을 실어줄 것이다. 가파른 인구 감소로 조만간 인력 부족 현상이 심화될 가능성이 높아 대규모 공채 자체가 쉽지 않은 상황으로 바뀔 것이다. 지필고사보다 훨씬 더 효율적이며 역량을 평가할 수 있는 인공지능을 채용 과정에 전면적으로 도입하면서 면접을 중심으로 채용 절차가 재편될 것이다. 신입사원 채용을 매우 중시하기로 유명한 구글은 2000년대 중반까지 미국 대학입학시험 SAT 점수와 같은 객관적인 데이터를 중시하다가 네 번 이상의 면접을 통해 직원을 선발하는 방식으로 바꾸었다. 인공지능은 자기소개서나 이력서와 같은 텍스트 분석에서 면접과 같은 동영상을 분석해 지원자가 어떤 성향을 갖고 있는지, 어떤 능력과 자질을 갖고 있는지 분석해준다. 개인이 정보 검색에 동의한다면 인터넷이나 SNS에 올린 문서와 영상, 댓글을 빅데이터로 분석해 회사에 적합한 인재인지를 판별할 수 있는 시대가 오고 있다.

우리나라에서 새로운 채용방식을 도입하는 데 있어 걸림돌은 공공부문에 있다. 공무원은 물론 공공기관에서 직원을 선발하는 방식은 20세기와 다를 바 없을 정도로 구시대의 산물이다. 우선 공무원 채용제도를 개편하는 것이 필요하다. 우리나라는 중앙인사기관에서 모든 부처와 지자체의 공무원 채용에 관한 계획을 세우고 공고부터 시험전형, 배치까지 직접 담당하고 있다. 외국에서 우리나라처럼 중앙집권적인 채용제도를 운영하는 곳은 찾아보기 어렵다.[44] 외국에서도 채용 절차 중 지필시험을 거치는 경우가 여전히 많지만 우리나라처럼 일률적으로 공무원시험이 이루어지지 않는다. 독일은 우리나라 인사혁신처처럼 법률이나 예산 집행, 복지나 급여 협상 등 공직자제도를 운영하는 부처가 별도로 있기는 하지만 공직자 인사 업무는 분권 원칙에 따라 모든 부처와 지자체에서 담당하고 있다. 각 부처들은 특정 시기에 한꺼번에 채용하는 것이 아니라 수시로 채용하기 때문에 당연히 일률적인 공무원시험을 치르지 않는다. 민간기업에서 직원을 채용할 때와 유사하게 인터넷에 채용 공고가 이루어지고 서류심사와 필기시험, 면접 등을 거쳐 채용이 이루어진다. 미국은 결원이 생길 경우 공고 절차를 밟아 각 부처별로 채용하는 방식을 취한다. 전형 방법은 각 부처별로 상이하나 대체로 서류심사와 면접, 평판 조회 등을 거친다. 미국에도 우리나라 공무원시험과 대졸 수준 채용시험인 연방 공무원시험(FSEE: Federal Service Entrance Examination)이 있었으나 폐지되었고 현재는 일부 부처에서 온라인 시험인 USA Hire를 특정 직종 공무원 채용 과정에 활용하는 수준이다.

현행 공무원 채용제도로는 공무원의 전문성을 담보하기 어렵고, 20만 명이 넘는 공시생을 양산하는 비상식적인 현실도 바꾸기 어렵다. 우선 중앙집권적 채용 방법에서 벗어나야 한다. 각 부처와 지자체에서 필요한 인력을 공고하고 선발하는 방식을 취해야 한다. 이는 계급제 운영을 탈피하는 출발점이기도 하다. 필기시험 결과로 당락을 결정하는 방식도 외국처럼 다양하게 바꾸어야 한다. 지필시험은 공직을 수행하는 데 갖추어야 할 기본적인 소양을 파악하는 용도에 불과하다. 마지막으로 민간의 전문가를 채용하는 민간경력자 일괄채용제도 또한 확대해야 한다. 지방분권적 채용 방법과 채용방식의 다양화는 우리 사회에서 고질적인 고시 및 공시 문화를 바꾸는 데 중요한 역할을 담당할 것이다.

공공기관이나 공기업은 현재 블라인드 채용방식을 채택해 직원을 선발하고 있다. 블라인드 채용은 채용 과정에서 발생할 수 있는 비리를 근절하고 지원자에게 공정한 채용 절차를 제공할 목적으로 마련되었으며 2017년 6월부터 공공부문에 한해 의무적으로 실시하고 있다. 그런데 이 제도는 차별과 선별의 차이가 불분명한 상태에서 적용되고 있어 안타깝다. 우리나라는 성 소수자 문제로 〈차별금지법〉이 제정되지 않았으나 해외에서는 이미 오래전에 〈차별금지법〉이 제정되어 고용상의 차별을 철저하게 금지하고 있다. 차별금지 대상은 국가마다 약간의 차이가 있지만 선천적이거나 불가항력적으로 결정된 특성인 성별, 인종, 종교, 연령, 장애, 성적 지향 등을 대부분 포함하고 있다.[45]

우리나라의 블라인드 채용은 독일의 채용상 익명지원제도와 유사하지만, 근본적인 차이가 있다. 우리나라의 경우 출신대학이나 근무했던 직장과 관련된 부분을 익명의 영역에 포함시킨 것이다. 출신대학이나 직장은 선천적이거나 불가항력적으로 결정된 특성이 아니다. 교육 수준은 어떠한지, 어느 대학을 나왔는지, 학업성취도는 어느 정도인지, 어느 회사나 기관에서 일을 했는지 등은 획득적 요인이자 제한된 지원자 정보 속에서 채용 여부를 결정할 중요한 판단 자료들이다. 우리나라 대학의 서열구조가 아무리 심각하고 지연이나 학연을 악용하는 사례가 많다고 하더라도 출신대학이나 직장이 차별금지의 대상이 될 수는 없다. 이는 〈차별금지법〉조차 제정되지 않은 우리나라의 현실이 낳은 아이러니이자 비정상을 또 다른 비정상으로 막는 조치로 보인다.

공공기관이나 공기업에 적용하고 있는 또 다른 채용방식은 국가직무능력표준(NCS: National Competency Standards) 채용이다. NCS는 산업 현장에서 직무를 수행하기 위해 요구되는 지식, 기술, 태도 등 역량 요인을 국가가 체계화한 것이다. 이는 교육 훈련이나 자격, 경력 개발은 물론 채용 과정에서도 적용될 수 있는 기준이라고 할 수 있다. OECD 대부분의 국가는 이미 오래전부터 직무 분석을 토대로 직무에 대한 표준화를 통해 학교교육과 산업 현장을 연결해왔다. 이것은 역량 중심 교육이 역량 중심 직무로 연결되는 이상적인 흐름을 보여주고 있지만 현실은 녹록하지 않다. 지원자가 갖추고 있는 역량을 측정해야 하는데 직업기초능력평가나 직무수행능력평가라는 또 다른 이름의 지필고사로 선발하는 경향이 나타나기 때문이다. 또 다른 문제는 블라인드 채용과 NCS 채용을 엮은 것이다. 이 두 가지는 차별 금지와 역량을 측정해 선별한다는 완전히 다른 접근을 하고 있음에도 묶음으로 다루어지면서 공공기관이나 공기업의 채용 방향을 얽히게 만드는 결과를 가져왔다.

공공기관이나 공기업의 직원 선발방식은 민간부문처럼 전통적인 방식에서 벗어나 새로운 시도를 할 수 있도록 개방하는 것이 중요하다. 공공부문이라고 해서 챗봇을 활용한 채용 공고나 인공지능 면접의 실시, 빅데이터 분석을 통한 인재 선발을 제한

할 이유가 없다. 오히려 선도적으로 채용 혁신을 공공기관이나 공기업부터 실천해 나가는 노력이 필요하다.

탈시험인간과 '좋은 시험'

시험사회에서 탈피하는 데 있어 가장 중요한 요소는 사회적 합의다. 대입제도와 채용제도는 개인이 살아가는 데 있어 매우 중요한 결정이 이루어지는 생애사의 핵심적인 순간을 다루고 있다. 모든 국민들이 관심을 갖고 있는 사항이며 이 제도와 연관된 많은 사람들이 존재한다. 교육 공급자인지 수요자인지, 공교육 관련자인지 사교육 관련자인지, 각자 자신의 입장에서만 이해관계를 따진다면 교육 혁신은 이루어질 수 없다. 이런 의미에서 국민적 합의는 매우 중요하다.

2018년에 이루어진 대입제도 공론화 과정은 사회적 합의와 관련해 좋은 사례다. 결과적으로 적절한 결정이 이루어지지 않았지만 우리 사회에서 정책이나 제도의 변화를 국민적 공감대 속에서 이루어내고자 한 점은 긍정적으로 평가할 만하다. 하지만 의제 설정 단계에서부터 공론화가 이루어진 것이 아니라 주어진 네 가지 의제에 대한 의견 수렴 형태로만 이루어져 아쉽다. 당시 네 가지 의제를 정시와 수시모집 비율이나 수능 최저학력기준 적용 여부와 같이 세부적인 결정과 관련된 부분으로 정하지 않고, 큰 틀에서 대입제도의 방향을 정하는 것으로 가져갔다면 더 좋은 결론에 이를 수 있었을 것이다.

네 가지 의제에서 쟁점을 다루는 방식 또한 적절했는지 살펴볼 필요가 있다. 예를 들어 수능 평가방법을 상대평가와 절대평가 가운데 어느 것을 선택하느냐에 관한 쟁점에 대해서 네 가지 의제를 살펴보자. 첫 번째, 세 번째, 네 번째 의제는 현행 상대평가 유지 의견을, 두 번째 의제는 수능 전 과목 절대평가 실시 의견을 제시하고 있다. 네 가지 의제 중 한 가지를 제외하고 다른 의제들의 입장이 같다는 것도 이해하기 어렵고, 절대평가 단계적 실시가 아니라 전 과목 절대평가 실시로 급격하게 제도 변화 의견을 제시한 것도 이해하기 어렵다.

앞으로 제대로 된 공론화 작업이 이루어진다면 의제 설정이 단순하게 제도를 변경하는 문제가 아니라 큰 틀에서 방향을 설정하는 것이어야 하며, 오랜 시간이 걸리더라도 사회적 합의가 이루어지는 방식을 취해야 한다. 이를 위해서는 정치권력으로부터 독립된 기관, 즉 국가교육의 중요한 사항을 다루는 국가교육위원회를 설치·운영해야 한다.

시험사회에서 탈피하는 탈시험인간 시대가 필요하다고 해서 시험 자체를 해체할 필요는 없다. 시험의 장점을 극대화할 수 있는 '좋은 시험'은 여전히 필요하다. 우선 좋은 시험은 학습의 즐거움을 느낄 수 있게 해야 한다. 학습의 즐거움은 자발성과 필요성이 전제될 때 가능해진다. 개인의 흥미와 적성에 맞는 맞춤형 학습이 이루어질 때 학습의 필요성을 느끼고 자발적으로 학습을 시작하며 학습을 하면서 즐거움을 얻게 된다. 거꾸로 수업처럼 학습자의 자기주도성을 높여줄 때 학습에 대한 즐거움을 극대화할 수 있다.

좋은 시험은 개인의 능력과 자질, 좁게는 학업성취도를 높이는 데 도움을 주어야 한다. 최근 EBS에서 방영된 〈시험을 시험하다〉라는 다큐멘터리는 어떤 시험이 좋은 시험인지를 말해준다.[46] 이 프로그램은 시험의 긍정적인 효과를 설명하기 위해 '인출'의 중요성을 중학교 학생들을 대상으로 한 장기간의 실험을 통해 보여준다. 학생들은 매주 쪽지시험을 보는데 미리 준비할 필요가 없고 성적에 반영되지도 않는다. 안 그래도 시험에 대한 부담으로 힘들어하던 학생들은 또 시험을 봐야 한다는 사실에 힘들어했지만 계속적으로 머릿속에서 해당 과목의 지식을 드러내는 쪽지시험이라는 훈련을 통해 성취도 향상을 보여준다. 이는 교사의 주입식 교육보다 시험이라는 도구를 활용한 학생의 인출식 학습이 학습의 성취에 얼마나 중요한가를 잘 보여준다. 이처럼 시험은 학생들의 성취도를 높이는 데 매우 중요한 도구가 될 수 있다.

마지막으로 선발을 목적으로 하는 시험이 좋은 시험이 되기 위해서는 평가자의 전문성과 헌신이 뒷받침되어야 한다. 프랑스의 국립영화학교(Femis)에서 학생을 선발하는 입시 절차를 살펴보자. 필기시험에서는 영화 한 편 중에서 처음, 중간, 마지막 대목을 5분씩 보여주고 이를 분석하는 내용을 적도록 한다. 이에 대한 평가는 한 명의 심사위원이 하는 것이 아니라 두 명이 참여한다. 이때 한 수험생에 대한 두 사람의 점수가 3점 넘게 차이가 나면 학교장이 채점한 두 사람을 불러 의견을 듣는다. 그리고 한 사람이 점수를 조정하든가, 학교장이 중재하는 절차를 밟는다. 놀랍게도 이런 일은 거의 발생하지 않는다고 한다. 이들은 영화 전문가로서 하나의 영화를 보고 분석한 글에 대해 비슷한 평가의 방식을 체득하고 있기 때문이다.

이 사례는 시험을 통해 좋은 인재를 뽑기 위해 얼마나 노력하고 시간을 투자하는지를 보여준다. 선발을 목적으로 하는 시험은 선발하고자 하는 사람으로부터 기대하는 능력과 자질에 철저하게 초점을 맞추어야 하며, 이는 이를 준비하는 수험생에게도 도움이 된다. 준비해야 할 분야가 매우 좁고 해당 분야를 철저하게 학습해 대비하면 되기 때문이다.

탈시험인간에 대한 요구는 이제 거스를 수 없는 시대적 변화다. 고부담 시험을 좋은 시험으로 탈바꿈시키려면 대학과 기업의 선발제도는 바뀌어야 한다. 이는 개인만이 아니라 우리 사회가 앞으로 어떤 모습을 보여줄지를 결정하는 가장 중요한 과제가 될 것이다.

후기

한 걸음 더 내딛기 위하여

우리는 지필시험의 가치와 역할을 부정하지 않는다. 오히려 그 반대다. 이 책의 많은 부분은 선다형 시험이 얼마나 잘 다듬어진 과학적인 방법론에 근거하고 있는지를 설명하는 데 할애하고 있다. 시험은 인류가 발명한 최고의 인문학 도구 중의 하나다. 대한민국이 여기까지 발전한 배경에는 시험제도가 존재하며, 그 제도를 통해 길러낸 인재들이 우리나라의 탄생에서부터 현재까지 중추적인 역할을 했다는 것 역시 명백한 사실이다. 시험은 규범을 준수하고 원칙이 무엇인지 알고 지킬 수 있는 문명화된 사람들을 키우는 도구다. 한국은 시험의 이런 기능을 증명하는 증거다. 한국 사회의 근대화는 시험 없이는 불가능했다. 이 책의 저자들도 시험의 자식들이다. 각자 사회학과 심리학을 전공하여 박사 학위를 받을 때까지, 우리는 수많은 지필시험을 통과해왔다. 대부분 시험은 우리 두 필자에게 호의적이었다. 그 덕분에 여기까지 온 셈이다. 우리들이야말로 시험인간이다.

최근 교육계의 변화는 시험을 부정하기보다는 오히려 시험의 역할을 더 필요로 하고 있다. 우리가 앞서 인용했던 교육방송의 다큐멘터리에서는 유럽 국가들의 교육정책이 한때 미래 교육의 방향처럼 제시되었던 학생 주도형 교육이나 참여나 활동 중심에서 다시 교사 중심의 기초지식 교육으로 회귀한다고 지적한다. BBC는 이미 2013년에 "영국의 국가 교육과정 변화에 따라 앞으로 학생들은 사실과 정보에 대한 '핵심 지식(core knowledge)'을 강하게 배우게 된다"고 보도했다. 이러한 변화는 모든 미래의 사회구성원들에게 한 나라 국민으로서 갖추어야 할 기초적인 지식, 다시 말해서 상식을 습득시키자는 공교육의 근본적인 취지로 되돌아가는 것이다.

한국의 교육 현장에서도 공부 잘하는 학생들과 아예 공부를 포기한 학생들 간의 격차가 점차 커지고 있다. 한 커뮤니티 게시판에서는 자신이 복무한 군부대에서 3·1운동이 무엇인지 모르거나, 직사각형의 넓이를 구하는 법이나 피타고라스의 정리와 같은 가장 기초적인 지식도 모르는 동료들이 절반을 넘었다는 체험담이 화제가 된 적이 있다. 공교육의 중요성은 갈수록 더 커지고 있으며, 이 전통적인 교육의 목표는 전통적인 시험을 통해서 완성되는 것이 당연하다. 문제는 시험이 잘못 사용되고 있다는 점이다.

시험은 교육 현장에서 여전히 유용한 도구다. 이제는 그 도구의 사용법이 바뀌어야 한다. 여기서 우리가 지적한 시험인간, 시험사회의 문제는 시험 자체의 문제가 아니라 그 시험에만 의존해서 인간 평가의 잣대를 획일적으로 만들고, 이에 의존해 불공정을 공정함으로 둔갑시킨 시스템에 있다. 그 결과, 우리 사회 구성원들은 자신에 대한 믿음을 잃고 서로를 불신하며, 갑질과 불평등을 당연한 것으로 받아들이고 순응하게 되었다. 시험인간을 움직이는 것은 미래에 대한 희망이나 성장에 대한 동기가 아니라 불안이다. 경쟁으로 인한 불안은 사람들을 고립되게 만든다. 모두가 경쟁자이니 어느 누구도 믿기 어렵고, 믿을 수 없으니 유대감을 형성하기 힘들다. 그러다 보면 결국 혼자가 된다. 단순한 고독감으로 그치지 않고, 서로가 서로를 비교하고 감시하고 평가하며 괴롭히는 분절화된 개인들의 각축전이 벌어진다.

출퇴근 시간에 지하철 환승 통로를 걸어본 분들은 아실 것이다. 그 통로를 걷는 사람은 별로 없다. 대부분 빠른 걸음 혹은 뜀걸음이다. 처음에는 걷던 사람들도 환승해야 할 전철을 간발의 차이로 놓치는 경험을 몇 번 하고 나면 역시 뛰어가는 사람 중 하나가 된다. 전철 하나를 놓치면 약 5분이 지체된다. 간발의 차이로 전철을 놓쳤을 때 지체되는 시간은 최대가 된다. 그런 식으로 환승 타이밍을 두 번 다 놓치면, 10분 혹은 그 이상 늦어질 수도 있다. 물론 환승 통로에는 다음 열차의 도착정보를 알려주는 스크린이 설치되어 있다. 하지만 사람들은 일단 뛰고 본다. 사람들이 뛰는 이유는 후회를 최소화하기 위함이다. 조금 여유를 부리고 걸어가다가 이제 막 출발하는 전철을 보고 싶지 않은 것이다. 열심히 뛰었는데도 전철을 놓쳤다면, 후회는 없을 것이다. 출근과 지각이 내 발걸음 1초 차이에 달려 있다고 생각하면 누군들 뛰지 않을 수 있으랴.

시험에 매달리는 사람들, 사교육과 선행학습의 불확실성을 알면서도 거기에 많은 비용을 지불하는 학부모들의 심정도 크게 다르지 않다. 결과가 확실하지 않은데 그 결과가 많은 차이를 만들어내면 우리는 더 조급해지고, 더 맹목적이 된다. 무조건 뛰어가는 환승 통로의 승객들처럼 말이다. 그렇게 뛰는 건 최선의 결과를 얻기 위해서가 아니다. 그렇게 해야만 혹시라도 생길 최악의 결과 앞에서도 최소한 내가 할 수 있는 것은 전부 했다고 말할 수 있고, 자책감에서 벗어나기 위한 최소한의 통로가 생기기 때문이다. 충분히 공감할 수 있지만 그만큼이나 슬픈 일이다. 환승 통로에서 달리기는 하루에서 단지 2~3분을 차지한다. 1년 동안 주 5일 매주 뛰어도 기껏해야 13시간 정도다. 하지만 고부담 시험은 당사자와 주변 사람들의 일상을 지배한다. 그렇게 몇

년 심지어 십여 년을 살아가는 사람들이 우리 주변에 가득하다. 이 책은 이런 상황이 결코 정상이 아니며, 사회와 개인 모두에게 불필요한 비용을 지불하고, 그만큼의 대가도 얻지 못하는 상황임을 알리기 위한 의도로 집필됐다.

우리 나름대로 시험인간을 만든 고부담 시험의 문제, 획일화와 공정성의 대안을 찾아보고자 했다. 그 결과가 충분하지 않다는 것을 안다. 이 질문에 천착한 선행자들의 발걸음에서 크게 벗어나지 못한 것도 사실이다. 하지만 시험과 시험인간에 대해 의문을 제기하는 건 우리 사회가 다음 단계로 나가기 위해서 반드시 필요한 과정이며, 앞으로도 계속되어야 할 일이다. 《시험국민의 탄생》의 372쪽을 한 번 더 인용하며 글을 마친다.

> 지적 해방의 출발은 정답이 아니라 물음에 있다. 학생들 스스로 물음을 만들고, 새로운 물음에 직면하도록 안내해야 한다. 평가를 물음에 답하는 행위로만 해석할 게 아니라, 학생들이 질문할 수 있는 역량에서 출발할 수 있어야 한다. … 물음으로써 앎과 모름의 경계를 스스로 명확히 하면서, 함께 앎의 경계를 넓혀갈 수 있다.

미주

1장 대한민국은 어떻게 시험공화국이 되었나

1 실태조사와 심층면접 결과를 토대로 시험문제에 직면한 초등학생을 개념적으로 구성(ideal type)한 가상의 인물임.

2 실태조사와 심층면접 결과를 토대로 시험문제에 직면한 고3 수험생을 개념적으로 구성(ideal type)한 가상의 인물임.

3 실태조사와 심층면접 결과를 토대로 시험문제에 직면한 공시생을 개념적으로 구성(ideal type)한 가상의 인물임.

4 구자옥 · 김성숙 · 이혜원 · 조성민 · 박혜영(2016), 《OECD 국제학업성취도 평가 연구: PISA 2015 결과보고서》, 한국교육과정평가원.

5 UNESCO(2018), *The Culture of Testing: Sociocultural Impact on Learning in Asia and Pacific*, Bangkok Office Asia and Pacific Regional Bureau for Education.

6 서예원 · 이상무 · 길혜지 · 양희준 · 이강주(2017), 〈한국의 시험문화와 학습자에 대한 영향〉, 한국교육개발원.

7 이러한 시험은 형식과 내용을 구분해 살펴볼 필요가 있다. 형식 측면에서 시험의 결과는 수치로 전환할 수 있어야 한다. 출제방식은 사지선다형과 같은 객관식 문제이거나, 주관식이더라도 간략히 기술하는 단답식으로 이루어질

필요가 있다. 또한 정답과 오답이 분명히 나뉘어야 한다. 이는 평가자의 주관이 개입될 여지가 없어야 한다는 뜻이다. 같은 맥락에서 시험이 적용되는 방식도 동등해야 한다. 시험을 치르는 사람에게 주어진 조건이 달라서는 안 된다는 의미인데, 예를 들어 모든 수험생의 시험시간은 동일해야 한다. 내용 측면에서 이 시험은 개인이 가지고 있는 능력이나 역량, 자질을 직접적으로 파악하기보다 지식에 대한 확인을 통해 이를 간접적으로 파악하거나, 지식 그 자체를 확인하는 방식으로 이루어진다. 능력이나 역량, 자질은 지식만이 아니라 태도나 기술을 갖추고 있는지를 파악해야만 알 수 있다. 예를 들어 의사소통 능력은 문법에 대한 지식과 더불어 다른 사람을 대하는 태도와 말하기 기술의 습득 정도를 통해 그 수준을 파악할 수 있다. 지식에 대한 확인은 암기에 의해 이루어지며, 이 시험은 암기한 지식에 기반하여 약간의 응용만을 허용하는 방식으로 이루어진다. 여기에서 응용은 새로운 해석이나 합의에 도달하지 않은 결과를 다루지 않는 선에서 이루어지는 것을 의미한다.

8 진동영·이수민 기자, 〈[토요워치] 영유 캐슬, 영혼 캔슬… 전적으로 재력·교육열을 믿으셔야 합니다〉, 〈서울경제〉, 2019년 1월 25일.

9 김기헌·신인철(2012), 〈유아교육 및 보육 경험의 장기 효과: 또래·교사관계 및 학업성취도〉, 《한국사회학》 46(5): 259~288쪽.

10 김라경(2019), 〈초등영재학생의 사교육 실태 및 사교육이 학업스트레스 및 학습동기에 미치는 영향〉, 《예술인문사회융합멀티미디어논문지》 9: 635~643쪽.

11 박경호·길혜지·김주아·박병영·최유리(2016), 〈2015 개정 교육과정에 따른 대학수학능력시험 개선방향 탐색 연구〉, 한국교육개발원.

12 〈각 연도, 경제활동인구조사 청년층 부가조사〉, 통계청.

13 고시제도는 최근에 이 틀에서 조금씩 벗어나고 있다. 사법고시는 폐지되고 법률대학원 형태로 선발방식이 바뀌었다. 외무고시는 외교관 후보자 시험

으로 바뀌어 시험 결과로 외교관 임용이 보장되지 않고 국립외교원에서 1년 간 연수를 거친 후에 임용 여부가 결정되는 방식으로 바뀌었다.

14 김영민 기자, 〈찍을 바엔 안 푸는 게 유리…취준생 '멘붕' 온 삼성 수능〉, 〈중앙일보〉, 2019년 4월 14일.

15 15세에서 29세 청년층의 고용률은 2008년 41.6퍼센트에서 2018년 42.7퍼센트로 40퍼센트 초반을 10년 이상 유지 중이며 실업률은 2008년 7.2퍼센트에서 2017년 9.9퍼센트로 최고 수치를 보였고 2018년 9.5퍼센트로 소폭 낮아졌다. 〈각 연도, 경제활동인구조사 청년층 부가조사〉, 통계청.

16 구교형 기자, 〈'빽' '연줄'로 특채 뒤 점수 조작해 정규직 전환 '그들만의 리그'〉, 〈경향신문〉, 2018년 12월 6일.

17 김기헌·장근영·조광수·박현준(2010), 《청소년 핵심역량 개발 및 추진방안 연구Ⅲ : 총괄보고서》, 한국청소년정책연구원.

18 심층면접이나 상담 참여자들의 이름은 정보보호 차원에서 가명을 사용해 제시하였음. 학생 상담은 2019년 10월에 창의적 체험활동 수업이 진행된 강의실에서 저녁 8시부터 10시까지 진행됨.

19 심층면접이나 상담 참여자들의 이름은 정보보호 차원에서 가명을 사용해 제시하였음. 학생 상담은 2019년 10월에 창의적 체험활동 수업이 진행된 강의실에서 저녁 8시부터 10시까지 진행됨.

20 임수정 기자, 〈미성년 '교수 자녀' 이름 올린 논문만 139건… 교육부 "부정 논문 입시에 썼나 조사"〉, 〈조선일보〉, 2019년 5월 13일.

21 김기헌·유민상·김창환·정지운(2019), 《청년 핵심정책 대상별 실태 및 정책방안 연구 II : 학교 졸업예정자》, 한국청소년정책연구원.

22 심층면접이나 상담 참여자들의 이름은 정보보호 차원에서 가명을 사용해 제시하였음. 이 학생의 인터뷰는 2019년 5월 25일 조사업체인 R&R 2층 회의실에서 대학생 5명을 대상으로 집단초점면접(FGI) 방식으로 이루어졌음.

23 김기헌·장근영·조광수·박현준(2010), 《청소년 핵심역량 개발 및 추진방안 연구 III : 총괄보고서》, 한국청소년정책연구원.

24 신인철·김기헌(2010), 〈학업성취도가 사교육 이용 결정에 미치는 영향〉, 《교육사회학연구》 20 : 127~150쪽.

25 심층면접이나 상담 참여자들의 이름은 정보보호 차원에서 가명을 사용해 제시하였음. 이 학생의 인터뷰는 2019년 5월 25일 조사업체인 R&R 2층 회의실에서 대학생 5명을 대상으로 집단초점면접(FGI) 방식으로 이루어졌음.

26 Axelrod, R.(1984), *The Evolution of Cooperation*, Basic Books(로버트 액설로드 지음, 《협력의 진화》, 이경식 옮김, 시스테마, 2009).

27 장근영·김기헌(2009), 〈한국 청소년의 생활시간 국제비교와 라이프스타일 분석〉, 《미래청소년학회지》 6(4) : 139~155쪽. 2008년 보건복지가족부가 한국청소년정책연구원에 용역과제로 의뢰한 연구 결과를 바탕으로 발표한 논문임.

28 여성가족부(2019), 〈2019년 청소년 통계〉.

29 심층면접이나 상담 참여자들의 이름은 정보보호 차원에서 가명을 사용해 제시하였음. 이 학생의 인터뷰는 2019년 6월 18일 조사업체인 R&R 2층 회의실에서 개인별로 이루어지는 심층면접(IDI) 방식으로 이루어졌음.

30 심층면접이나 상담 참여자들의 이름은 정보보호 차원에서 가명을 사용해 제시하였음. 이 학생의 인터뷰는 2019년 5월 25일 조사업체인 R&R 2층 회의실에서 대학생 5명을 대상으로 집단초점면접(FGI) 방식으로 이루어졌음.

31 김형주·임지연·유설희(2018), 《청년 사회·경제 실태 및 정책방안 연구 II》, 한국청소년정책연구원.

32 김기헌·한지형(2017), 《청년 삶의 질 개선을 위한 청년정책 방향과 과제: 2017 청년정책포럼》, 대통령직속 청년위원회·한국청소년정책연구원.

33 YBM 홈페이지 어학시험 TOEIC(http://exam.ybmnet.co.kr/score/result/

data_t_num.asp)

34 박성준(2004), 〈이공계 기피현상에 대한 원인 분석: 이공계 졸업생의 노동시장 성과를 중심으로〉, 《노동경제논집》 27(1): 55~76쪽.

35 김종욱(2019), 〈고등교육기관 졸업자 취업 실태〉, 《월간 노동리뷰》 2019년 6월호, 97~98쪽.

36 심층면접이나 상담 참여자들의 이름은 정보보호 차원에서 가명을 사용해 제시하였음. 이 학생의 인터뷰는 2019년 5월 25일 조사업체인 R&R 2층 회의실에서 대학생 5명을 대상으로 집단초점면접(FGI) 방식으로 이루어졌음.

37 심층면접이나 상담 참여자들의 이름은 정보보호 차원에서 가명을 사용해 제시하였음. 이 학생의 인터뷰는 2019년 5월 25일 조사업체인 R&R 2층 회의실에서 대학생 5명을 대상으로 집단초점면접(FGI) 방식으로 이루어졌음.

38 김기헌·배상률·성재민(2018), 《청년 핵심정책 대상별 실태 및 정책방안 연구Ⅰ: 청년니트》, 한국청소년정책연구원.

39 통계청(2018), 〈경제활동인구조사 청년층 부가조사〉.

40 인사혁신처 홈페이지(http://www.mpm.go.kr/). 2018년도 접수 인원 기준으로 9급 국가직 행정직 및 기술직 접수 인원은 202,978명이며, 7급 국가직 일반직 및 기술직 접수 인원은 36,186명이었다. 5급 국가직 행정직 및 기술직 접수 인원은 12,992명이었다. 5급의 경우 외교관 후보자 선발 인원은 제외한 결과이다. 지방직 공무원은 17개 시도 전체 9급 지방직 공무원 접수 인원은 177,074명, 7급 지방직 공무원 접수 인원은 39,190명이었다.

41 통계청(2018), 〈경제활동인구조사 청년층 부가조사〉.

42 김기헌·이윤주·유설희(2017), 《청년 사회·경제 실태 및 정책방안 연구Ⅰ》, 한국청소년정책연구원; 김기헌·배상률·성재민(2018), 《청년 핵심정책 대상별 실태 및 정책방안 연구Ⅰ: 청년니트》, 한국청소년정책연구원.

43 심층면접이나 상담 참여자들의 이름은 정보보호 차원에서 가명을 사용해

제시하였음. 이 인터뷰는 2017년 9월 7일 서울역 회의실에서 3명의 청년 니트(일도, 교육도, 훈련도 받지 않는 젊은이)를 대상으로 집단초점면접(FGI) 방식으로 이루어졌음.

44 심층면접이나 상담 참여자들의 이름은 정보보호 차원에서 가명을 사용해 제시하였음. 이 인터뷰는 2017년 8월 23일 세종시의 토즈 세종센터 회의실에서 5명의 청년 니트(일도, 교육도, 훈련도 받지 않는 젊은이)를 대상으로 집단초점면접(FGI) 방식으로 이루어졌음.

45 심층면접이나 상담 참여자들의 이름은 정보보호 차원에서 가명을 사용해 제시하였음. 이 인터뷰는 2017년 8월 23일 세종시의 토즈 세종센터 회의실에서 5명의 청년 니트(일도, 교육도, 훈련도 받지 않는 젊은이)를 대상으로 집단초점면접(FGI) 방식으로 이루어졌음.

46 교육부(2019), 〈고교 취업활성화 방안〉.

47 김기헌·배상률·성재민(2018), 《청년 핵심정책 대상별 실태 및 정책방안 연구 I : 청년니트》, 한국청소년정책연구원. 집단초점면접(FGI) 및 심층면접을 진행한 학생들은 정보보호 차원에서 실명을 사용하지 않고 가명을 사용해 제시하였음.

48 대부분의 국제비교조사는 각국의 중학교 2학년생을 대상으로 실시한다.

49 Gladwell M.(2008), *Outliers: The Story of Succes*, Little Brown & Co.(말콤 글래드웰 지음, 《아웃라이어》, 노정태 옮김, 최인철 감수, 김영사, 2019).

50 통계청(2019), 〈2018년 초중고 사교육비조사결과〉.

51 조성흠 기자, 〈성인 교육으로 눈 돌리는 교육업계 공무원·자격증 시장 잡아라〉, 〈연합뉴스〉, 2019년 6월 10일.

2장 불신과 불공정이 낳은 슬픈 자화상

1 2016년 〈네이트판〉이라는 커뮤니티 게시판에 올려진 글로 알려져 있다. 현재 원문은 삭제되었으나 여러 커뮤니티 게시판에 복사본 형태로 남아 있다.

2 만화《송곳》4부 1화 중에서.

3 〈청와대 국민청원〉, 2017년 12월 15일.

4 송윤경·김상범 기자, 〈[일자리 공정성 갈등] "취업전쟁 이겼는데"… '정규직 전환' 불편한 시험만능사회〉, 〈경향신문〉, 2017년 12월 4일.

5 Dweck, C.(2006), *Mindset: The new psychology of success*, Ballantine Books(캐럴 드웩 지음, 《마인드셋: 스탠퍼드 인간성장 프로젝트》, 김준수 옮김, 스몰빅라이프 출판사, 2017).

6 Ibid.

7 〈2019 수능 정시 배치표, 정시모집 지원가능 점수〉, 〈대구신문〉, 2018년 12월 4일(이 기사에서는 송원학원 진학지도실의 표를 인용했다).

8 서예원·이상무·길혜지·양희준·이강주·홍성환(2017), 〈한국의 시험문화와 학습자에 대한 영향: UNESCO 참여연구〉, 《한국교육개발원현안보고서》 2017-01, 79쪽.

9 교육부(2016), 〈PISA 2015 결과발표 보도자료〉.

10 Kaufman, A. S., & Lichtenberger, E. O.(2002), "Heritability and Malleability of IQ and Attacks on the IQ Construct", *Assessing Adolescent and Adult Intelligence*(2nd Ed), Allyn and Bacon. pp. 24~60.

11 이준수, 〈진짜 '도농격차'가 뭔지 아세요?〉, 〈시사인〉 635호, 2019년 11월 20일.

12 이범(2019), 〈교육경쟁의 구조와 대안〉, 《2019 청소년사목 심포지엄 자료집》, 47쪽.

13 중국은 한국만큼 균등하게 농지를 배분했지만, 농부들에게 그 토지를 팔 권리가 주어지지 않았다는 점에서 결정적 차이가 있다.

14 이범(2019), 〈교육경쟁의 구조와 대안〉, 《2019 청소년사목 심포지엄 자료집》, 47쪽.

15 김승원 기자, 〈숙명여고 사태로 본 공정 경쟁이라는 함정〉, 〈에듀진〉, 2019년 3월 28일.

16 PIAAC은 2018년에 새로 조사를 실시했지만, 현재 공식적으로 발표된 결과는 2013년 조사까지만 있다.

17 류기락(2017), 〈국제성인역량조사(PIAAC) 현황과 향후 전망〉, *The HRD Review*, 60~68쪽.

18 장근영·성은모·모상현·진성희·최효선·김균희(2018), 〈청소년 역량지수 측정 및 국제비교 연구V : IEA ICCS 2016〉, 《한국청소년정책연구원 연구보고서》.

19 서예원·이상무·길혜지·양희준·이강주·홍성환(2017), 〈한국의 시험문화와 학습자에 대한 영향: UNESCO 참여연구〉, 《한국교육개발원현안보고서》 2017-01.

20 위의 보고서 18쪽에서 간접 인용.

21 이 보고서에서는 시험문화의 기원을 숭문주의, 입신양명주의, 문벌주의, 가족주의로 설명한다.

22 서예원·이상무·길혜지·양희준·이강주·홍성환(2017), 〈한국의 시험문화와 학습자에 대한 영향: UNESCO 참여연구〉, 《한국교육개발원현안보고서》 2017-01, 7쪽.

23 현실적으로 학생의 능력을 정확한 점수로 표현할 수 있는 방법은 없다. 여기서는 의미 전달을 위해 현실에서는 불가능한 비유를 사용했음을 이해해주기 바란다.

24 박세미·주희연 기자, 〈시험지만 16장, 긴 지문… '스피드 테스트'로 변질된 수능〉, 〈조선일보〉, 2018년 11월 20일.

25 김민수 기자, 〈올 1차 해양경찰 공무원시험 '절대적 시간 부족'〉, 〈법률저널〉, 2019년 9월 23일.

26 서예원·이상무·길혜지·양희준·이강주·홍성환(2017), 〈한국의 시험문화와 학습자에 대한 영향: UNESCO 참여연구〉, 《한국교육개발원현안보고서》 2017-01, 60쪽.

27 Harris M.(2018), *Kids These Days: Human Capital and the Making of Millennials*, Back Bay Books(맬컴 해리스 지음, 《밀레니얼 선언: 완벽한 스펙, 끝없는 노력, 그리고 불안한 삶》, 노정태 옮김, 생각정원, 2019, 201~203쪽).

28 박현미·강완(2012), 〈초등학생의 수학과 선행학습 실태 및 분석: 초등학교 3학년 학생을 중심으로〉, 《한국초등수학교육학회》 8, 297~318쪽.

29 김성천·신철균(2011), 〈인문계 고등학생의 선행학습 효과분석 연구〉, 《열린교육연구》 19(4), 87~108쪽.

30 곽수근 기자, 〈[사교육을 다시 생각한다] 논문 11편 중 9편 "선행학습 효과 거의 없다"〉, 〈조선일보〉, 2017년 3월 31일.

31 성기선(2003), 〈서울시 고등학교 학군효과 분석 연구: 8학군 효과를 중심으로〉, 《교육사회학연구》 13(3), 151~166쪽.

32 김광억·김대일·서이종·이창용(2003), 〈입시제도의 변화: 누가 서울대학교에 들어오는가?〉, 《한국사회과학》 25, 3~187쪽.

33 Suls, J.(1983), "Cognitive processes in humor appreciation", *Handbook of Humor Research*, vol.1, pp.39~55.

34 한국경제연구원(2017), 〈韓 학생, 수학·과학 성적 높지만 흥미도는 낮아〉 보도자료.

35 김희선 기자, 〈학업성취도 최상위지만… 흥미도는 바닥〉, 〈연합뉴스〉, 2018

년 12월 2일.

36 서예원·이상무·길혜지·양희준·이강주·홍성환(2017), 〈한국의 시험문화와 학습자에 대한 영향: UNESCO 참여연구〉, 《한국교육개발원현안보고서》 2017-01, 39쪽.

37 Cialdini, R.(1984), *Influence: Science and Practice*, Harper Business(로버트 치알디니 지음, 《설득의 심리학》, 이현우 옮김, 21세기북스, 2013, 302쪽).

38 최영경 기자, 〈서울대 재학생 성적 상위 1%의 공부법, 가히 충격적〉, 〈국민일보〉, 2015년 12월 16일.

39 장근영 외 6인(2018), 《청소년 역량지수 측정 및 국제비교 연구 IV: IEA ICCS 2016 총괄보고서》, 한국청소년정책연구원, 4쪽.

3장 대답 대신 대안을 상상하다

1 김기헌·유민상·김창환·정지운(2019), 《청년 핵심정책 대상별 실태 및 정책방안 연구 II : 학교 졸업예정자》, 한국청소년정책연구원.

2 심층면접이나 상담 참여자들의 이름은 정보보호 차원에서 가명을 사용해 제시하였음. 이 학생의 인터뷰는 2019년 6월 18일 조사업체인 R&R 2층 회의실에서 개인별로 이루어지는 심층면접(IDI) 방식으로 이루어졌음.

3 심층면접이나 상담 참여자들의 이름은 정보보호 차원에서 가명을 사용해 제시하였음. 이 학생의 인터뷰는 2019년 6월 18일 조사업체인 R&R 2층 회의실에서 개인별로 이루어지는 심층면접(IDI) 방식으로 이루어졌음.

4 관계부처합동(2019), 〈직업계고 현장실습 보완 방안〉.

5 교육부·한국교육개발원(2018), 〈교육통계연보〉.

6 은유(2019), 《알지 못하는 아이의 죽음》, 돌베개.

7 홍진수 기자, 〈[기로에 선 신자유주의] "학원·독서실요? 공부는 학교서 열

심히 하면 돼요"〉, 〈경향신문〉, 2009년 8월 19일.

8 OECD PISA 홈페이지(http://www.oecd.org/pisa/). PISA는 Programme for International Student Assessment의 줄임말임.

9 IMD(2019), *IMD World Competitiveness Yearbook 2019*.

10 福田誠治(2007), 《競錚やめたら學力世界一 フィンランド教育の成功》, 朝日選書(후쿠타 세이지 지음, 《핀란드 교육의 성공》, 나성은·공영태 옮김, 북스힐, 2008).

11 Rychen, D. S. & Salganik, L. H.(2003), *Key Competencies for a Successful Life and a Well-Functioning Society*, Hogrefe & Huber Publishers. 이에 대한 자세한 소개는 아래 보고서 참조. 김기헌·장근영·조광수·박현준(2010), 《청소년 핵심역량 개발 및 추진방안 연구 III : 총괄보고서》, 한국청소년정책연구원.

12 Toffler, A. & Toffler, H.(2006), *Revolutionary wealth*, Alfred A Knopf(앨빈 토플러·하이디 토플러 지음, 《앨빈 토플러 부의 미래》, 김중웅 옮김, 청림출판, 2006). 청소년용으로도 발간되었다. 앨빈 토플러·하이디 토플러 지음, 《앨빈 토플러 청소년 부의 미래》, 김중웅 옮김, 청림출판, 2007.

13 김기헌·장근영·조광수·박현준(2010), 《청소년 핵심역량 개발 및 추진방안 연구 III : 총괄보고서》, 한국청소년정책연구원.

14 Ibid.

15 Kobayashi, V. N.(1963), "Japan's Examination Hell", *The Educational Forum* 28: pp. 19~23.

16 Stevenson, D. L. & Baker, D. P.(1992), "Shadow education and allocation in formal schooling: Transition to university in Japan", *American journal of sociology* 97(6), pp. 1639~1657.

17 QS World University Rankings, Top University Site(http://www.topuni-

versities.com/), 각 연도.

18 Minerva School(http://www.minerva.kgi.edu/). 추가적인 정보는 위키피디아 검색 사이트(https://en.wikipedia.org/wiki/Minerva_Schools_at_KGI)를 참고함.

19 Singularity University(https://su.org/). 추가적인 정보는 위키피디아 검색 사이트(https://en.wikipedia.org/wiki/Singularity_University)를 참고함.

20 Kurzweil, R.(2006), *The Singularity Is Near: When Humans Transcend Biology*, Penguin Books(레이 커즈와일 지음, 《특이점이 온다: 기술이 인간을 초월하는 순간》, 김명남·장시형 옮김, 진대제 감수, 김영사, 2007).

21 고산 기자, 〈19세 MIT 예비 박사, 20대 갑부… 그들은 외계인 같았다〉, 〈중앙일보: 중앙SUNDAY〉, 2010년 9월 19일.

22 김기헌·안선영·장상수·김미란·최동선(2019), 《아동·청소년의 생활패턴에 관한 국제비교연구》, 보건복지부.

23 Careerbuilder(2011), Referral Madness(https://cdn2.hubspot.net/hub/77464/file-17173226-pdf/docs/careerbuilder_referral_madness_ebook.pdf).

24 안광호 기자, 〈은행권, 필기 도입 · 추천제 폐지 등 채용 모범규준 확정〉, 〈경향신문: 경향비즈〉, 2018년 6월 5일.

25 석대건 기자, 〈달라지는 공채, 대세는 'AI'… 대기업 채용과정 속속 도입〉, 〈디지털투데이〉, 2019년 9월 20일.

26 Careerbuilder(2011), Referral Madness(https://cdn2.hubspot.net/hub/77464/file-17173226-pdf/docs/careerbuilder_referral_madness_ebook.pdf).

27 최진홍 기자, 〈"AI와 알고리즘도 차별과 혐오에서 자유로울 수 없다" 데이터의 함정 주의해야〉, 〈이코노믹 리뷰〉, 2019년 11월 11일.

28 National Association of Colleges and Employers(2018), Job Outlook 2018(http://careerservices.wayne.edu/pdfs/2018-nace-job-outlook-survey.pdf).

29 한국경영자총연합회(2017), 〈2017년 신입사원 채용실태 조사 결과〉.

30 United Nations(2019), World Population Prospects 2019. 국제연합(UN)의 이 보고서는 인터넷에서 다운로드해 볼 수 있음(https://population.un.org/wpp/Publications/Files/WPP2019_Highlights.pdf).

31 미래교육네트워크(https://www.futureclassnet.org/index.do). 거꾸로 교실과 거꾸로 캠퍼스에 관한 구체적인 내용을 살펴볼 수 있음. 거꾸로 캠퍼스의 신입생 모집 인원은 30명이며 모듈별로는 10명으로 이루어짐.

32 테드 홈페이지(https://www.ted.com/). TED는 Technology, Entertainment, Design의 줄임말이며 미국에서 열리는 연례 국제 컨퍼런스에서 18분 동안 이루어지는 강연을 1984년부터 모아 제시하고 있다.

33 Rychen, D. S. and Salganik, L. H.(2003), *Key Competencies for a Successful Life and a Well-Functioning Society*, Hogrefe & Huber Publishers. 이에 대한 자세한 소개는 아래 보고서 참조. 김기현·장근영·조광수·박현준(2010), 《청소년 핵심역량 개발 및 추진방안 연구 Ⅲ: 총괄보고서》, 한국청소년정책연구원.

34 세 가지 역량은 Use tools interactively, Interact in heterogeneous groups, Act autonomously임.

35 OECD(2017), The future of education and skills: Education 2030: Progress report of the OECD Learning Framework 2030, OECD education 2030 6th Informal Working Group. EDU/EDPC(2017)/25. 이에 대한 자세한 소개는 아래 보고서 참조. 이상은·김은영·김소아·유예림·최수진·소경희(2018), 《OECD 교육 2030 참여 연구: 역량의 교육정책적 적용과

제 탐색》, 한국교육개발원.

36 세 가지 역량은 Creating new value, Reconciling tensions & dilemmas, Taking Responsibility임.

37 교육부(2015), 〈2015 개정 교육과정〉. 여기에서 제시하는 6개의 핵심역량은 ① 자기관리 역량, ② 지식정보처리 역량, ③ 창의적 사고 역량, ④ 심리적 감성 역량, ⑤ 의사소통 역량, ⑥ 공동체 역량이다.

38 이광우 외 13인(2018), 〈고교학점제 실행 기반 구축 연구: 수업시수, 학교 밖 학습경험, 조기졸업 및 재이수제〉, 한국교육과정평가원.

39 윤나라 기자, 〈정시 확대 63.9% '찬성'… 차기 선호도 1위엔 '이낙연'〉, 〈SBS 뉴스〉, 2019년 11월 11일. 이 조사에서 정시 확대에 대한 찬성 응답은 63.9퍼센트, 반대 28.8퍼센트, 무응답 7.3퍼센트로 나타났음. 곽동건 기자, 〈[MBC여론조사] '공수처 설치' 찬성이 두 배 넘어… 정시 확대해야〉, 〈MBC 뉴스〉, 2019년 11월 10일. 대학 입학 전형에서 가장 많이 반영해야 할 부분으로 수능성적이 45.5퍼센트, 특기와 적성이 21.2퍼센트, 고교 내신성적이 16.6퍼센트로 나타남.

40 교육인적자원부(2004), 〈공교육 정상화를 위한 사교육비 경감대책(2.17 대책)〉.

41 국사편찬위원회, 조선왕조실록 홈페이지(http://sillok.history.go.kr) 세종실록 39권, 세종 10년(1428년) 2월 22일 갑술 첫 번째 기사 "과거를 제술로만 치르는 것에 대한 보강책을 대신들에게 묻다." 해당 기록 원문은 다음과 같음. 上曰: 近有言者曰: 比來科擧, 專用製述, 成均學生, 不讀經書, 惟習抄集, 殊非育才之義.

42 국가법령정보센터(http://www.law.go.kr) 〈교육기본법〉 검색 결과(검색일: 2019년 11월 24일), 제2조 교육이념 전문은 다음과 같다. "교육은 홍익인간(弘益人間)의 이념 아래 모든 국민으로 하여금 인격을 도야(陶冶)하고 자

주적 생활능력과 민주시민으로서 필요한 자질을 갖추게 함으로써 인간다운 삶을 영위하게 하고 민주국가의 발전과 인류공영(人類共榮)의 이상을 실현하는 데에 이바지하게 함을 목적으로 한다."

43 대입제도개편 공론화위원회(2018), 〈대입제도개편 공론화 결과〉, 국가교육회의.

44 양현모·임성근(2018), 《민간경력자 일괄채용제도 성과분석 및 개선방안》, 한국행정연구원.

45 박귀천·장명선·이소라·이수연·강을영(2015), 《채용상 차별에 관한 해외사례 및 실태조사 연구》, 고용노동부.

46 〈교육대기획 다시, 학교 3부: 시험을 시험하다〉, 〈EBS 방송 다큐프라임〉 (https://www.youtube.com/watch?v=CjRaA3ZHjL4).

시험인간

초판 1쇄 인쇄 2020년 2월 24일
초판 1쇄 발행 2020년 3월 3일

지은이 | 김기헌, 장근영

발행인 | 박재호
편집팀 | 고아라, 홍다휘, 강혜진
마케팅팀 | 김용범
총무팀 | 김명숙

디자인 | 이석운
교정교열 | 전은희
종이 | 세종페이퍼
인쇄 · 제본 | 한영문화사

발행처 | 생각정원
출판신고 | 제25100-2011-000320호
주소 | 서울시 마포구 양화로 156(동교동) LG팰리스 814호
전화 | 02-334-7932 팩스 | 02-334-7933
전자우편 | 3347932@gmail.com

ISBN 979-11-969574-1-4 (03300)

이 도서의 국립중앙도서관 출판예정도서목록(CIP)은 서지정보유통지원시스템 홈페이지(http://seoji.nl.go.kr)와 국가자료종합목록 구축시스템(http://kolis-net.nl.go.kr)에서 이용하실 수 있습니다.(CIP 제어번호: CIP2020006843)